國家社科基金重大招標項目"殷墟甲骨拓本大系數據庫建設（15ZDB094）"成果
國家"2011計劃"出土文獻與中國古代文明研究協同創新中心成果

甲骨拼合四集

黃天樹　主編

學苑出版社

图书在版编目（CIP）数据

甲骨拼合四集/黄天树主编. —北京：学苑出版社，2016.8
ISBN 978－7－5077－5076－8

Ⅰ．①甲… Ⅱ．①黄… Ⅲ．①甲骨文－文集 Ⅳ．①K877.14－53

中国版本图书馆 CIP 数据核字（2016）第 197802 号

责任编辑：洪文雄　杨　雷
封面设计：李文豹
出版发行：学苑出版社
社　　址：北京市丰台区南方庄 2 号院 1 号楼
邮政编码：100079
网　　址：www.book001.com
电子信箱：xueyuan@public.bta.net.cn
销售电话：010－67675512、67678944、67601101（邮购）
经　　销：新华书店
印　刷　厂：北京京华虎彩印刷有限公司
开　　本：787×1092　1/16
印　　张：36
字　　数：370 千字
印　　数：1000 册
版　　次：2016 年 8 月第 1 版
印　　次：2016 年 8 月第 1 次印刷
定　　价：240.00 元

目　錄

甲骨拼合四集·序（黃天樹）…………………………………………（1）

凡例 ……………………………………………………………………（1）

綴合圖版

第815則：師賓間類龜甲綴合一則（黃天樹）…………………………（3）

第816則：《讀〈筍之考文手稿〉》第1組（趙鵬）……………………（4）

第817則：《讀〈筍之考文手稿〉》第2組（趙鵬）……………………（5）

第818則：《讀〈筍之考文手稿〉》第3組（趙鵬）……………………（6）

第819則：《讀〈筍之考文手稿〉》第4組（趙鵬）……………………（7）

第820則：《讀〈筍之考文手稿〉》第5組（趙鵬）……………………（8）

第821則：《讀〈筍之考文手稿〉》第6組（趙鵬）……………………（9）

第822則：《讀〈筍之考文手稿〉》第7組（趙鵬）……………………（10）

第823則：《讀〈筍之考文手稿〉》第8組（趙鵬）……………………（11）

第824則：《讀〈筍之考文手稿〉》第9組（趙鵬）……………………（12）

第825則：《讀〈筍之考文手稿〉》第10組（趙鵬）……………………（13）

第826則：《讀〈筍之考文手稿〉》第11組（趙鵬）……………………（14）

第827則：《讀〈筍之考文手稿〉》第12組（趙鵬）……………………（15）

第828則：《讀〈筍之考文手稿〉》第13組（趙鵬）……………………（16）

第829則：《旅》280（A9.1033＋B9.1044）（趙鵬）…………………（17）

第830則：甲骨綴合一則（趙鵬）………………………………………（18）

第831則：甲骨綴合零拾（方稚松）……………………………………（19）

第832則：甲骨新綴第138組（劉影）…………………………………（20）

第 833 則：甲骨新綴第 139 組（劉影） …………………………… (21)

第 834 則：甲骨新綴第 140 組（劉影） …………………………… (22)

第 835 則：甲骨新綴第 141 組（劉影） …………………………… (23)

第 836 則：甲骨新綴第 142 組（劉影） …………………………… (24)

第 837 則：甲骨新綴第 143 組（劉影） …………………………… (25)

第 838 則：甲骨新綴第 144 組（劉影） …………………………… (26)

第 839 則：甲骨新綴第 145 組（劉影） …………………………… (28)

第 840 則：甲骨新綴第 146～147 組（劉影） ……………………… (29)

第 841 則：甲骨新綴第 146～147 組（劉影） ……………………… (30)

第 842 則：甲骨新綴第 148～152 組（劉影） ……………………… (31)

第 843 則：甲骨新綴第 148～152 組（劉影） ……………………… (33)

第 844 則：甲骨新綴第 148～152 組（劉影） ……………………… (34)

第 845 則：甲骨新綴第 148～152 組（劉影） ……………………… (35)

第 846 則：甲骨新綴第 148～152 組（劉影） ……………………… (36)

第 847 則：甲骨新綴第 153 組（劉影） …………………………… (37)

第 848 則：甲骨新綴第 154 組（劉影） …………………………… (38)

第 849 則：甲骨新綴第 155 組（劉影） …………………………… (40)

第 850 則：甲骨新綴第 156 組（劉影） …………………………… (42)

第 851 則：甲骨新綴第 157 組（劉影） …………………………… (44)

第 852 則：甲骨新綴第 158 組（劉影） …………………………… (46)

第 853 則：甲骨新綴第 159 組（劉影） …………………………… (47)

第 854 則：甲骨新綴第 160～161 組（劉影） ……………………… (48)

第 855 則：甲骨新綴第 160～161 組（劉影） ……………………… (50)

第 856 則：甲骨新綴第 162～164 組（劉影） ……………………… (51)

第 857 則：甲骨新綴第 162～164 組（劉影） ……………………… (52)

第 858 則：甲骨新綴第 162～164 組（劉影） ……………………… (53)

第 859 則：甲骨新綴第 165 組（劉影） …………………………… (54)

第 860 則：甲骨新綴第 166～168 組（劉影） ……………………… (56)

第861則：甲骨新綴第166～168組（劉影） ……………………（57）

第862則：甲骨新綴第166～168組（劉影） ……………………（58）

第863則：甲骨新綴第169組（劉影） ………………………………（59）

第864則：甲骨新綴第170組（劉影） ………………………………（60）

第865則：甲骨新綴第171組（劉影） ………………………………（61）

第866則：甲骨新綴一組（替換原第172組）（劉影） ……………（63）

第867則：甲骨新綴第173～175組（劉影） ……………………（65）

第868則：甲骨新綴第173～175組（劉影） ……………………（66）

第869則：甲骨新綴第173～175組（劉影） ……………………（68）

第870則：甲骨新綴第176組（劉影） ………………………………（69）

第871則：甲骨新綴一組（替換原第177組）（劉影） ……………（70）

第872則：甲骨新綴第178組（劉影） ………………………………（71）

第873則：甲骨新綴一組（劉影） ……………………………………（72）

第874則：甲骨新綴第180組（劉影） ………………………………（73）

第875則：甲骨新綴第181組（劉影） ………………………………（74）

第876則：甲骨新綴第182～183組（劉影） ……………………（78）

第877則：甲骨新綴第182～183組（劉影） ……………………（79）

第878則：甲骨新綴第184～185組（劉影） ……………………（80）

第879則：甲骨新綴第184～185組（劉影） ……………………（81）

第880則：甲骨新綴第186組（劉影） ………………………………（82）

第881則：甲骨新綴第187～190組（劉影） ……………………（83）

第882則：甲骨新綴第187～190組（劉影） ……………………（84）

第883則：甲骨新綴第187～190組（劉影） ……………………（85）

第884則：甲骨新綴第187～190組（劉影） ……………………（86）

第885則：甲骨新綴第191組（劉影） ………………………………（87）

第886則：甲骨新綴第192組（劉影） ………………………………（89）

第887則：甲骨拼合第一三四則（莫伯峰） …………………………（90）

第888則：甲骨拼合四則（莫伯峰） …………………………………（91）

第 889 則：甲骨拼合四則（莫伯峰） …………………………………… (92)

第 890 則：甲骨拼合四則（莫伯峰） …………………………………… (93)

第 891 則：甲骨拼合四則（莫伯峰） …………………………………… (94)

第 892 則：甲骨拼合第一三九～一四二則（莫伯峰） ………………… (96)

第 893 則：甲骨拼合第一三九～一四二則（莫伯峰） ………………… (97)

第 894 則：甲骨拼合第一三九～一四二則（莫伯峰） ………………… (98)

第 895 則：甲骨拼合第一三九～一四二則（莫伯峰） ………………… (100)

第 896 則：甲骨拼合第一四三、一四四則（莫伯峰） ………………… (102)

第 897 則：甲骨拼合第一四三、一四四則（莫伯峰） ………………… (103)

第 898 則：甲骨拼合第一四五則（莫伯峰） …………………………… (104)

第 899 則：甲骨新綴一則（劉影、莫伯峰） …………………………… (105)

第 900 則：甲骨拼合第一則（莫伯峰） ………………………………… (106)

第 901 則：甲骨拼合第二則（莫伯峰） ………………………………… (108)

第 902 則：甲骨拼合第三則（莫伯峰） ………………………………… (110)

第 903 則：甲骨拼合第四則（莫伯峰） ………………………………… (111)

第 904 則：甲骨拼合第五則（莫伯峰） ………………………………… (112)

第 905 則：黃組拼合第 115 組（門藝） ………………………………… (113)

第 906 則：新一則（門藝） ……………………………………………… (114)

第 907 則：龜腹甲新綴第五十八則（何會） …………………………… (115)

第 908 則：龜腹甲新綴第五十九則（何會） …………………………… (116)

第 909 則：龜腹甲新綴第六十則（何會） ……………………………… (117)

第 910 則：甲骨新綴第六十一則（何會） ……………………………… (118)

第 911 則：賓組龜腹甲新綴四則（何會） ……………………………… (120)

第 912 則：甲骨拼合第 167 則（李愛輝） ……………………………… (121)

第 913 則：甲骨拼合第 191 則（李愛輝） ……………………………… (122)

第 914 則：甲骨拼合第 207 則（李愛輝） ……………………………… (123)

第 915 則：甲骨拼合第 208 則（李愛輝） ……………………………… (124)

第 916 則：甲骨拼合第 209 則（李愛輝） ……………………………… (125)

第 917 則：甲骨拼合第 210～211 則（李愛輝） ……………………… (126)

第 918 則：甲骨拼合第 210～211 則（李愛輝） ……………………… (127)

第 919 則：甲骨拼合第 212 則（李愛輝） ……………………………… (128)

第 920 則：甲骨拼合第 213 則（李愛輝） ……………………………… (129)

第 921 則：甲骨拼合第 214 則（李愛輝） ……………………………… (130)

第 922 則：甲骨拼合第 215 則（李愛輝） ……………………………… (131)

第 923 則：甲骨拼合第 216 則（李愛輝） ……………………………… (132)

第 924 則：甲骨拼合第 217 則（李愛輝） ……………………………… (133)

第 925 則：甲骨拼合第 218 則（李愛輝） ……………………………… (134)

第 926 則：甲骨拼合第 219 則（李愛輝） ……………………………… (135)

第 927 則：甲骨拼合第 220 則（李愛輝） ……………………………… (136)

第 928 則：甲骨拼合第 221 則（李愛輝） ……………………………… (138)

第 929 則：甲骨拼合第 222 則（李愛輝） ……………………………… (139)

第 930 則：甲骨拼合第 223 則（李愛輝） ……………………………… (140)

第 931 則：甲骨拼合第 224、225 則（李愛輝） ……………………… (141)

第 932 則：甲骨拼合第 224、225 則（李愛輝） ……………………… (142)

第 933 則：甲骨拼合第 226 則（李愛輝） ……………………………… (143)

第 934 則：甲骨拼合第 227、228 則（李愛輝） ……………………… (144)

第 935 則：甲骨拼合第 227、228 則（李愛輝） ……………………… (145)

第 936 則：甲骨拼合第 229、230 則（李愛輝） ……………………… (146)

第 937 則：甲骨拼合第 229、230 則（李愛輝） ……………………… (147)

第 938 則：甲骨拼合第 231 則（李愛輝） ……………………………… (148)

第 939 則：甲骨拼合第 232、233 則（李愛輝） ……………………… (149)

第 940 則：甲骨拼合第 232、233 則（李愛輝） ……………………… (150)

第 941 則：甲骨拼合第 234 則（李愛輝） ……………………………… (151)

第 942 則：甲骨拼合第 235 則（李愛輝） ……………………………… (152)

第 943 則：甲骨拼合第 236 則（李愛輝） ……………………………… (153)

第 944 則：甲骨拼合第 237 則（李愛輝） ……………………………… (154)

第 945 則：甲骨拼合第 238 則（李愛輝） …………………………（155）

第 946 則：甲骨拼合第 239 則（李愛輝） …………………………（156）

第 947 則：甲骨拼合第 240、241 則（李愛輝） ……………………（157）

第 948 則：甲骨拼合第 242 則（李愛輝） …………………………（158）

第 949 則：甲骨拼合第 243 則（李愛輝） …………………………（159）

第 950 則：甲骨拼合第 244 則（李愛輝） …………………………（160）

第 951 則：甲骨拼合第 245 則（李愛輝） …………………………（161）

第 952 則：甲骨拼合第 246 則（李愛輝） …………………………（163）

第 953 則：甲骨拼合第 247 則（李愛輝） …………………………（164）

第 954 則：甲骨拼合第 248 則（李愛輝） …………………………（165）

第 955 則：甲骨拼合第 249 則（李愛輝） …………………………（166）

第 956 則：甲骨拼合第 250 則（李愛輝） …………………………（168）

第 957 則：甲骨拼合第 251 則（李愛輝） …………………………（170）

第 958 則：甲骨拼合第 252 則（李愛輝） …………………………（171）

第 959 則：甲骨拼合第 253 則（李愛輝） …………………………（172）

第 960 則：甲骨拼合第 254 則（李愛輝） …………………………（173）

第 961 則：甲骨拼合第 255 則（李愛輝） …………………………（174）

第 962 則：甲骨拼合第 256 則（李愛輝） …………………………（175）

第 963 則：甲骨拼合第 257 則（李愛輝） …………………………（176）

第 964 則：甲骨拼合第 258～259 則（李愛輝） ……………………（178）

第 965 則：甲骨拼合第 258～259 則（李愛輝） ……………………（180）

第 966 則：甲骨拼合第 260、261 則（李愛輝） ……………………（181）

第 967 則：甲骨拼合第 260、261 則（李愛輝） ……………………（182）

第 968 則：甲骨拼合第 262～264 則（李愛輝） ……………………（183）

第 969 則：甲骨拼合第 262～264 則（李愛輝） ……………………（184）

第 970 則：甲骨拼合第 262～264 則（李愛輝） ……………………（185）

第 971 則：甲骨拼合第 265 則（李愛輝） …………………………（186）

第 972 則：甲骨拼合第 266 則（李愛輝） …………………………（187）

第 973 則：甲骨拼合第 267 則（李愛輝） ………………………………（188）

第 974 則：甲骨拼合第 268 則（李愛輝） ………………………………（189）

第 975 則：甲骨拼合第 269～271 則（李愛輝） ………………………（190）

第 976 則：甲骨拼合第 269～271 則（李愛輝） ………………………（191）

第 977 則：甲骨拼合第 269～271 則（李愛輝） ………………………（192）

第 978 則：甲骨拼合第 272～276 則（李愛輝） ………………………（193）

第 979 則：甲骨拼合第 272～276 則（李愛輝） ………………………（194）

第 980 則：甲骨拼合第 272～276 則（李愛輝） ………………………（196）

第 981 則：甲骨拼合第 272～276 則（李愛輝） ………………………（197）

第 982 則：甲骨拼合第 272～276 則（李愛輝） ………………………（198）

第 983 則：甲骨拼合第 277 則（李愛輝） ………………………………（199）

第 984 則：甲骨綴合第十九、二十則（王紅） …………………………（200）

第 985 則：甲骨綴合第十九、二十則（王紅） …………………………（201）

第 986 則：甲骨綴合第二十一則（王紅） ………………………………（202）

第 987 則：甲骨綴合第二十二則（王紅） ………………………………（203）

第 988 則：甲骨綴合第二十三則（王紅） ………………………………（204）

第 989 則：甲骨新綴第 114 則（李延彥） ………………………………（206）

第 990 則：甲骨新綴第 115 則（李延彥） ………………………………（207）

第 991 則：甲骨拼合第 116 則（李延彥） ………………………………（208）

第 992 則：甲骨拼合第 117、118 則（李延彥） ………………………（209）

第 993 則：甲骨拼合第 117、118 則（李延彥） ………………………（210）

第 994 則：甲骨拼合第 119 則（李延彥） ………………………………（212）

第 995 則：甲骨拼合第 120、121 則（李延彥） ………………………（213）

第 996 則：甲骨拼合第 120、121 則（李延彥） ………………………（214）

第 997 則：甲骨拼合第 122～124 則（李延彥） ………………………（215）

第 998 則：甲骨拼合第 122～124 則（李延彥） ………………………（216）

第 999 則：甲骨拼合第 122～124 則（李延彥） ………………………（217）

第 1000 則：甲骨拼合第 125 則（李延彥） ……………………………（218）

第 1001 則：甲骨新綴第 126 則（李延彥） …………………………（219）

第 1002 則：甲骨拼合第 127 則（李延彥） …………………………（220）

第 1003 則：甲骨拼合第 128 則（李延彥） …………………………（221）

第 1004 則：甲骨拼合第 129 則（李延彥） …………………………（222）

第 1005 則：甲骨拼合第 130 則（李延彥） …………………………（223）

第 1006 則：甲骨拼合第 131 則（李延彥） …………………………（224）

第 1007 則：甲骨試綴第三則（連佳鵬） ……………………………（226）

第 1008 則：甲骨試綴第四則（連佳鵬） ……………………………（228）

第 1009 則：甲骨試綴一則（張志強） ………………………………（230）

第 1010 則：甲骨拼合一則（吳麗婉） ………………………………（232）

第 1011 則：甲骨拼合第 2～4 則（吳麗婉） ………………………（233）

第 1012 則：甲骨拼合第 2～4 則（吳麗婉） ………………………（234）

第 1013 則：甲骨拼合第 2～4 則（吳麗婉） ………………………（235）

第 1014 則：甲骨拼合第 5 則（吳麗婉） ……………………………（236）

第 1015 則：甲骨拼合第 6 則（吳麗婉） ……………………………（240）

説明與考釋 …………………………………………………………（241）

附　錄

附錄一　《甲骨拼合四集》索引表（張志強）………………………（333）

附錄二　2004 年～2014 年甲骨新綴號碼表（莫伯峰、王子楊、
　　　　吳麗婉）……………………………………………………（351）

附錄三　殷代卜辭分類分組表（黃天樹）……………………………（551）

附錄四　本書引用甲骨著錄書簡稱表…………………………………（553）

甲骨拼合四集・序

黄天樹

《甲骨拼合四集》（以下簡稱《拼四》）是繼《拼集》（2010 年）、《拼續》（2011 年）和《拼三》（2013 年）之後的第四本甲骨綴合專書，收入了我們2012 年12 月至2014 年12 月的綴合成果共201 則（自第815 則起至第 1015 則止）。至此，我們所拼綴的甲骨已經超過 1000 則了。

甲骨文第一手資料的蒐集與整理是一切研究的基礎。它包括下列內容：甲骨著錄、甲骨版本、甲骨輯佚、甲骨辨偽、甲骨校重、甲骨同文、甲骨類組、甲骨斷代、甲骨形態、甲骨綴合、甲骨考釋、甲骨翻譯等。甲骨綴合是其中極為重要的一環，它能使原本殘缺的舊材料變為完整的新材料，為商代語言和歷史的研究提供優質的基本文本，嘉惠士林。

《拼四》一書所收綴合不乏內容重要者。例如：第 852 則、第 853 則、第 855 則、第 858 則、第 864 則、第 874 則、第 875 則、第 884 則、第 885 則、第 907 則、第 908 則、第 932 則、第 933 則、第 934 則、第 936 則、第 937 則、第 955 則、第 956 則、第 986 則、第 992 則、第 995 則、第 996 則、第 1010 則、第 1014 則。這裏拈取六則，試作闡釋，以揭示它在商代語言和歷史研究上的價值。

第一則是《拼四》853。

大家知道，甲骨文中的有些合體字，其偏旁既可寫作左右並列，也可寫作上下重疊。例如："猷"（猷）也可作"叕"（合 21729）。"多"也可作"**DD**"（合 2607）。"邑"也可作"㠱"（合 21583、21728）。"名"既可寫作"㠯"（合 2190），也可作"㘴"（合 7269）。《拼四》853 中的"叀（惠）辛酒，又（有）㕣（正）"、"叀（惠）癸酒，又（有）㔾（正）"。

同版之上，"正"字，一作左右並列，一作上下重疊。這又為古文字構形條例增添一個佳例。"正"，經常用於辭末表示貞問某事是否"合適"、"適宜"之類的意思，也能與"又（有）"組成習語"有正"表達同樣的意思（《類纂》305－306頁）。《拼四》853"惠辛酒，有ᄇ（正）"、"惠癸酒，有ᄆ（正）"，是在選貞辛日酒祭好還是癸日酒祭好。

第二則是《拼四》858。

《拼四》858將殘辭拼接成下列這條完整的卜辭：

　　惠戍呼冒敝鹿，擒。

"冒"字，島邦男《殷墟卜辭綜類》（108頁）認為與ᄆ為一字，可從。王國維釋甲骨文ᄆ字為"罞"。《爾雅·釋器》："麋罟謂之罞"。"矛"、"目"二字古音陰入對轉。"冒"所從的"目"既代表麋鹿一類野獸的頭，又兼作聲旁。"惠戍呼冒敝鹿"即"呼戍冒敝鹿"。商王為何呼令"戍"去田獵呢？合觀下列卜辭就明白了。《甲骨綴合彙編》104（合補6659＋合20834）："戊辰，曰：敖田，方其至。"敖，人名。田，田獵。方，殷人對周邊少數部族的稱呼，如鬼方、土方等。這條卜辭記載田獵時常會遭遇"方其至"，說明田獵過程中遭遇敵方的機會很多，因此，商王呼令"戍"（軍事人員）去捕捉敵地的麋鹿，就很好理解了。卜辭還有商王帶領"戍"去"冒"的田獵卜辭，如"惠王以戍冒，擒。"（合27968）

第三則是《拼四》875。

《拼四》875綴合之重要，是拼接出兩個"瓚"字，卜辭稱：

　　貞：其示瓚。

　　貞：其示瓚。

"瓚"字與西周金文毛公鼎"瓚"字寫法相同。毛公鼎"賜汝秬鬯一卣，祼圭瓚寶"之"瓚"，清人徐同柏《從古堂款識學》卷十六"毛公鼎考釋"讀為"瓚"，已為學者所信從。所以《拼四》875"瓚"字也當讀為"瓚"。關於此字的字形結構，方稚松、王子楊、劉影皆有考釋，可以參看（方稚松：《釋殷墟花園莊東地甲骨中的瓚、祼及相關諸字》《中原文物》2007年1期83－87頁；王子楊：《甲骨文字形類組差異現象研究》，223－

230 頁，中西書局，2013 年；劉影：《幾組綴合為甲骨學研究提供的新材料》，《故宫博物院院刊》2016 年 2 期）。"其示瓚"為研究商代祼祭制度又提供一條重要的材料。

第四則是《拼四》884。

甲骨文稱"一人"，又稱"余一人"。對於這兩種稱呼的使用，蔣玉斌在其博士學位論文《殷墟子卜辭的整理與研究》（124 頁）中認為，"一人"是最高統治者的稱謂，多用於他稱；"余一人"則是同位短語，是王的自稱。二者在卜辭中用法迥然不同。例如：

乙亥卜，爭貞：王束㞢求，不于〔一〕人囚（憂）。合 4978

而當商王親自問疑時，王自稱"余一人"：

丁巳王卜貞：……夷方率伐東㚔（國），〔東〕殹（誥）東侯晋夷方，妥（綏）余一人。（合 36182 + 輯佚 690，李學勤綴）

甲戌王卜貞：……盂方率伐西㚔（國），殹（誥）西田晋盂方，妥（綏）余一人。（合補 11242）

《拼四》884 則將《合》19047 與 4984 綴合後，得到一條完整的卜辭：

丁酉卜，爭貞：一人允㫃（遭）〔囚（憂）〕☒。

此綴合為蔣說再添一條新的例證。

第五則是《拼四》936。

《拼四》936 將兩塊殘片左右拼合後，兆頂序辭"三"拼接得密合無間，環繞這條卜辭的環形界劃線也得以貫通，可以證明這則綴合是正確的。拼接後得到一條完整的生育卜辭：

乙亥卜，自貞：王曰："㞢（有）孕，妿（男）。"扶曰："妿（男），唯其疾。"一月。

妿，郭沫若《卜辭通纂》（第 435 片校語）釋為"嘉"。現在，根據上引綴合提供的新材料，可以證明讀"妿，唯其疾"為"嘉，唯其疾"是講不通的。陳漢平曾指出，甲骨文嘉字作𡥜，故郭沫若釋"妿"為"嘉"非是，"妿"當釋為"男"[①]，可從。讀"妿，唯其疾"為"男，唯其疾"就通順無忤了。現在，將上引卜辭與下列生育卜辭合讀，可以證明釋"妿"

---

① 陳漢平《釋妿》，《屠龍絕緒》，第 77—78 頁，哈爾濱：黑龍江教育出版社，1989 年。

為"男"是正確的。

壬寅卜，殼貞：婦好娩，不其妫（男）。王占曰："孔（夙）不妫（男）。其妫（男）不吉于🌱（早），若兹迺坒（殯）。"（《合》14001）謝明文在《說夙及其相關之字》（待刊稿）一文中指出，孔，用作"夙"。他說：

2004到2007年發掘的絳縣橫水墓地，是新見的西周朋國墓地，其中01006出土了一件中旬人盉，從銘文字體看，該器應屬西周中期偏晚。該盉蓋內鑄銘文六行，其中"孔"字兩見，皆用作"夙夜"之"夙"（謝堯亭：《倗、霸及其聯姻的國族初探》，《金玉交輝——商周考古、藝術與文化論文集》，中研院史語所會議論文集之十三，中研院史語所，2013年11月，第293頁）。因為同一銘文兩見，這恐怕不能看作是偶然的省略。我們認為這應是"孔"有"夙"音的強證。伯中父簋（《集成》4023）"夙夜"之"夙"，器銘作"夙"，蓋銘作"孔"，後者即是"孔"字。蔡簋（《集成》4340）"孔"即"孔"字，銘文中亦用作"夙"。蔡簋銘、伯中父簋蓋銘分別是宋人、清人的摹刻本，字形可能有舛誤，但聯繫中旬人盉銘文來看，前兩者銘文中的"孔"用作"夙夜"之"夙"應有所本。

甲骨文有字作❊、❋、❈（鄴初32·4）、❉（合22335），陳劍讀為早晨之"早"①。🌱字見於《甲骨文編》附錄中的5407，舊不識。🌱字上部與"❈"上部寫法相近；下部與"❉"寫法相近，所以"🌱"字可讀為早晨之"早"。殷人對於生育的時段十分重視，認為一日之內某個時段分娩就吉利、能生男孩。某個時段生育就不吉利而生女孩（參看《黃天樹古文字論集》187－188頁）。上引卜辭是記載分娩的具體時段。"夙不男"即"夙娩，不男"之意，占辭承命辭省略動詞"娩"，"夙不男"意謂"夙這個時段分娩就不會生男孩"。"其男不吉于早，若兹迺殯"即"于早娩，其男，不吉，若兹迺殯"之意，意謂"到早晨這個時段分娩會生男孩，但不吉利，如果

---

① 陳劍：《釋造》，《甲骨金文考釋論集》，第127－176頁，線裝書局，2007年。

此時分娩男嬰就會殞命（夭折）。""若兹迺殞"的主語應該是指剛剛出生的嬰兒。"若兹迺殞"之"若"是假設連詞，"兹"是指示代詞，指代"早晨這個時段"。占辭"若兹迺殞"是說"如果此時（早晨這個時段）分娩男嬰就會殞命（夭折）。"前引《拼四》936"妫（男），唯其疾"的主語也應該是指剛剛出生的嬰兒。卜辭大意是講，王說："有孕，會生男孩。"扶（人名）說："會生男孩，但嬰兒會患有先天性疾病。"再看下列卜辭：

　　壬午卜：魯妫（男）。

　　壬午卜：魯不其妫（男）。五月。

　　魯妫（男）。允妫（男），延㞢（殞）。

　　魯不其妫（男）。（合22102）

魯，婦人名。允，副詞，果真。全辭大意是說，婦人"魯"將要分娩，是否生男孩？驗辭記載"允男，延殞"，即果然生了男孩，但男孩繼續夭折。將這些生育卜辭與《拼四》936合讀，可以證明釋"妫"為"男"是正確的。

　　第六則是《拼四》1010。

　　《拼四》1010和《拼四》883係同文卜辭。卜辭稱：

　　乙卯卜，㘚貞：𢍱（人名）及𢆶方于窒。

對照下列兩條卜辭：

　　王其令追召方于㐭。（綴集327）

　　戍及方于氒。（英藏2526）

可以知道，"及𢆶方于窒"中的"𢆶方"是方國名；"窒"是地名，"于"是表示終點的。大家知道，介詞結構位置的變化在漢語史中具有重要的研究價值。王力先生《漢語史稿》中冊（368頁）說：

　　殷虛卜辭，處所狀語（引者按：這裏的"處所狀語"指"于"字結構）的位置還沒有十分固定，它可以放在動詞之後，又可以放在動詞之前，但是放在動詞後面的結構是常見的結構。

王力認為"于"字結構的前置並沒有特殊意義。從下引卜辭看，王說非是。

丁卯卜，賓貞：方其于㠱出。（合 8142 + 山東 689，李愛輝綴）

壬午卜，□貞：曰方出于簋。允其出。十一月。（合補 2298）

辛卯卜貞：今方其出于唐。（拼集 287 = 合 6715 + 6716）

　　其實，"于"字結構之所以前置或後置是有意義的。第一條卜辭"方于㠱（地名）出"之"于"是表示起點的。于，可譯爲"從"。卜辭卜問，敵方會不會從"㠱"地出動。第二條卜辭"方出于簋（地名）"和第三條卜辭"方出于唐（地名）"之"于"是表示終點的。于，可譯爲"到"。第二條卜辭卜問，敵方會不會出動而到達簋地。第三條卜辭卜問，敵方是否會出到唐地（參看裘錫圭《談談殷墟甲骨卜辭中的"于"》，《裘錫圭學術文集·甲骨文卷》546－547 頁）。

　　《拼四》一書裏精彩的綴合例子還有一些，這兒就不一一列舉了。

　　博士研究生張志強、吳麗婉協助我承擔了全書的圖版、文字校對工作，出力甚多，特此致謝。

2016 年 6 月 20 日

凡 例

一、《甲骨拼合四集》（簡稱《拼四》）是繼《甲骨拼合集》（學苑出版社，2010）、《甲骨拼合續集》（學苑出版社，2011）和《甲骨拼合三集》（學苑出版社，2013）之後的第四本甲骨綴合專書。《拼四》收入了2012年12月1日至2014年12月31日的綴合成果共201則（自第815則起至第1015則止）。本書綴合成果先按作者編排，然後在每位作者之下再按綴合文章發表時間的先後排序。

二、本書由"綴合圖版"、"說明與考釋"和"附錄"三部分組成。

三、"綴合圖版"既有拓本又有摹本，以達到取長補短的效果。因排版關係，有些綴合圖版縮小尺寸，以便把同一塊甲骨的拓本和摹本，儘量排在一頁上，或排在對開頁上，便於對照閱讀。

四、"說明與考釋"多數是編輯《拼四》時補寫的；少數源於已刊佈的綴合文章中。綴合文章並非一人一時所寫，體例未能劃一，收入本書時，除了技術性修改外，儘量保持原貌。但是，為了方便學者按流水號閱讀綴合圖版的需要，對已刊佈的綴合文章，如果有若干則綴合，就分列為若干則，並在每則流水號前加"頁下注"，首則詳細注明綴合者、題目和出處，以備查尋。原綴合文章的注解，一律改為頁下注。如果增加新注，則用"編按"加以說明，外加黑魚尾括號"【】"標示。

五、本書引用甲骨著錄書多用簡稱。書末附有《本書引用甲骨著錄書簡稱表》備查。

六、本書所用甲骨資料主要是《合集》。凡《合集》著錄號又見於他書者，詳為注明。例如：《合集》19765（《乙》8649+《乙》8650），表示《合集》的第19765片又見於《乙編》的第8649片加綴第8650片。"＋"號，表示某片與某片可以綴合。"（）"號表示重見；或以"＝"號表示重見亦可。例如：《合集》29065（《甲》580），表示《合集》的第29065片又見於《甲》的第580片。

　　七、關於卜辭的分類以及各類卜辭的時代，參看黃天樹《殷墟王卜辭的分類與斷代》。類名有時用簡稱。例如："賓一"指賓組一類。

　　八、本書用繁體字排印。卜辭釋文一般用寬式。卜辭釋文裏，缺一字的用"□"號表示；所缺字數目不詳的用"☒"號表示；引文有所省略的用"……"號表示；依據殘字或文例擬補的字，外加"[ ]"號表示；異體字、假借字一般隨文注明正字和本字，外加（）號表示。

綴合圖版

第 815 則：師賓間類龜甲綴合一則（黃天樹）

A《契合》207 + B《合》5379

第816則:《讀〈笏之考文手稿〉》第1組(趙鵬)

A《笏》62 + B《笏》107

第 817 則：《讀〈笏之考文手稿〉》第 2 組（趙鵬）

A《笏》94 + B《笏》1689

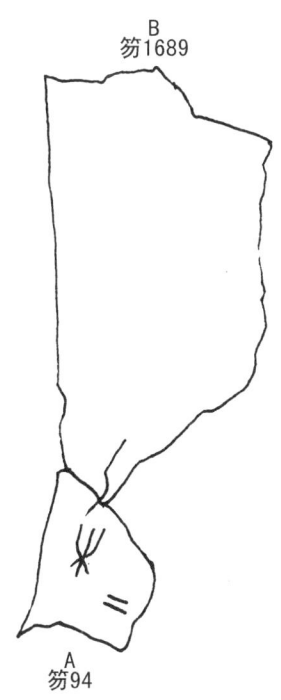

第818則:《讀〈笏之考文手稿〉》第3組(趙鵬)

A《笏》132 + B《笏》236

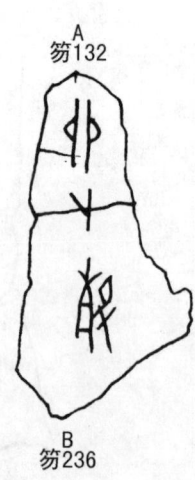

第819則：《讀〈笏之考文手稿〉》第4組（趙鵬）

A《笏》148 + B《東大》1025

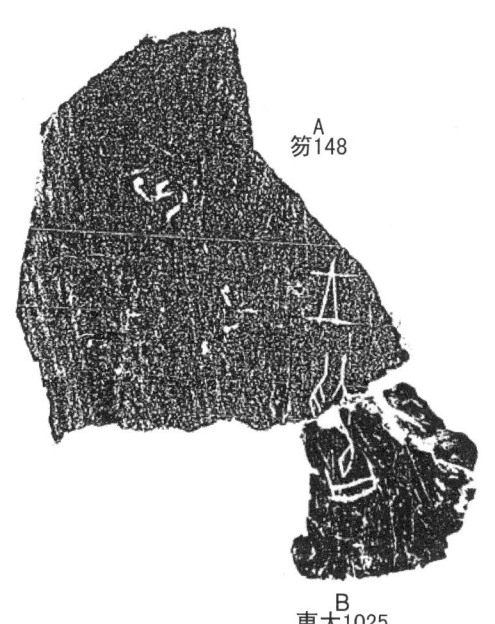

第 820 則：《讀〈笏之考文手稿〉》第 5 組（趙鵬）

A《笏》366 + B《笏》487

第 821 則：《讀〈笏之考文手稿〉》第 6 組（趙鵬）

A《笏》917 + B《笏》1286

第 822 則：《讀〈笏之考文手稿〉》第 7 組（趙鵬）

A《笏》939 + B《笏》1333

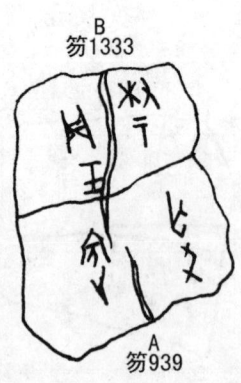

第 823 則：《讀〈笏之考文手稿〉》第 8 組（趙鵬）

A《笏》1021 + B《笏》1571

第 824 則：《讀〈笏之考文手稿〉》第 9 組（趙鵬）

A《笏》1055 + B《笏》1317

第825則：《讀〈笏之考文手稿〉》第10組（趙鵬）

A《笏》1118 + B《笏》1136

第 826 則：《讀〈笏之考文手稿〉》第 11 組（趙鵬）

A《笏》1209 + B《笏》1400

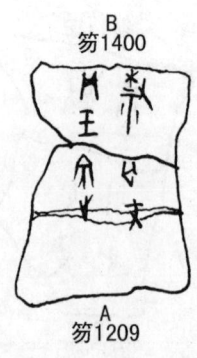

第 827 則：《讀〈笏之考文手稿〉》第 12 組（趙鵬）

A《笏》1577 + B《笏》1578

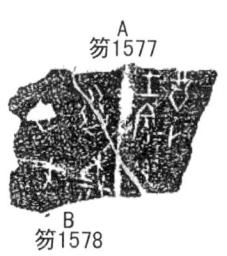

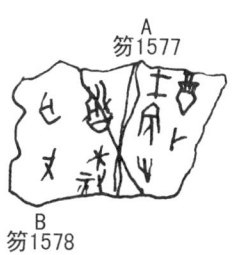

第 828 則：《讀〈笏之考文手稿〉》第 13 組（趙鵬）

A《笏》1582 + B《笏》1594

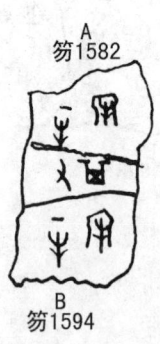

第 829 則：《旅》280（A9. 1033 + B9. 1044）（趙鵬）

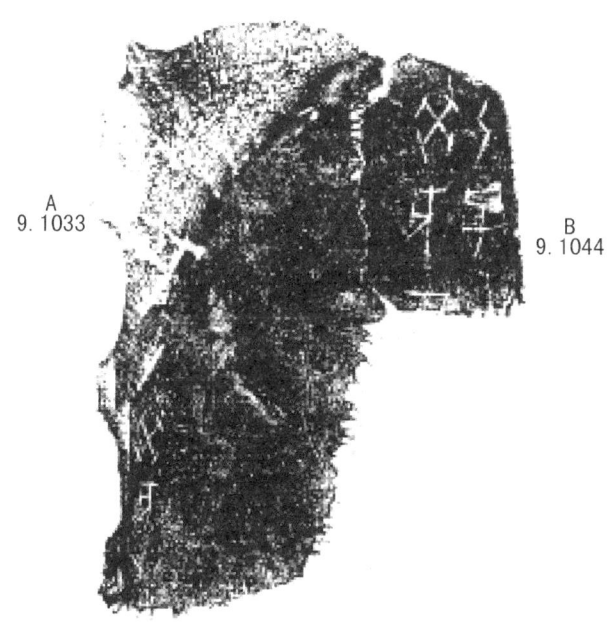

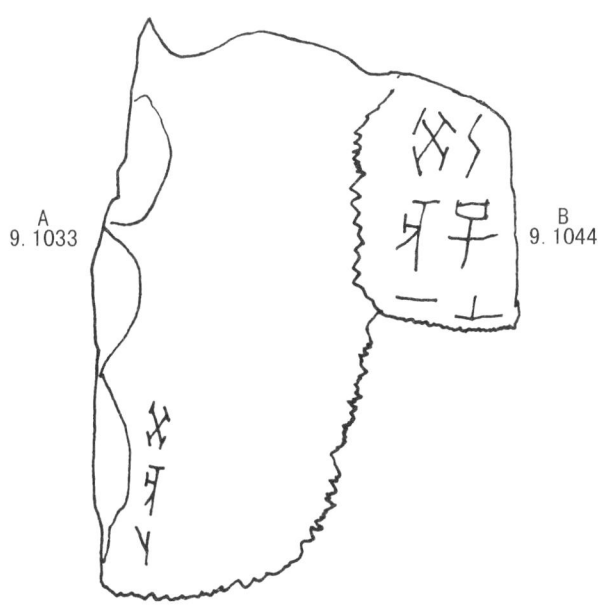

第830則：甲骨綴合一則（趙鵬）

A《旅藏》1925 + B《旅藏》2035

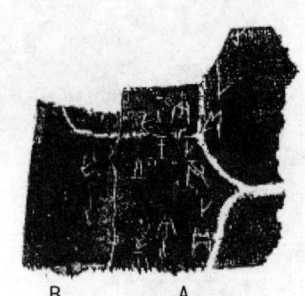
B　　　　A
旅藏2035　旅藏1925

B　　　　A
旅藏2035　旅藏1925

第831則：甲骨綴合零拾（方稚松）

A《合》18504 + B《英藏》337

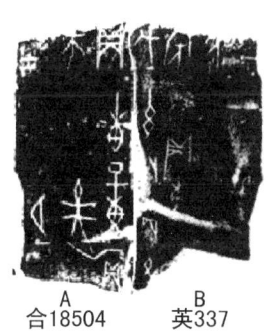
A 合18504　　B 英337

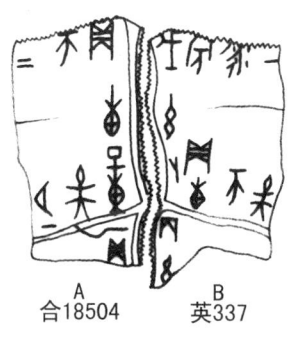
A 合18504　　B 英337

第 832 則：甲骨新綴第 138 組（劉影）

A《安明》1215 + B《合》25920

第833則：甲骨新綴第139組（劉影）

A《合補》7762 + B《合補》7728

第834則：甲骨新綴第140組（劉影）

A《合》25341 + B《合補》7811 + C《合》25642 + D《合》23031

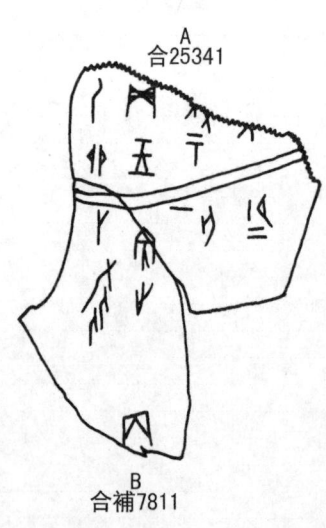

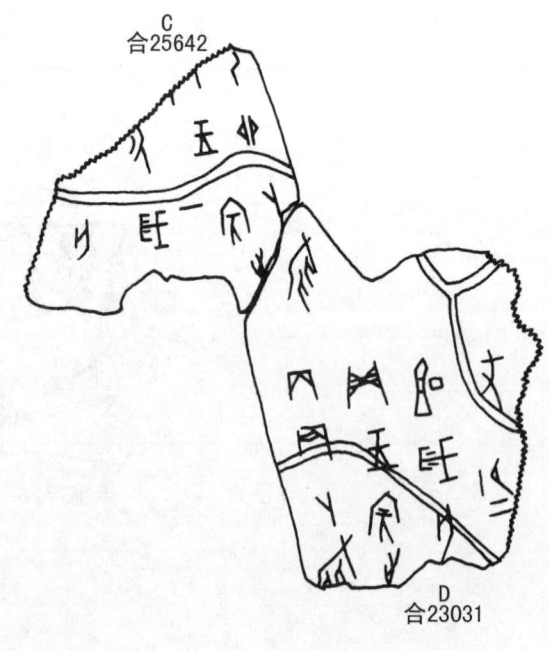

第835則：甲骨新綴第141組（劉影）

A《合》23511 + B《合》26371

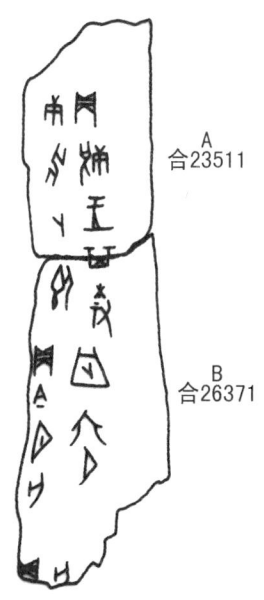

第 836 則：甲骨新綴第 142 組（劉影）

A《合》26748 + B《合》26755

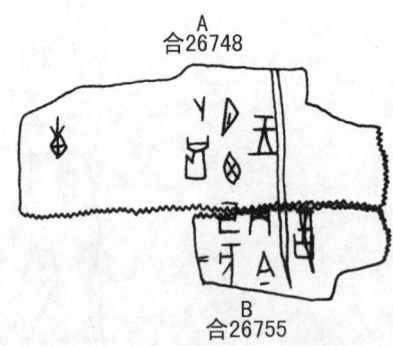

第 837 則：甲骨新綴第 143 組（劉影）

A《合》25925 + B《運臺》1.0122

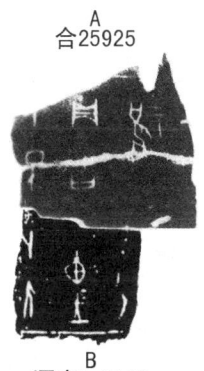

第838則：甲骨新綴第144組（劉影）

A《合》23611 + B《合》18217 + C《合》23432

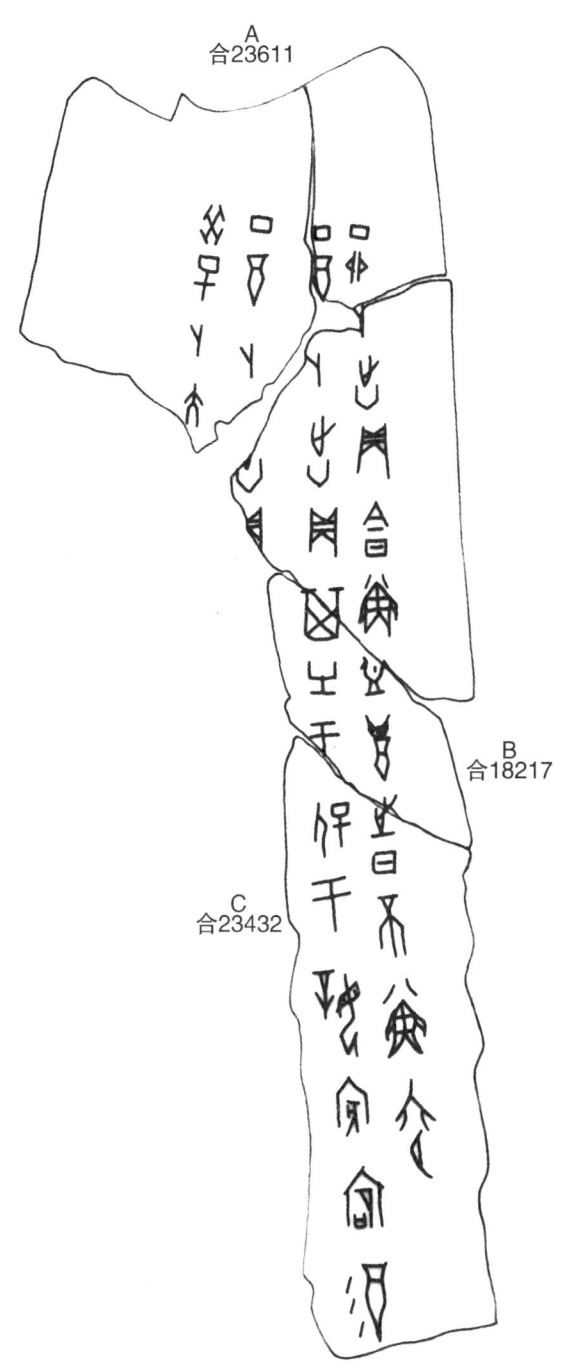

第 839 則：甲骨新綴第 145 組（劉影）

A《英藏》1945 + B《合》22928

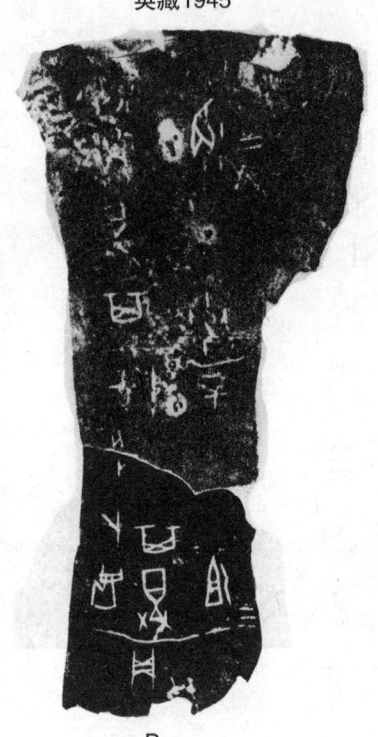
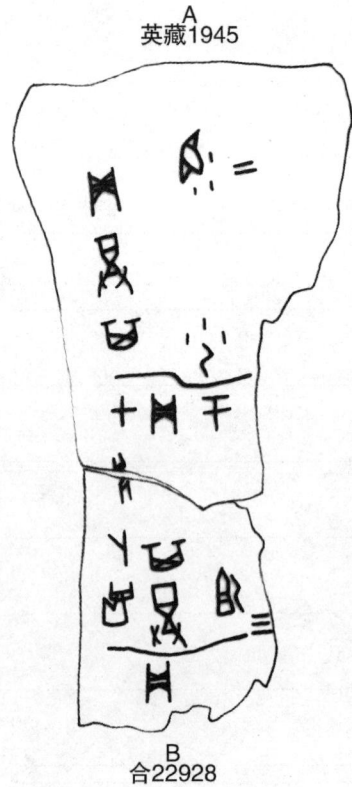

第 840 則：甲骨新綴第 146～147 組（劉影）

A《合》23599 + B《合》17097

第 841 則：甲骨新綴第 146～147 組（劉影）

A《合補》7768 + B《合》23152

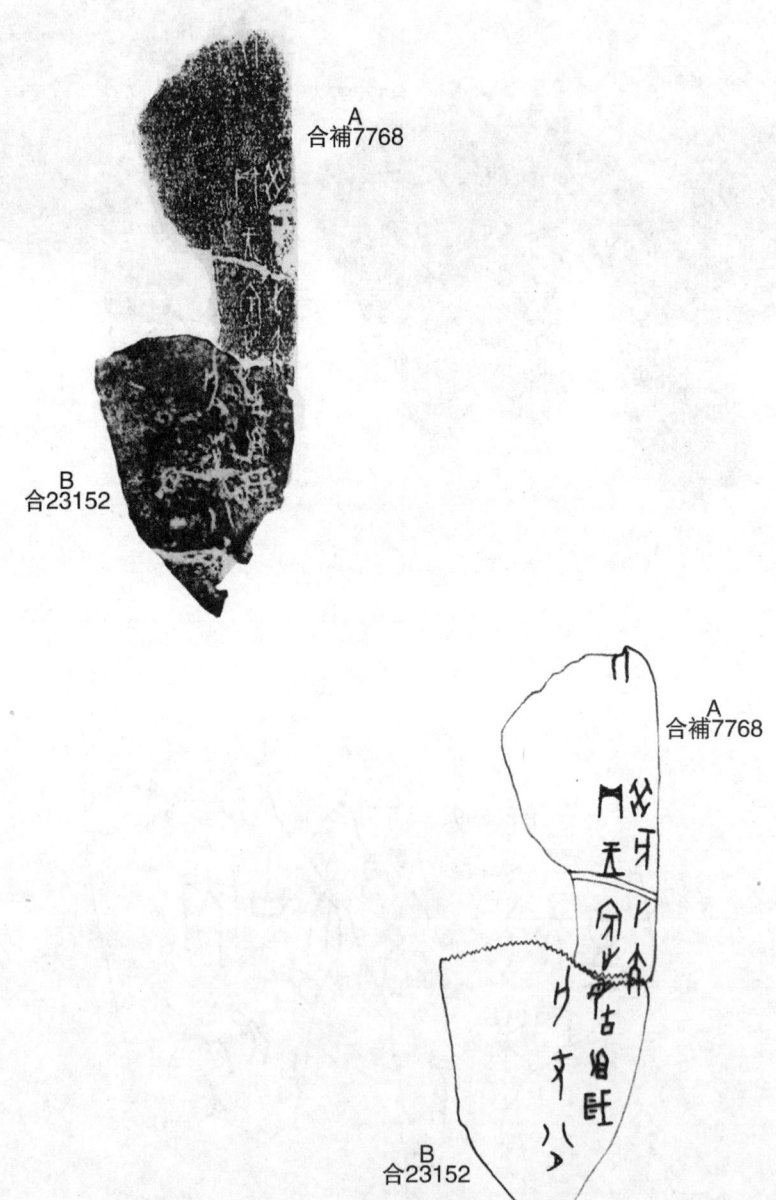

第 842 則：甲骨新綴第 148～152 組（劉影）

A《合》27427 + B《合》31168

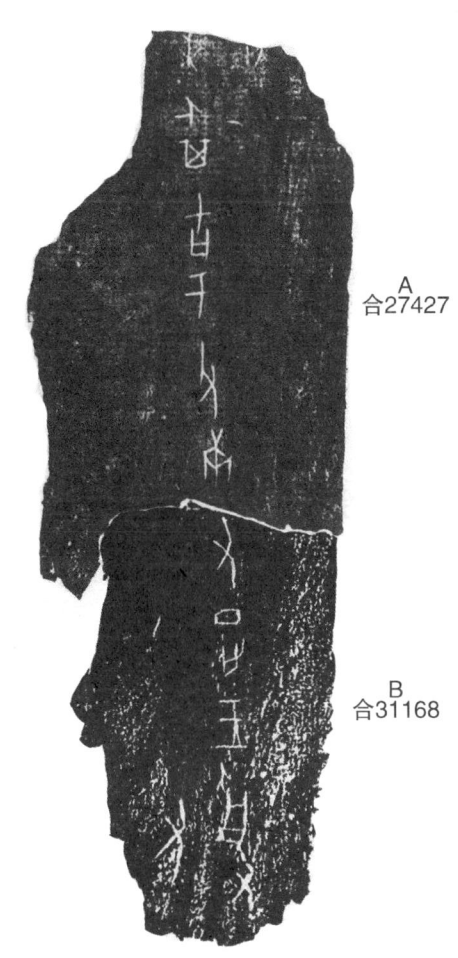

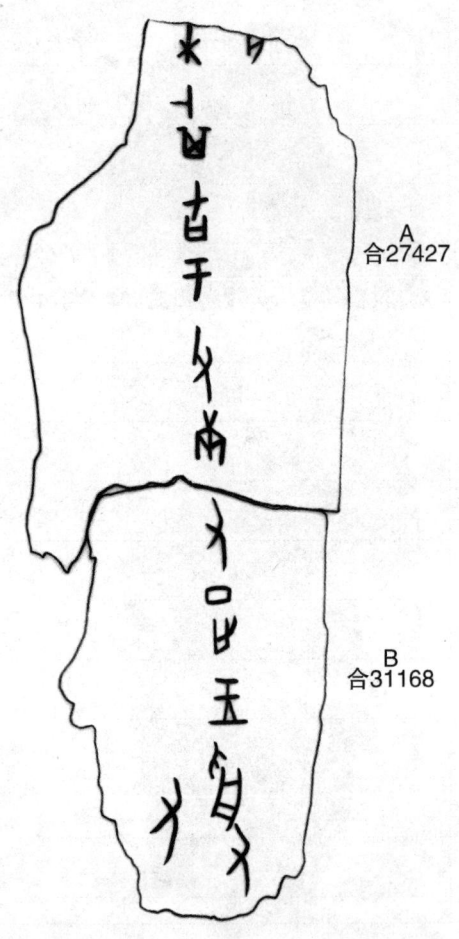

第 843 則：甲骨新綴第 148～152 組（劉影）

A《合》28938 + B《合補》9852

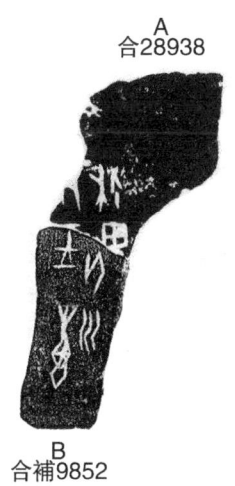

第844則：甲骨新綴第148～152組（劉影）

A《合補》9359 + B《合》27342

第 845 則：甲骨新綴第 148～152 組（劉影）

A《合》31144 + B《合補》9445

第846則：甲骨新綴第148~152組（劉影）

A《合》27428 + B《合補》9712

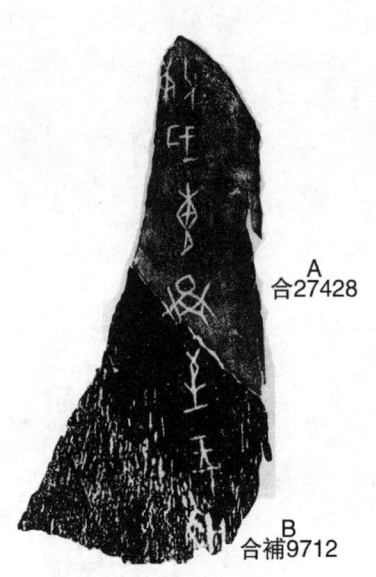

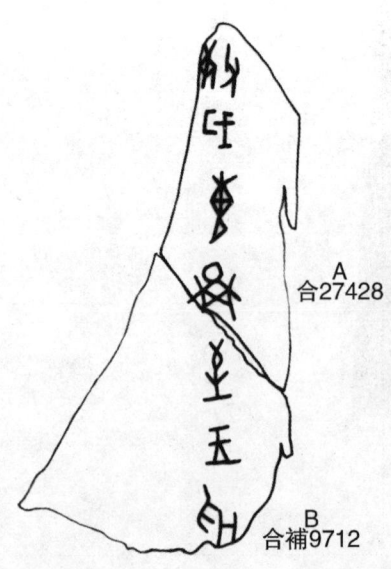

第847則：甲骨新綴第153組（劉影）

A《合》27450 + B《合》30496

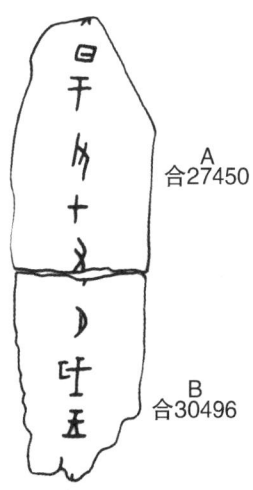

第 848 則：甲骨新綴第 154 組（劉影）

A《合》33691 + B《合補》9605

A 合33691
B 合補9605

第 849 則：甲骨新綴第 155 組（劉影）

A《合》34421 + B《合補》10294

A
合34421

B
合補10294

第850則：甲骨新綴第156組（劉影）

A《合補》9710 + B《合》31287

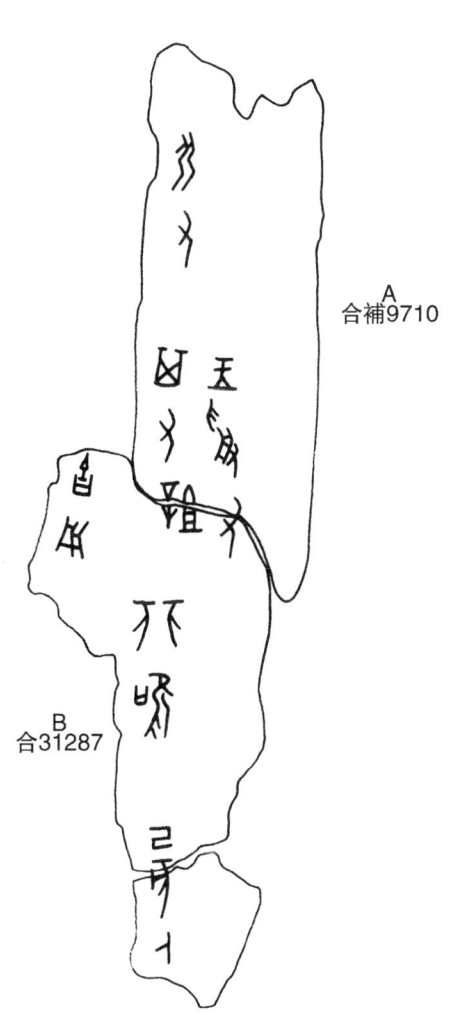

A 合補9710
B 合31287

第851則：甲骨新綴第157組（劉影）

A《合》28562 + B《合》28712

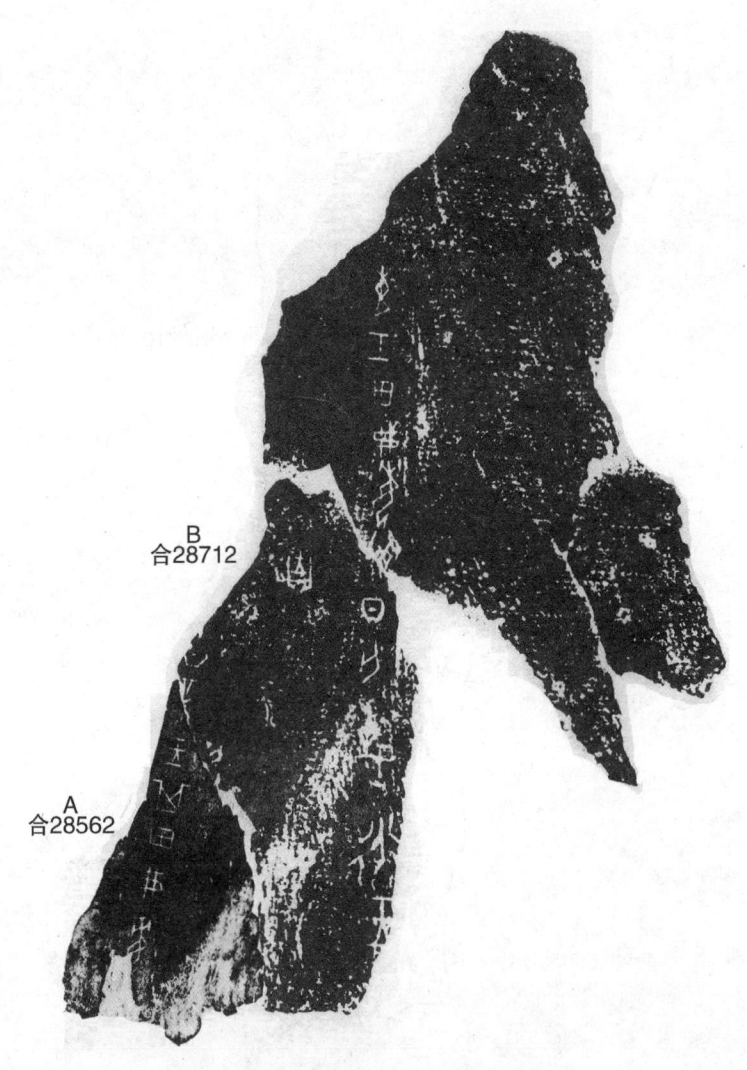

第852則：甲骨新綴第158組（劉影）

A《合補》9261 + B《合》28401

第 853 則：甲骨新綴第 159 組（劉影）

A《合》26990 + B《合》31169

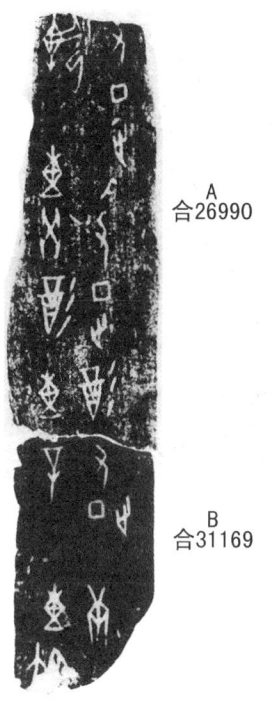
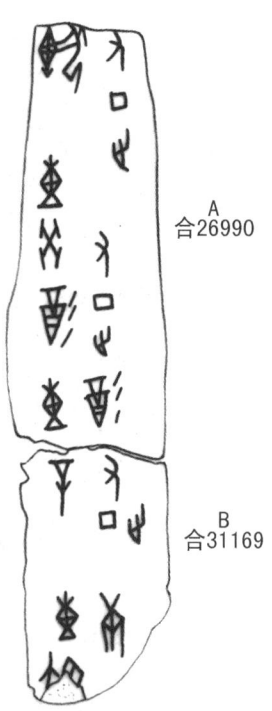

第 854 則：甲骨新綴第 160～161 組（劉影）

A《合》29065 + B《合》28969

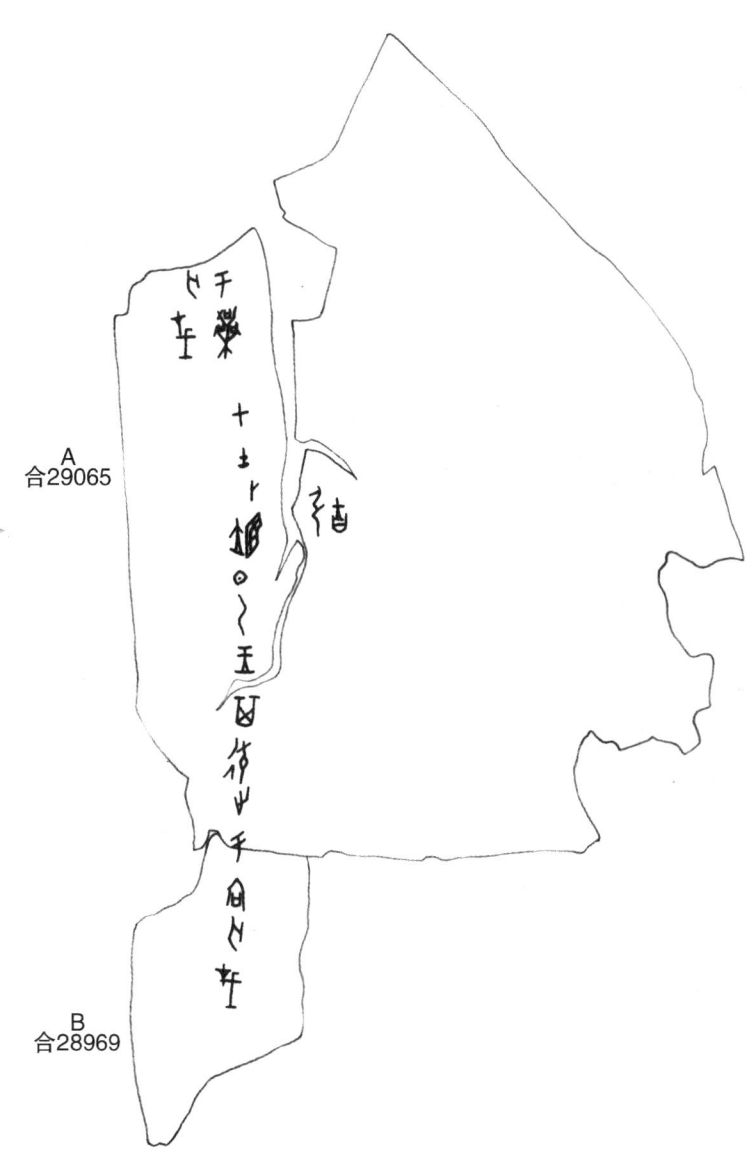

第 855 則：甲骨新綴第 160～161 組（劉影）

A《合》33008 + B《合補》9309

A 合33008

B 合補9309

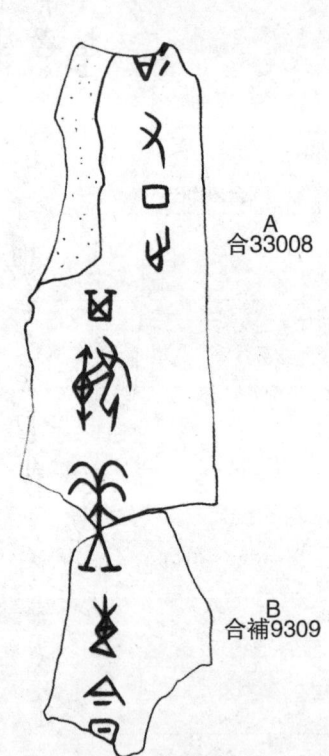

A 合33008

B 合補9309

第 856 則：甲骨新綴第 162～164 組（劉影）

A《合》29316 + B《合補》9042

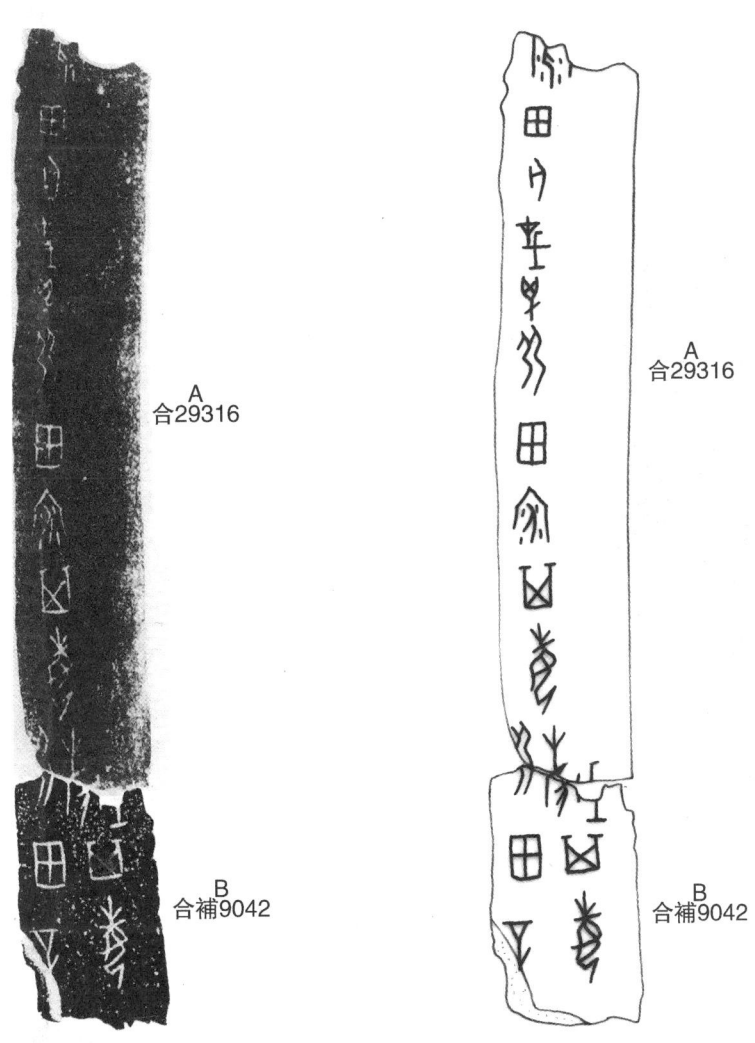

第857則：甲骨新綴第162~164組（劉影）

A《合》28803 + B《合補》9254

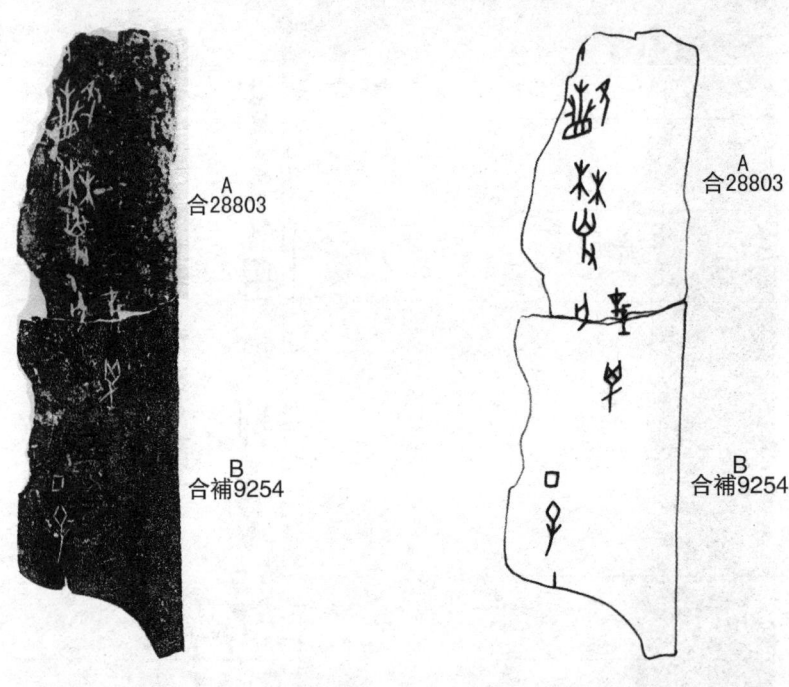

第 858 則：甲骨新綴第 162～164 組（劉影）

A《合》28823 + B《合》28331

第859則：甲骨新綴第165組（劉影）

A《合》28936 + B《合》29158

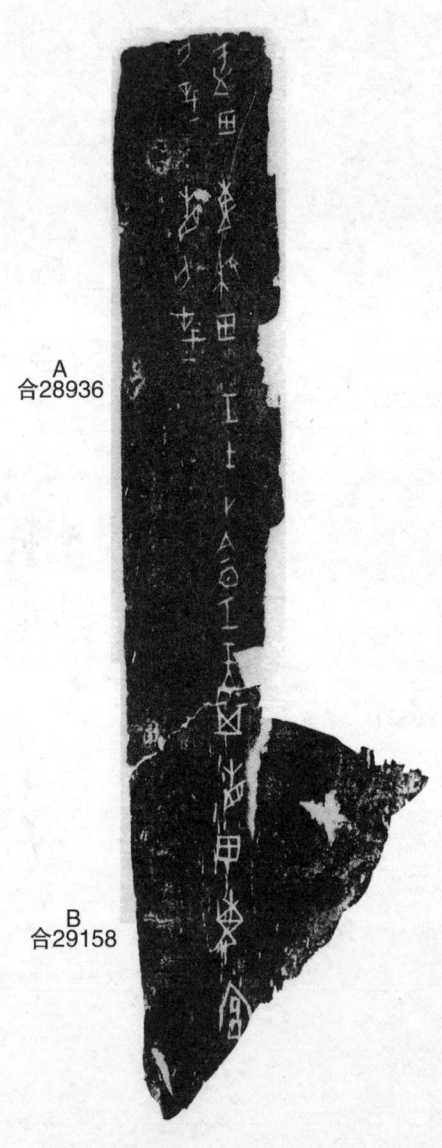

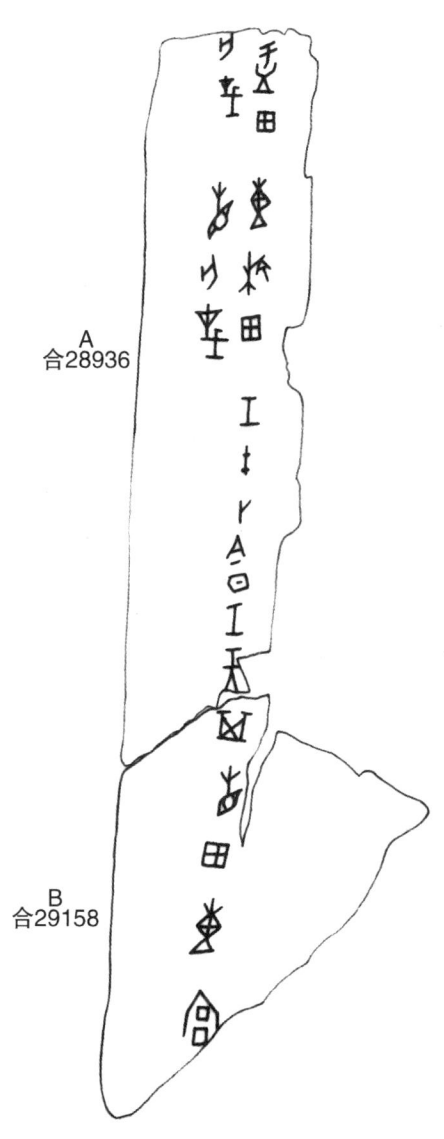

第 860 則：甲骨新綴第 166～168 組（劉影）

A《合》27635 + B《上博》21691.232

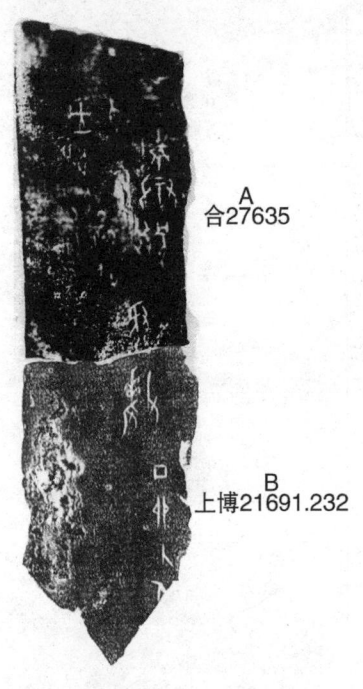
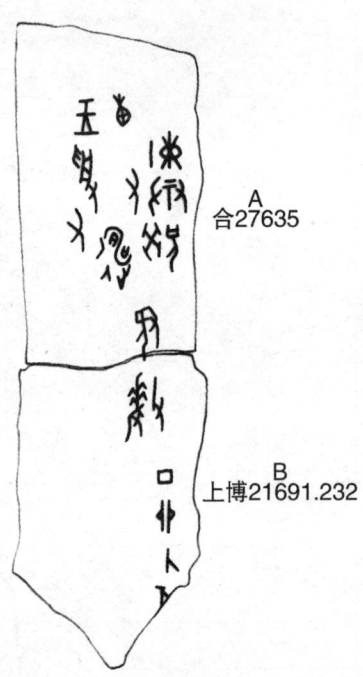

第 861 則：甲骨新綴第 166～168 組（劉影）

A《合》29148 + B《合》30074

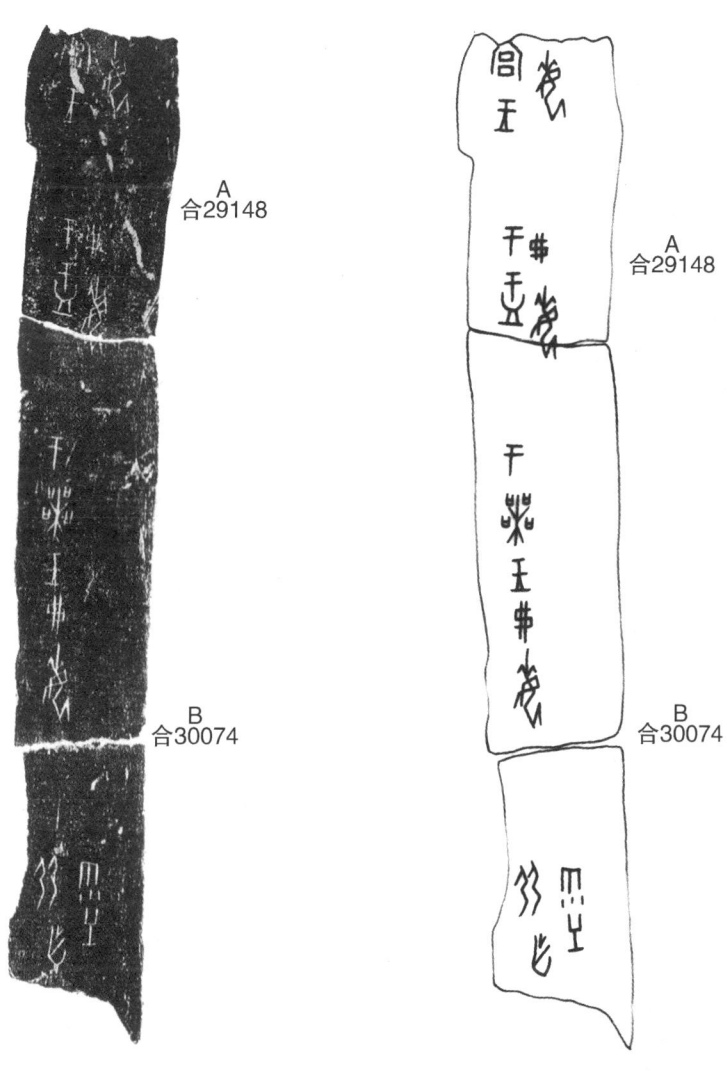

第862則：甲骨新綴第166~168組（劉影）

A《上博》17647.120 + B《合》28973 + C《合》28547

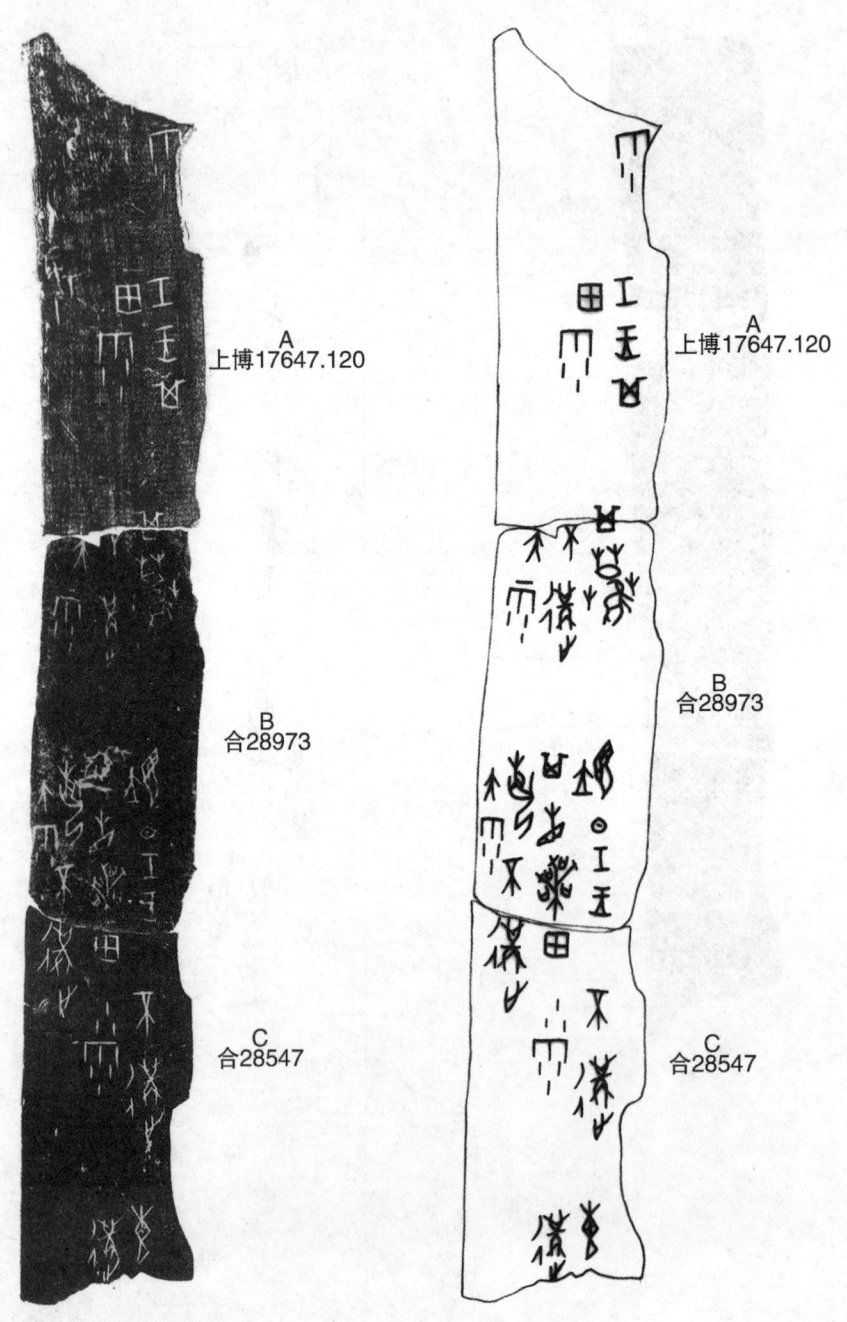

第 863 則：甲骨新綴第 169 組（劉影）

A《中歷藏》46 + B《中歷藏》77

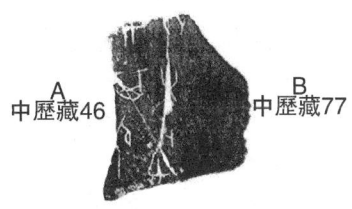

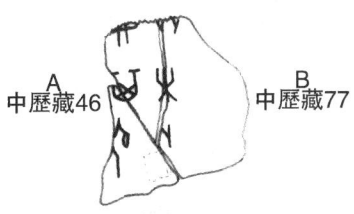

第864則：甲骨新綴第170組（劉影）

A《中歷藏》996 + B《合》17149 正

第 865 則：甲骨新綴第 171 組（劉影）

A《合》5674 正反 + B《合》10896 正反 + C《輯佚》131 正反

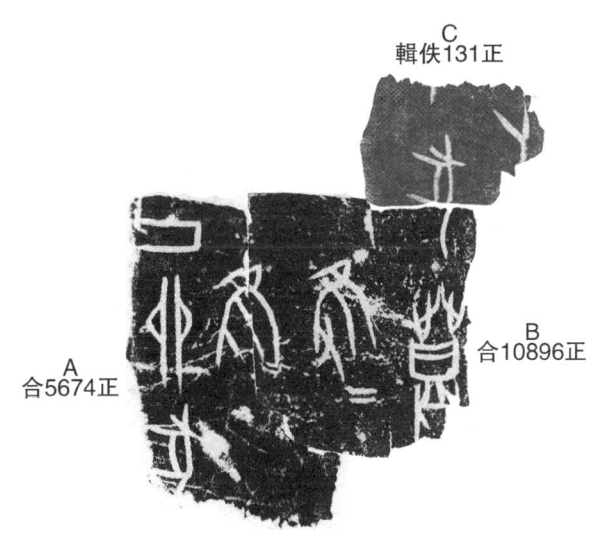

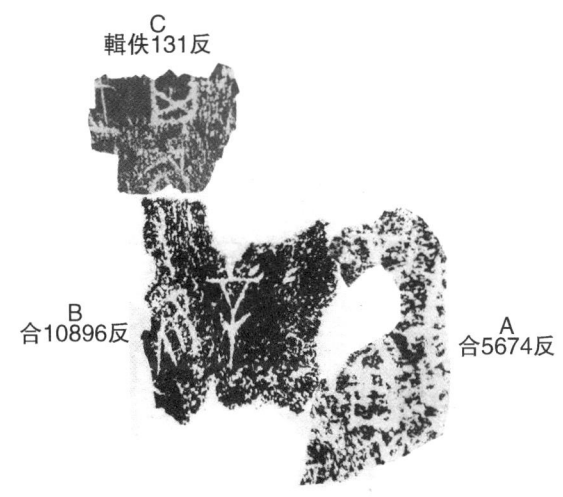

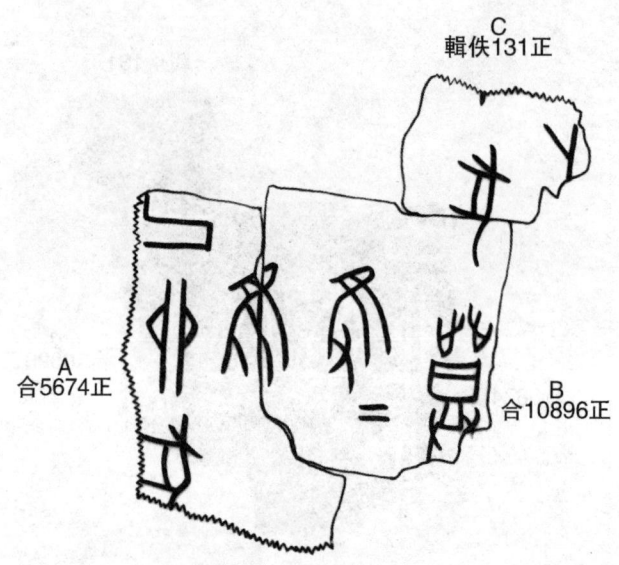

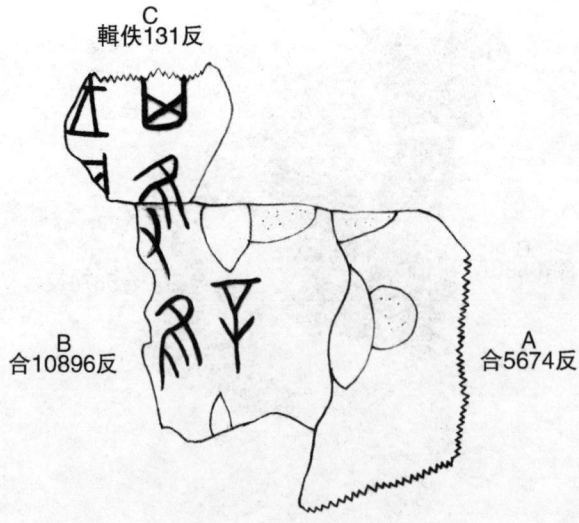

第 866 則：甲骨新綴一組（替換原第 172 組）（劉影）

A《拼續》386 + B《契合》183

A 拼續386
B 契合183

第 867 則：甲骨新綴第 173～175 組（劉影）

A《契合》170 + B《合》30967

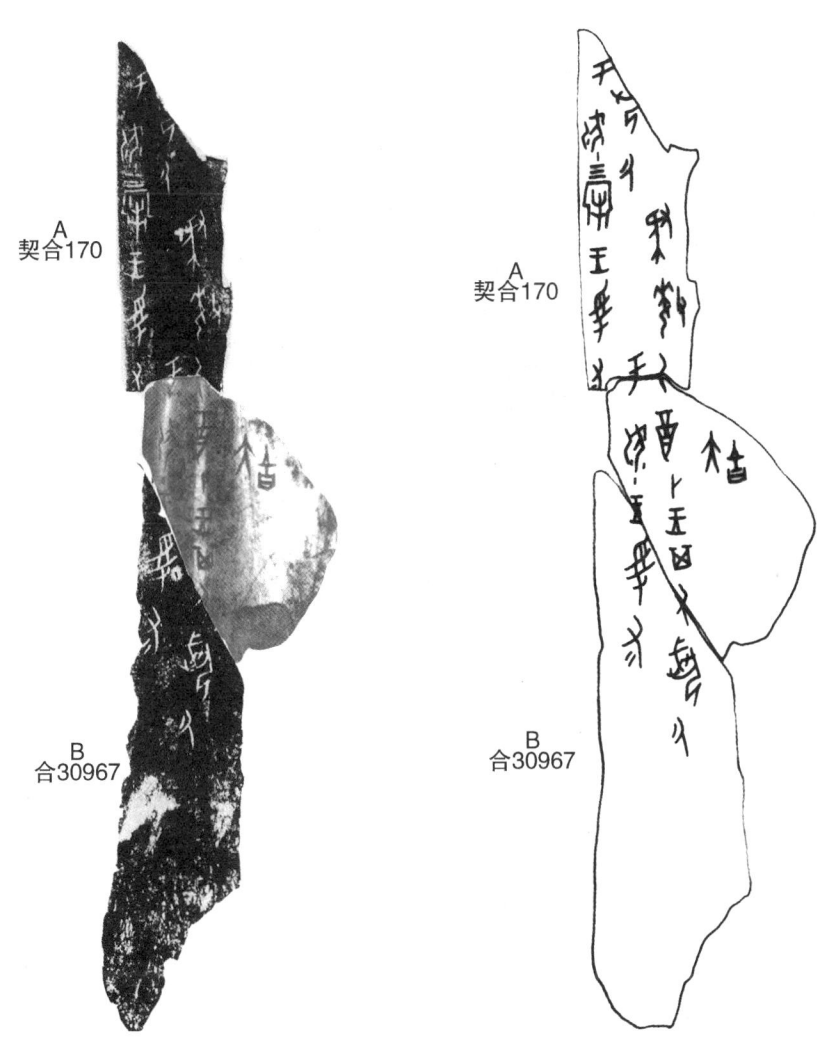

第 868 則：甲骨新綴第 173～175 組（劉影）

A《拼合集》323 + B《北珍》1717

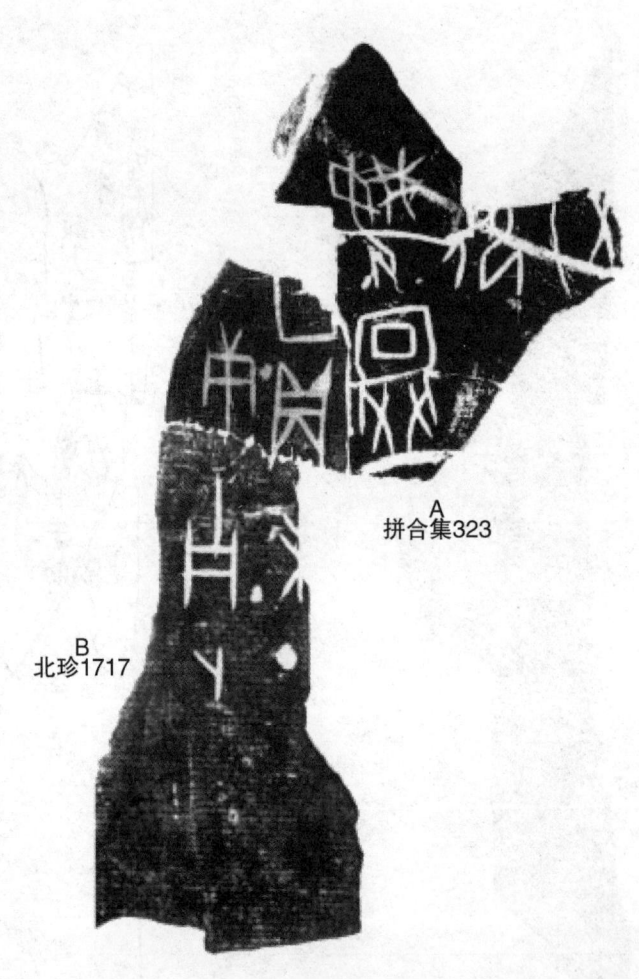

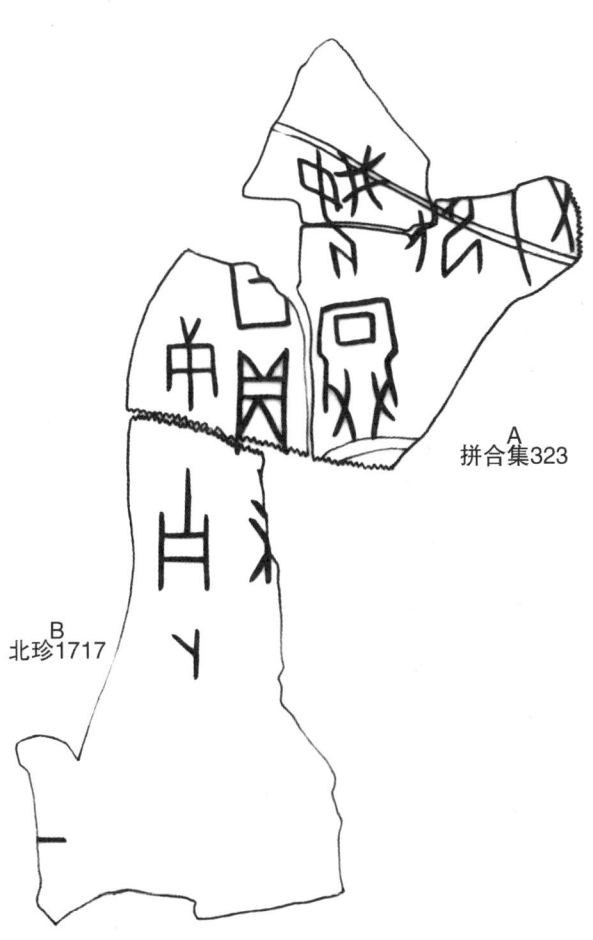

A 拼合集323
B 北珍1717

第 869 則：甲骨新綴第 173～175 組（劉影）

A《北珍》1104 + B《拼續》479

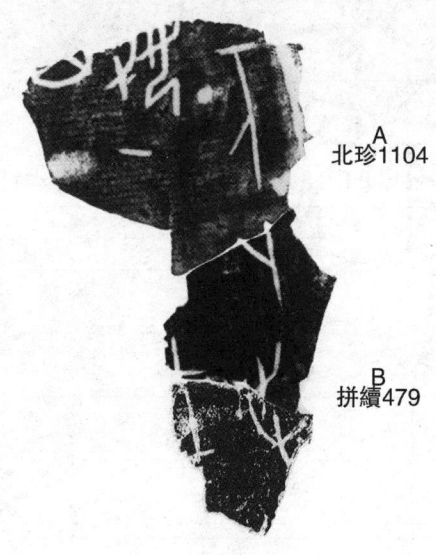

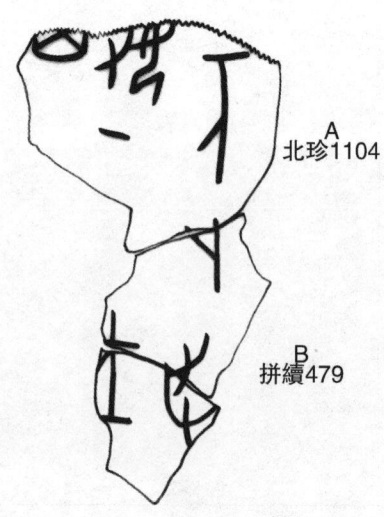

第 870 則：甲骨新綴第 176 組（劉影）

A《合》15760 + B《合》24941

第 871 則：甲骨新綴一組（替換原第 177 組）（劉影）

A《合》28114 + B《合補》4439

第 872 則：甲骨新綴第 178 組（劉影）

A《合》4660 + B《上博》2426.421

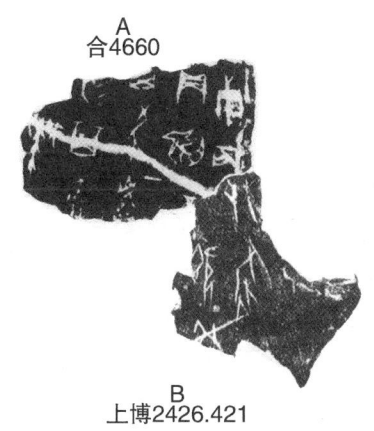

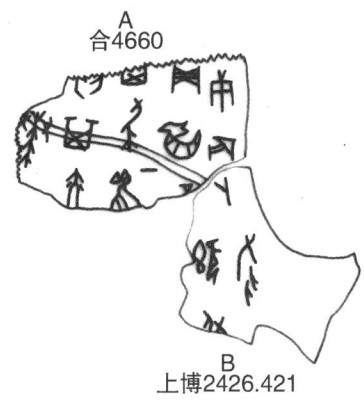

第 873 則：甲骨新綴一組（劉影）

A《合》28740 + B《合補》9087

第874則：甲骨新綴第180組（劉影）

A《合》27237 + B《合》23721

第 875 則：甲骨新綴第 181 組（劉影）

A《合》27456 正反 + B《合補》10222 正反

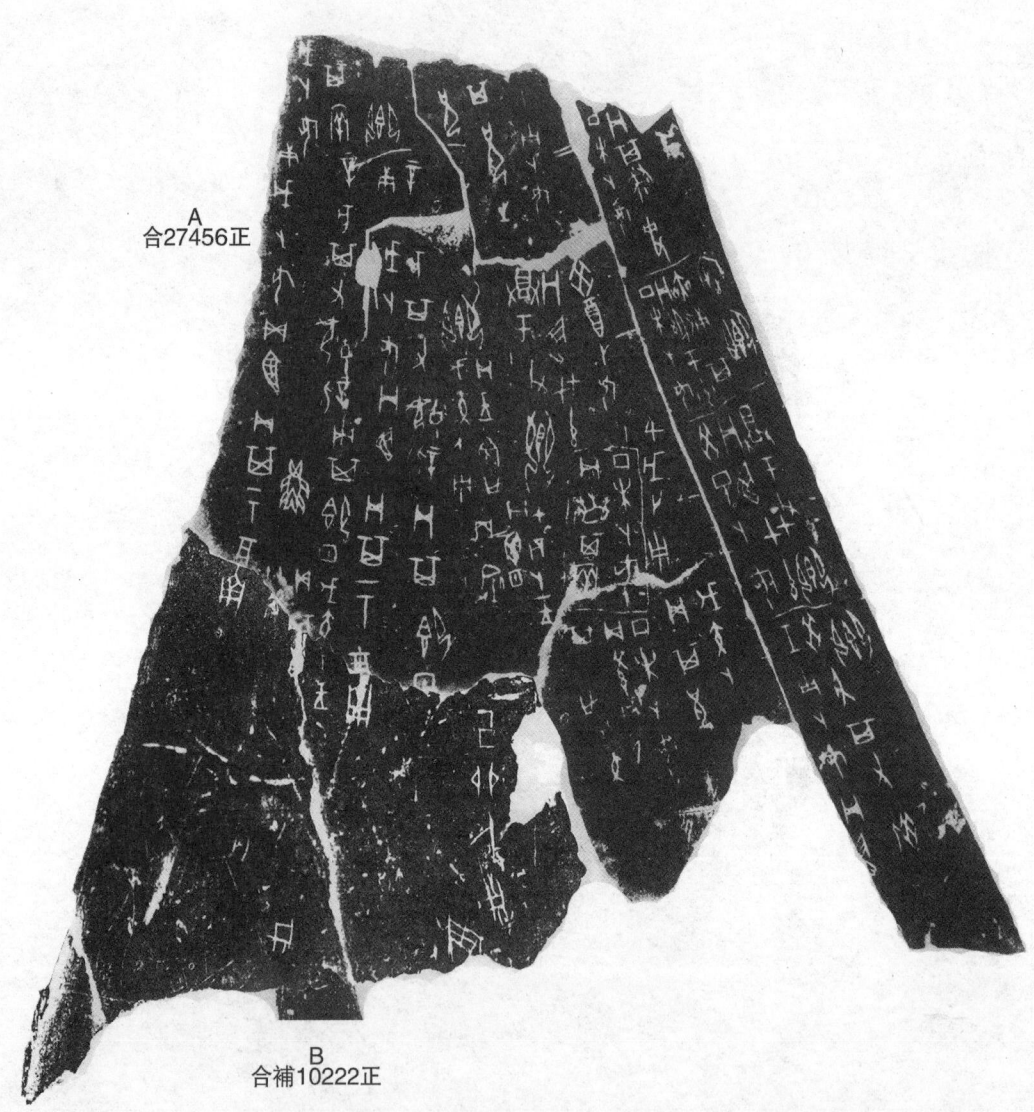

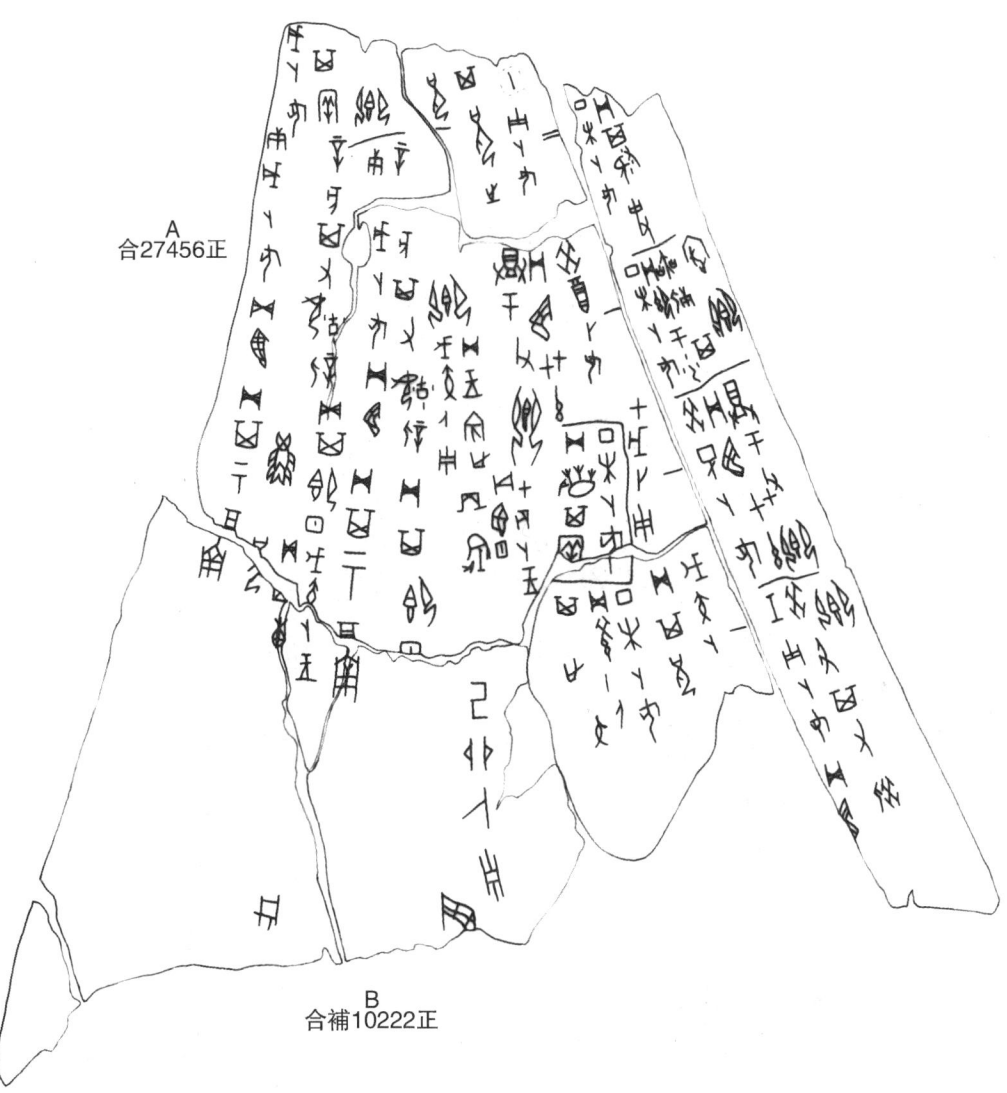

A 合27456正

B 合補10222正

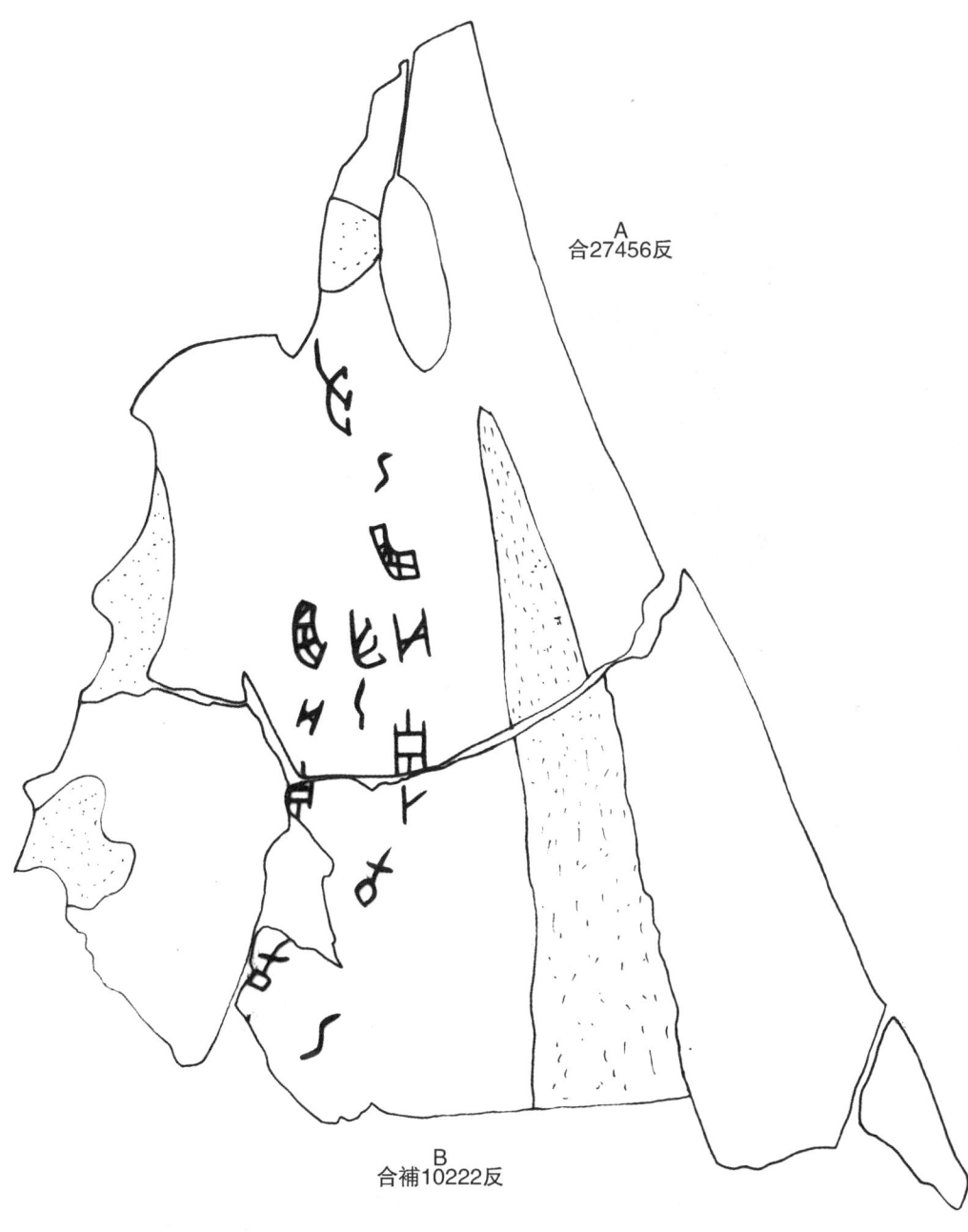

A
合27456反

B
合補10222反

第 876 則：甲骨新綴第 182～183 組（劉影）

A《旅藏》554 + B《合》6706 + C《旅藏》996

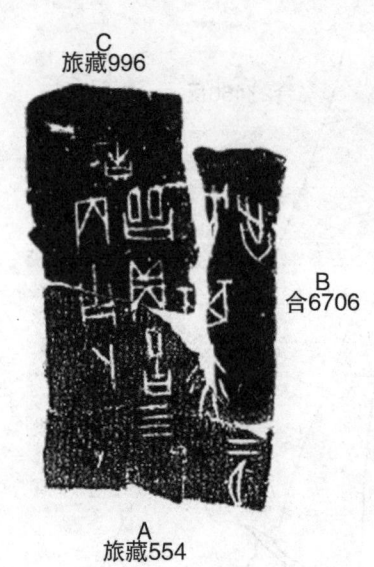

第 877 則：甲骨新綴第 182～183 組（劉影）

A《合》7785 + B《旅藏》139

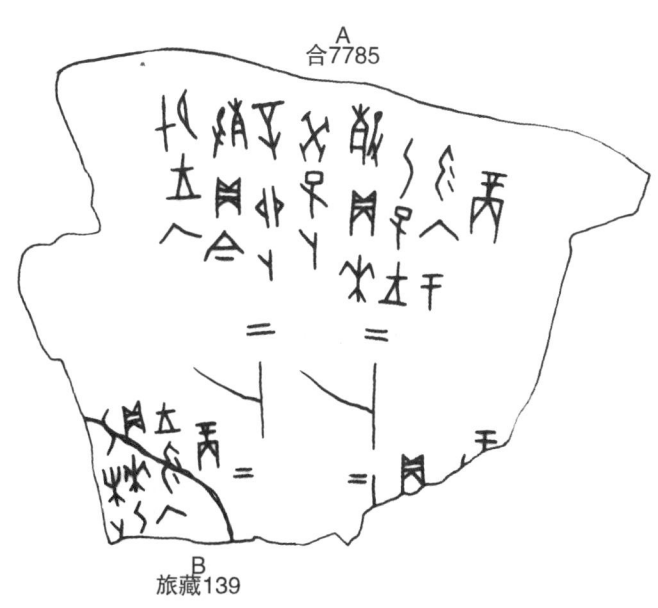

第878則：甲骨新綴第184~185組（劉影）

A《旅藏》1065 + B《合》8650

第 879 則：甲骨新綴第 184～185 組（劉影）

A《旅藏》1067 + B《旅藏》56

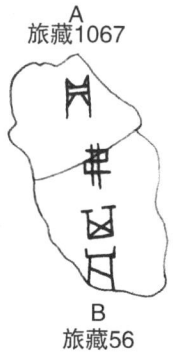

第 880 則：甲骨新綴第 186 組（劉影）

A《合》4607 + B《旅藏》1182

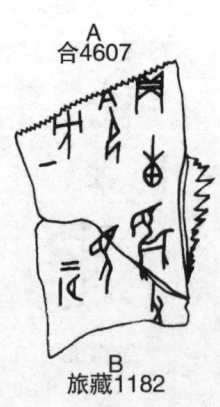

第881則：甲骨新綴第187~190組（劉影）

A《合》23525 + B《合》23579 + C《合》13561 + D《英藏》2187

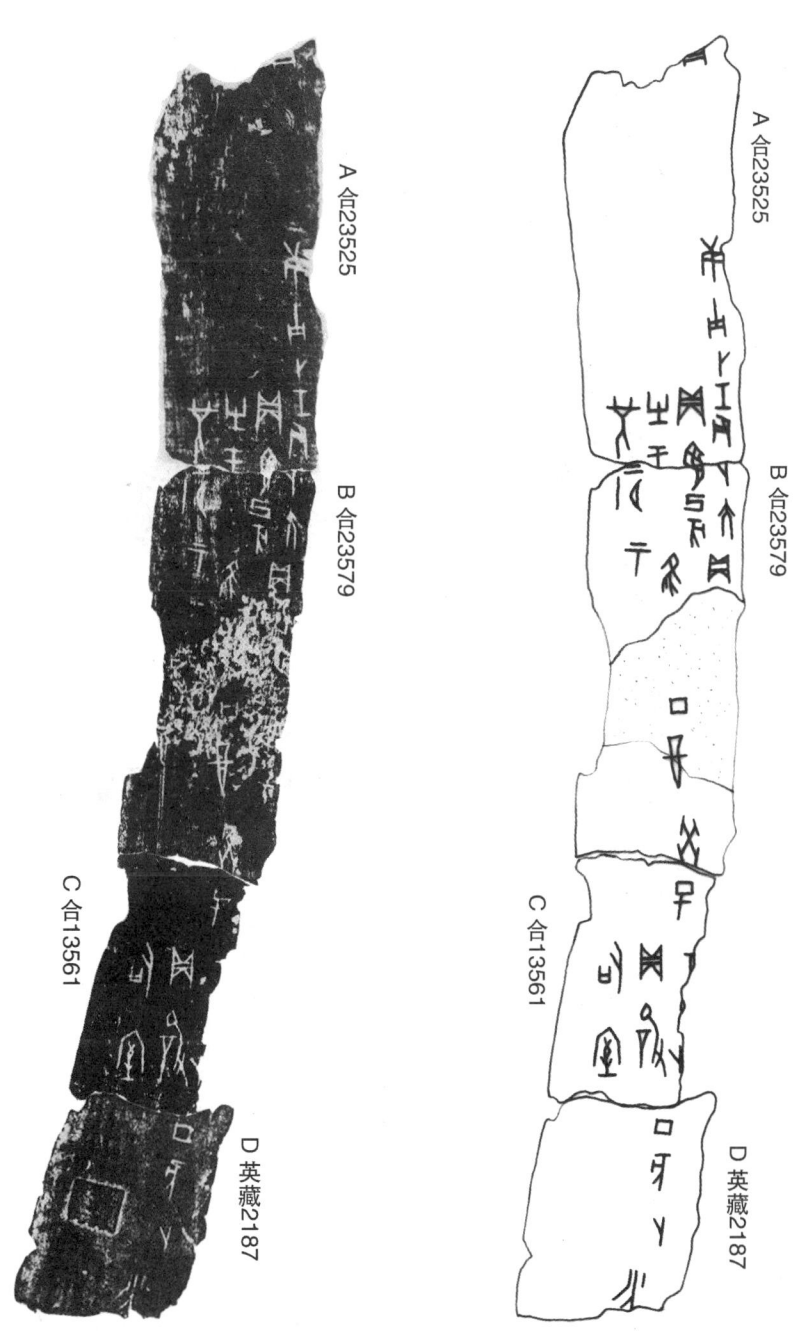

第882則：甲骨新綴第187～190組（劉影）

A《英藏》1976 + B《合》13560

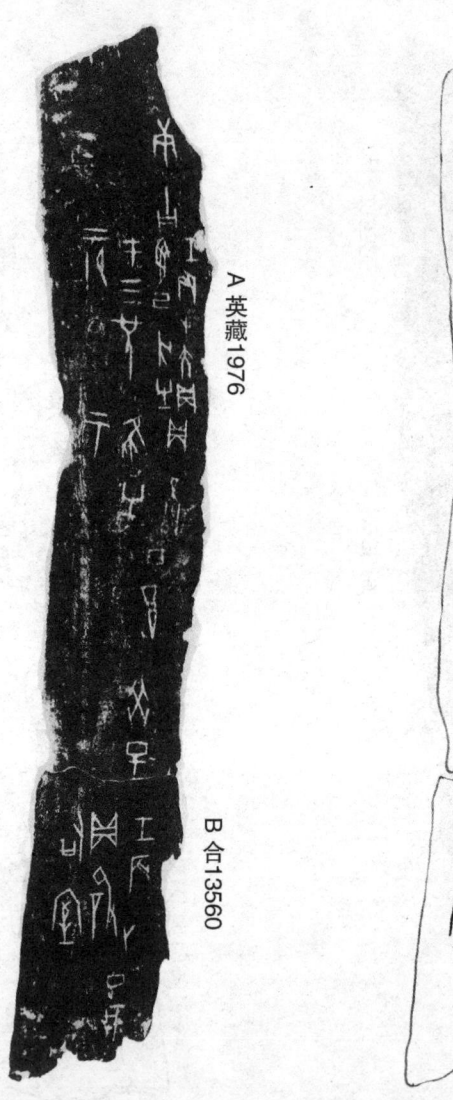

第 883 則：甲骨新綴第 187～190 組（劉影）

A《合》10068 + B《合補》1989

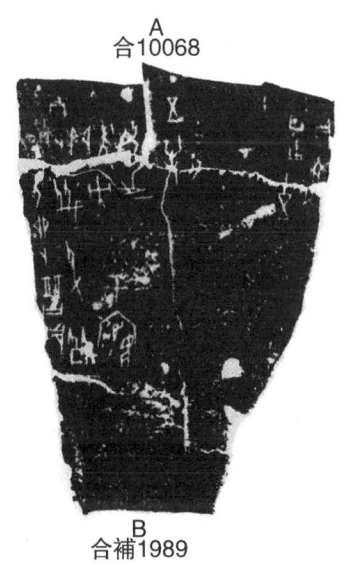

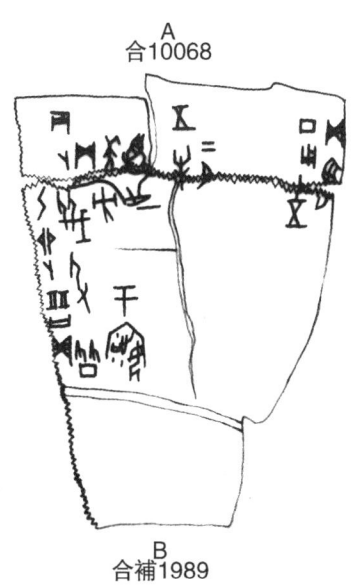

第884則：甲骨新綴第187~190組（劉影）

A《合》19047 + B《合》4984

第 885 則：甲骨新綴第 191 組（劉影）

A《北珍》1739 + B《合》1539

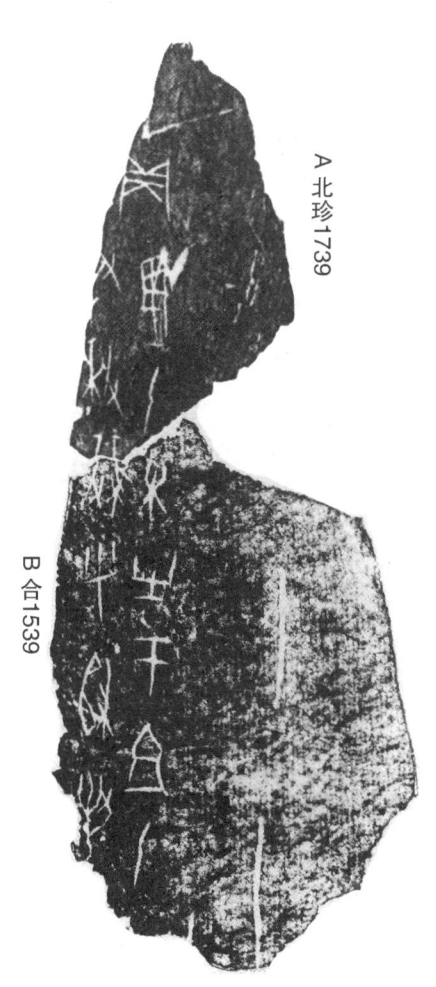

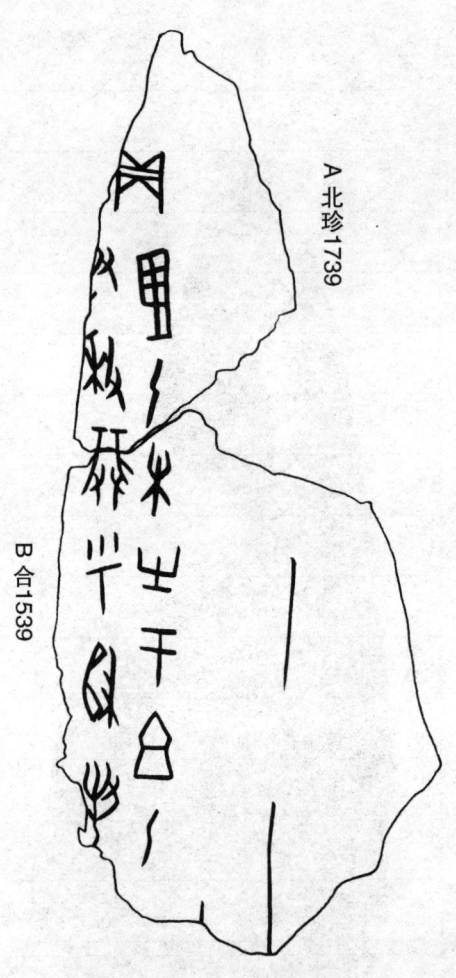

第 886 則：甲骨新綴第 192 組（劉影）

A《合補》7044 + B《合》5384

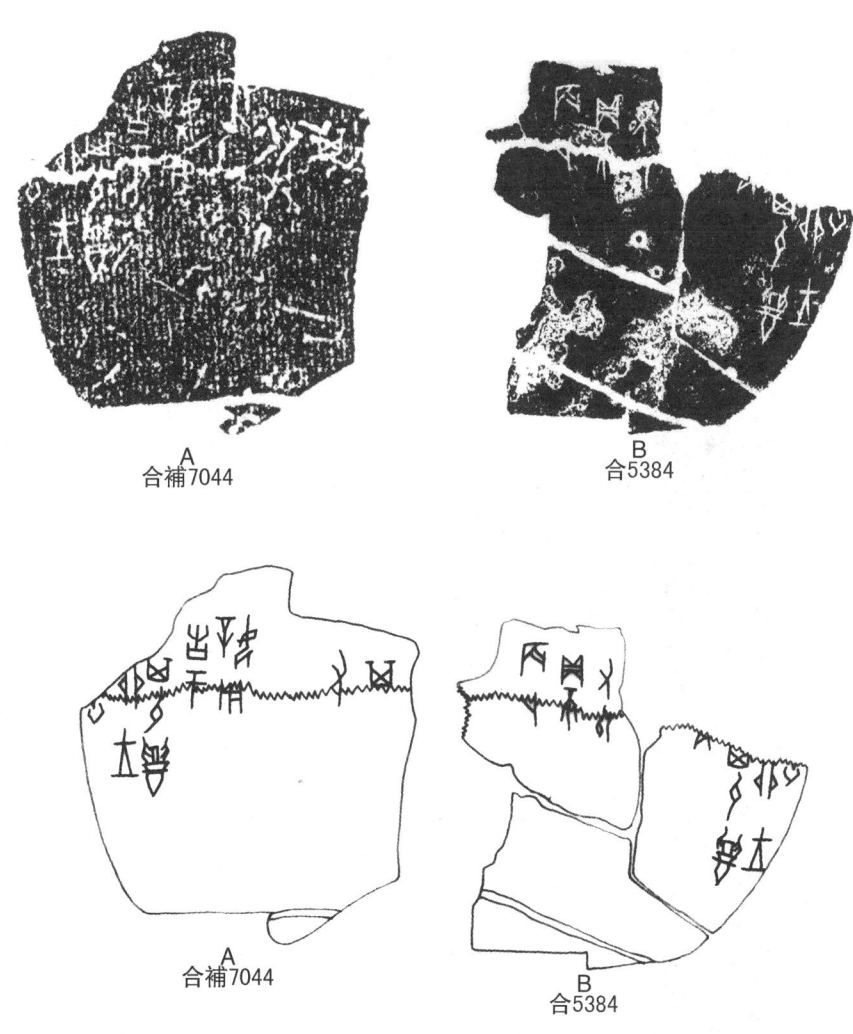

第887则：甲骨拼合第一三四则（莫伯峰）

A《合》32114 + B《屯南》3673 + C《屯南》3723

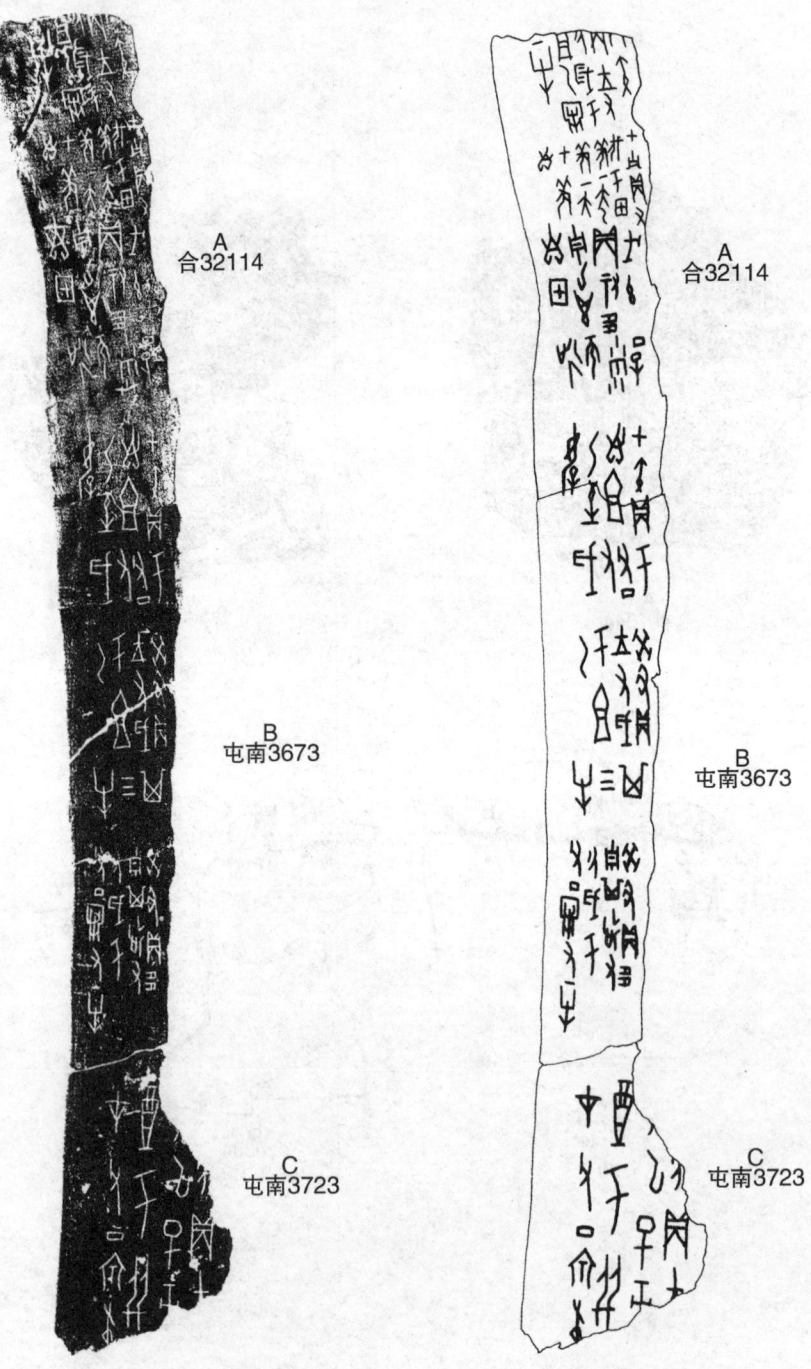

第 888 則：甲骨拼合四則（莫伯峰）

A《合》29223 + B《合》31252

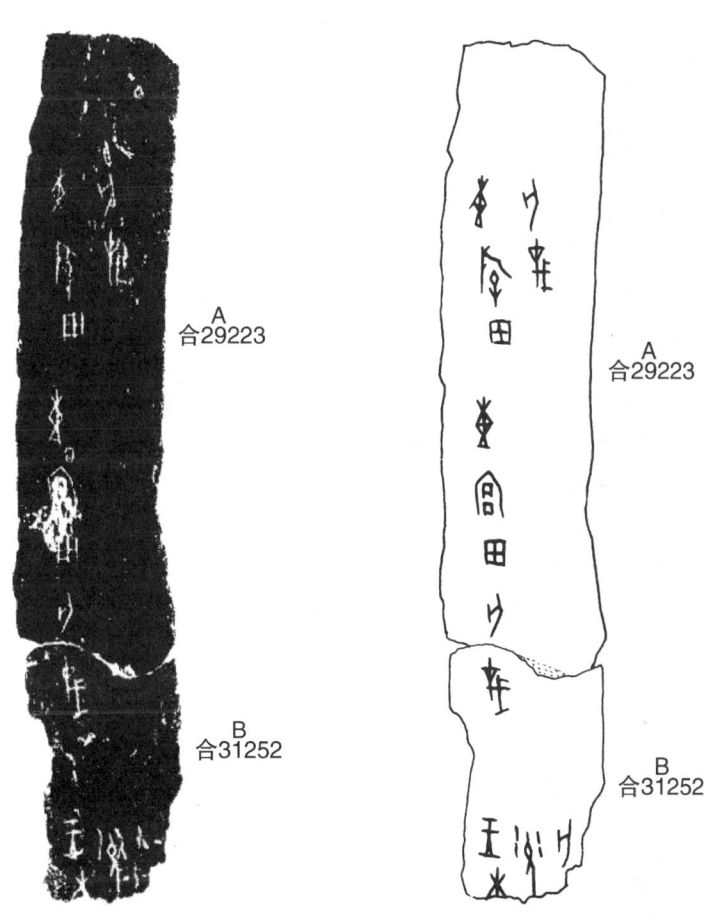

第889則：甲骨拼合四則（莫伯峰）

A《合》29699 + B《合》30821

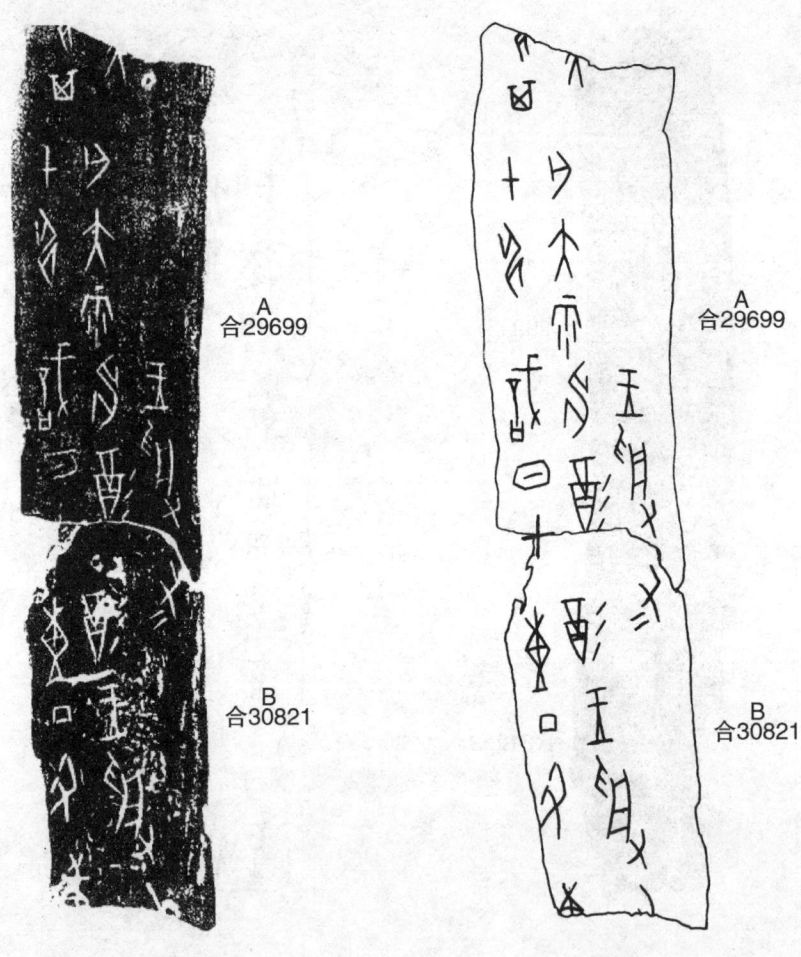

第 890 則：甲骨拼合四則（莫伯峰）

A《合》29865 + B《合》30081

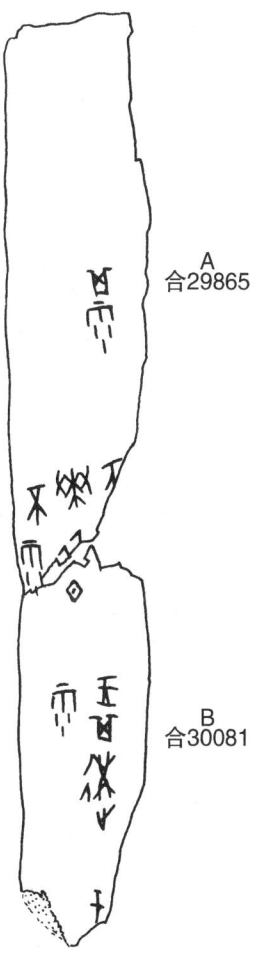

第 891 则：甲骨拼合四则（莫伯峰）

A《合》29990 + B《合》30174 + C《合》30130

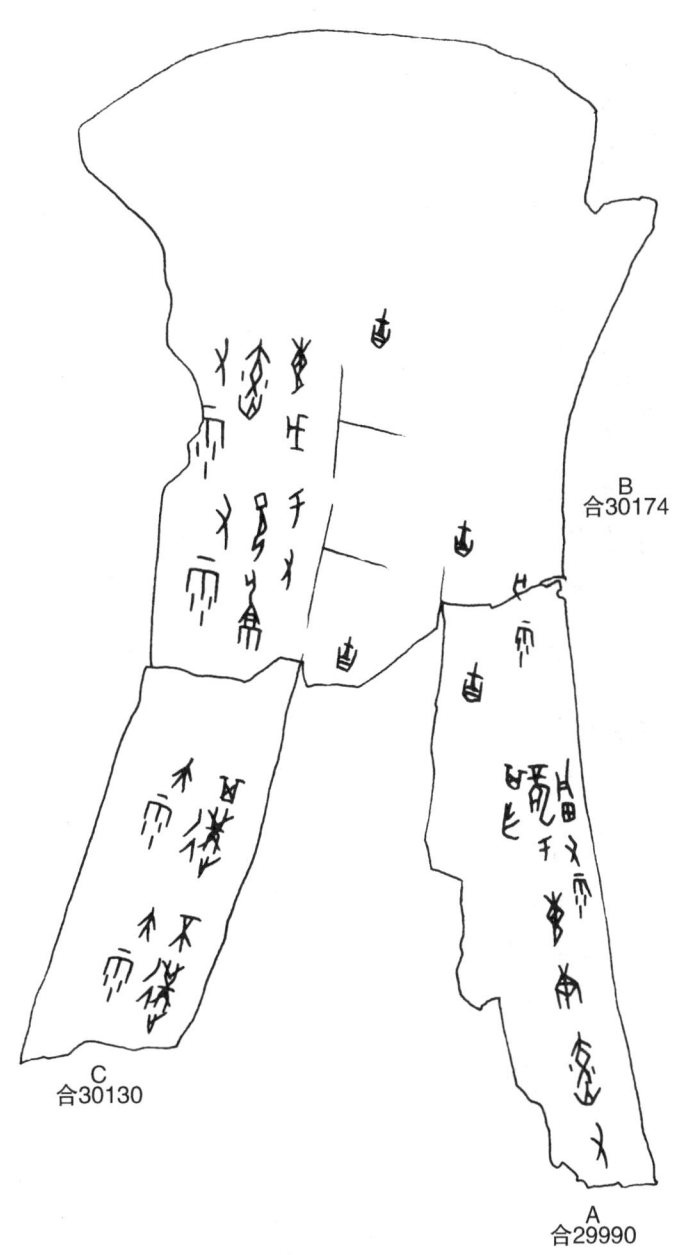

第 892 則：甲骨拼合第一三九～一四二則（莫伯峰）

A《合》30300 + B《安明》2252

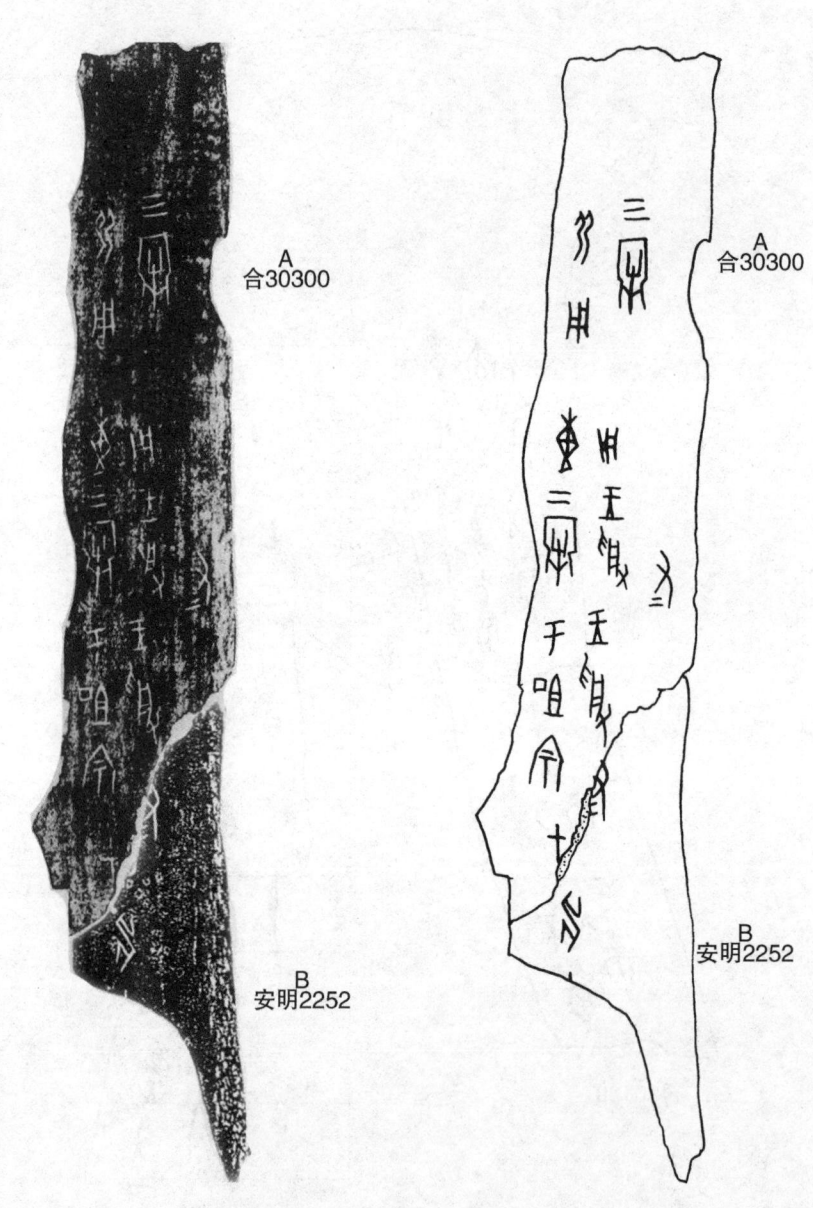

第 893 則：甲骨拼合第一三九～一四二則（莫伯峰）

A《合補》9541 + B《合》29165

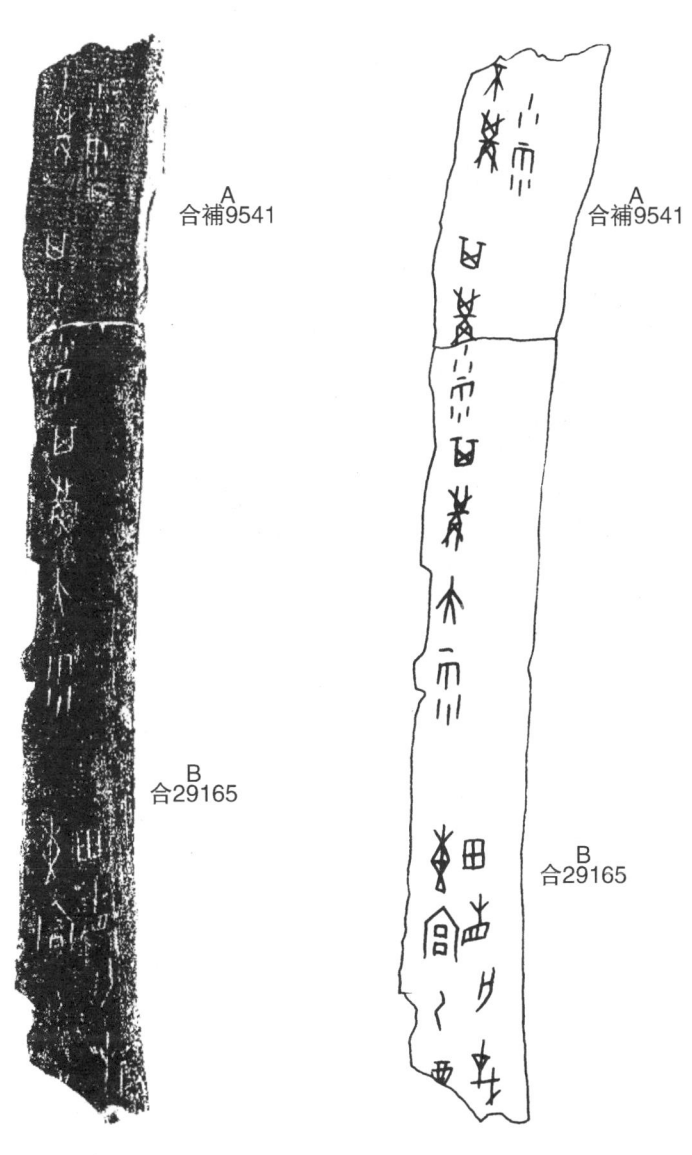

第 894 则：甲骨拼合第一三九~一四二则（莫伯峰）

A《合》28943 + B《合》29140

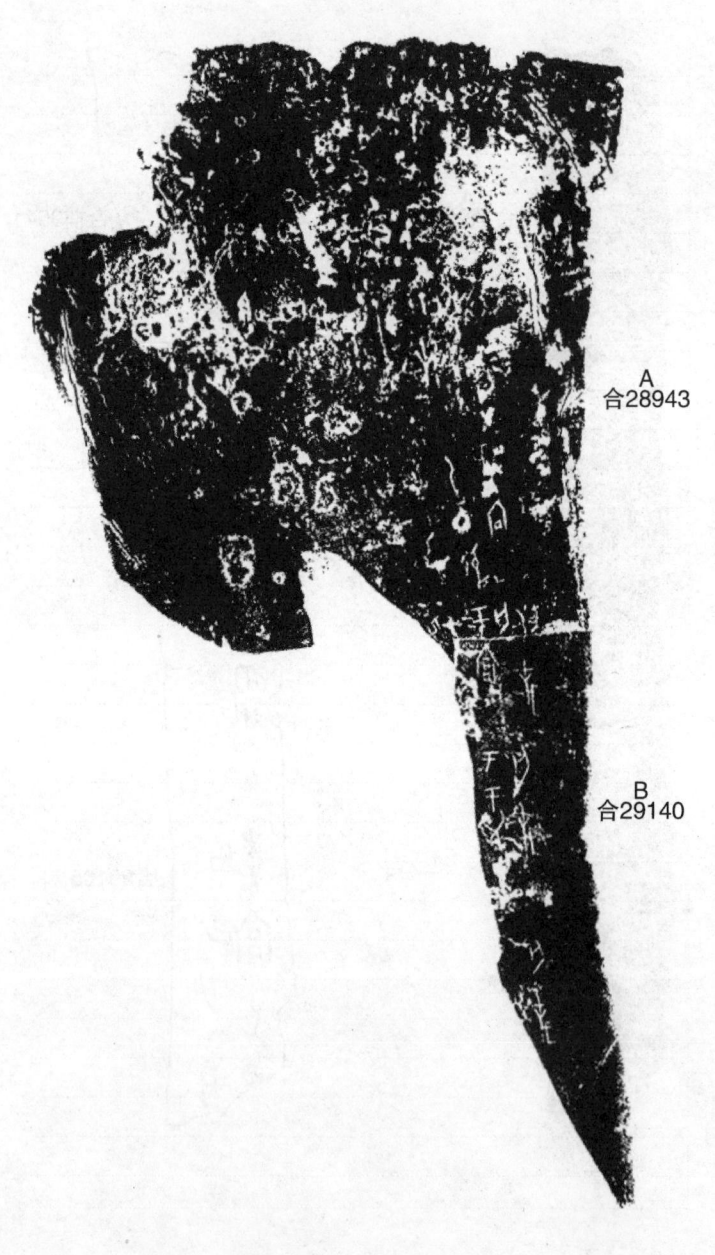

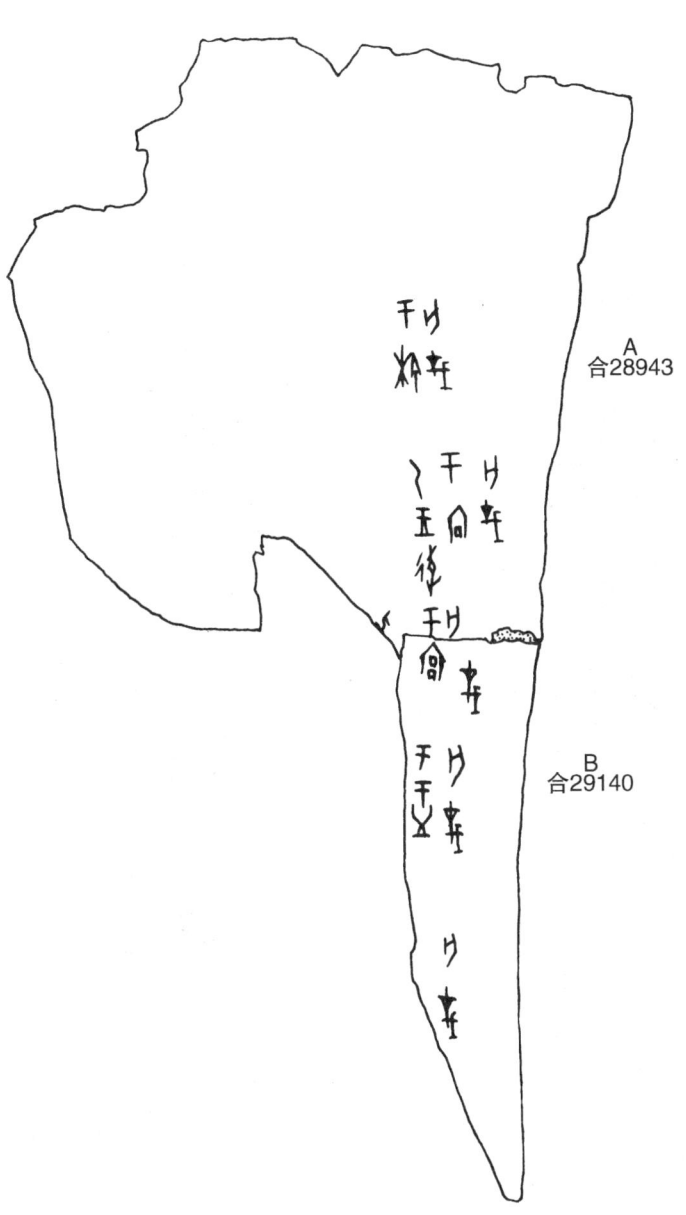

第 895 則：甲骨拼合第一三九~一四二則（莫伯峰）

A《合補》9173 + B《合》33558 + C《日天》560

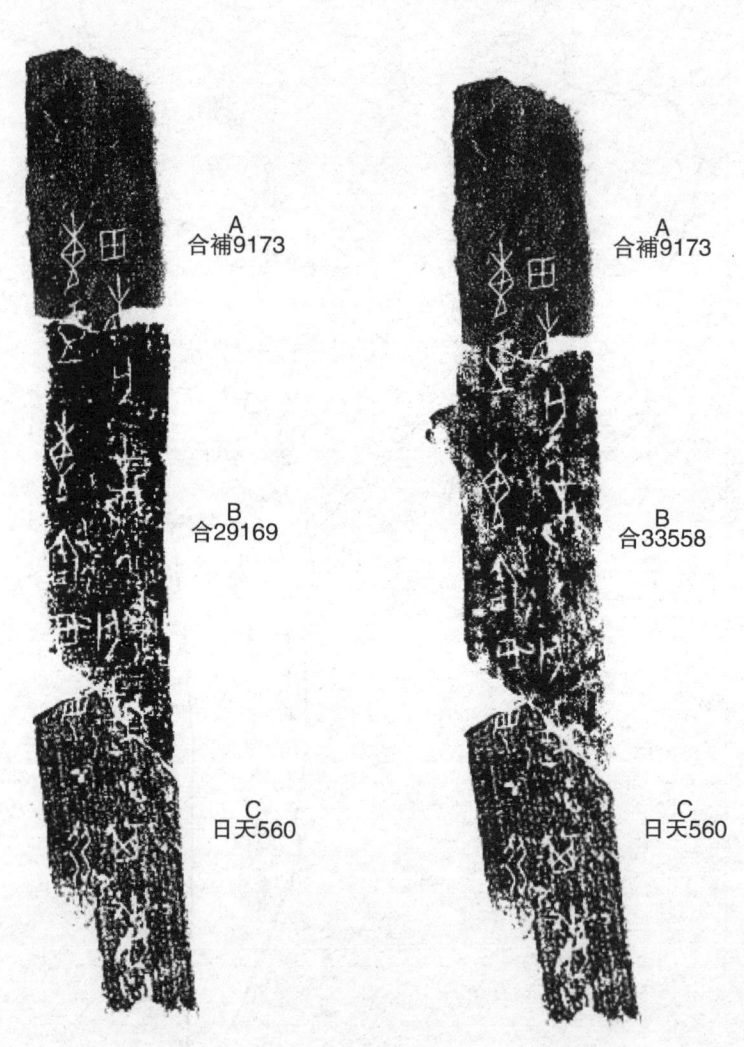

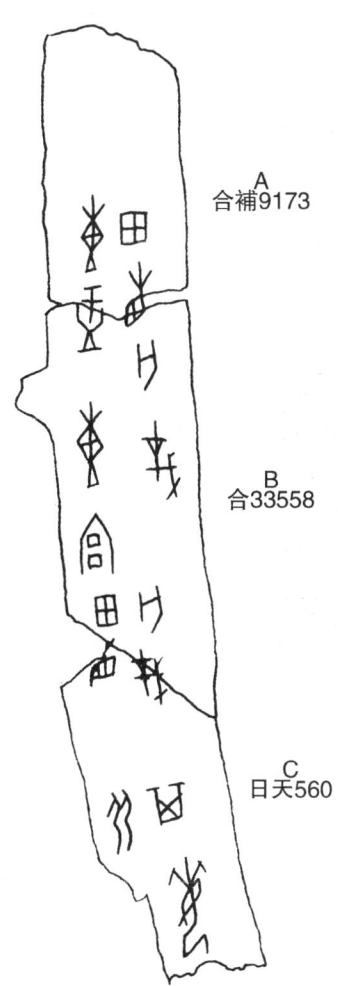

第 896 则：甲骨拼合第一四三、一四四则（莫伯峰）

A《合》28786 + B《合》27820

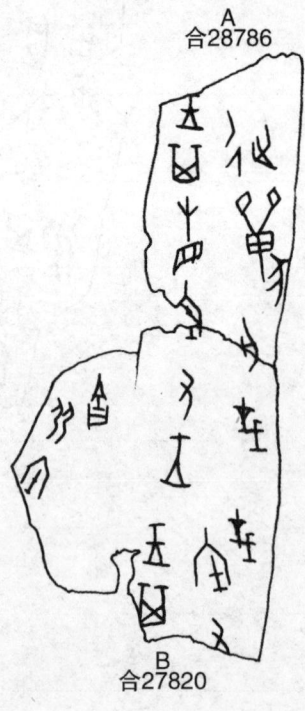

第 897 則：甲骨拼合第一四三、一四四則（莫伯峰）

A《合》29856 + B《合》29382

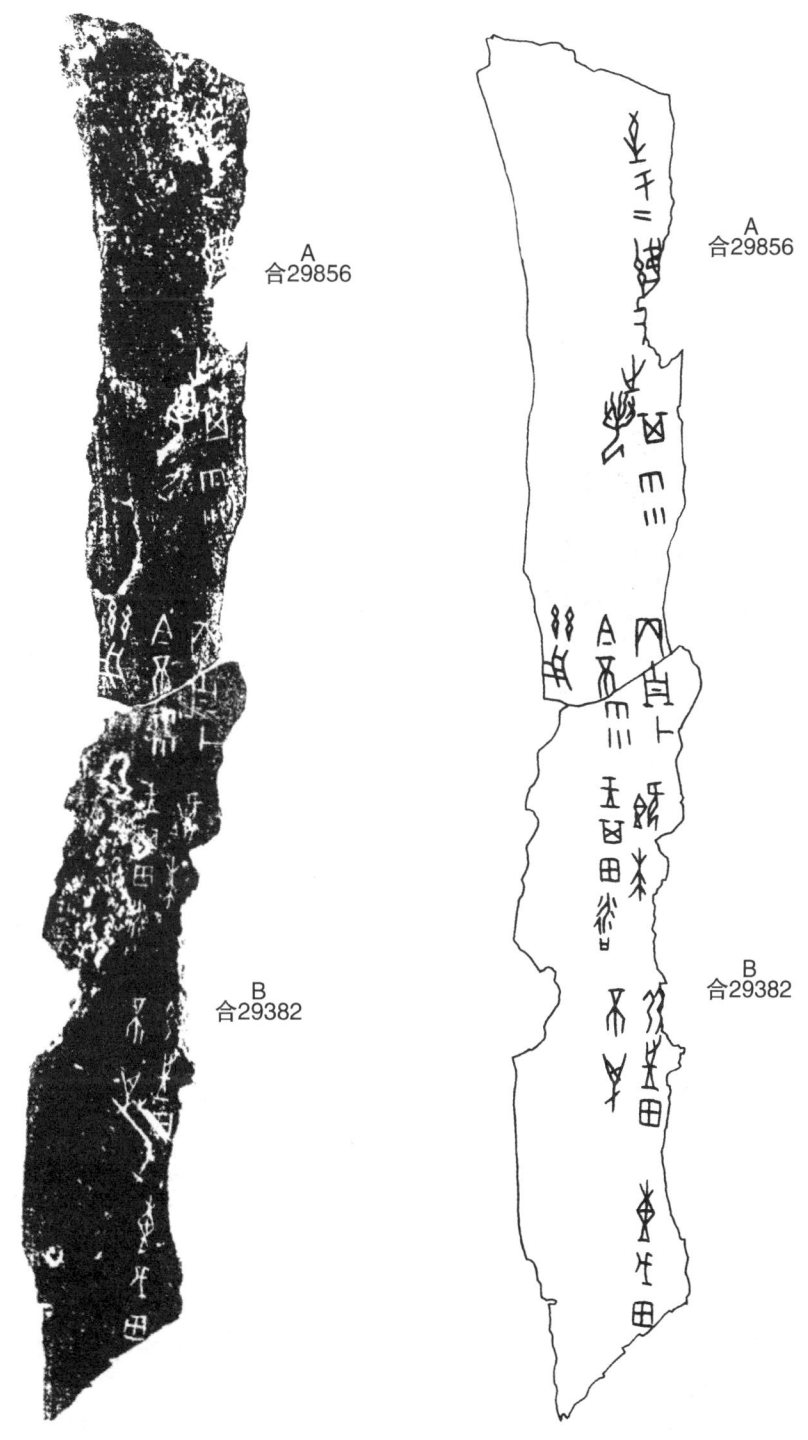

第898則：甲骨拼合第一四五則（莫伯峰）

A《合》29605 + B《合》31214

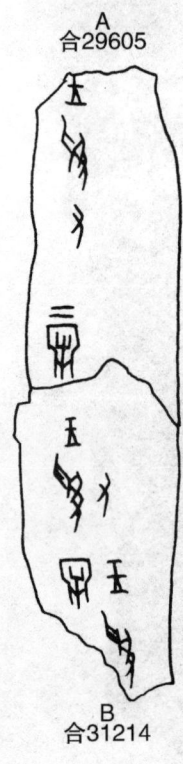

第 899 則：甲骨新綴一則（劉影、莫伯峰）

A《合》28176 + B《合》28185

第 900 则：甲骨拼合第一则（莫伯峰）

A《合》23867 + B《旅藏》1380

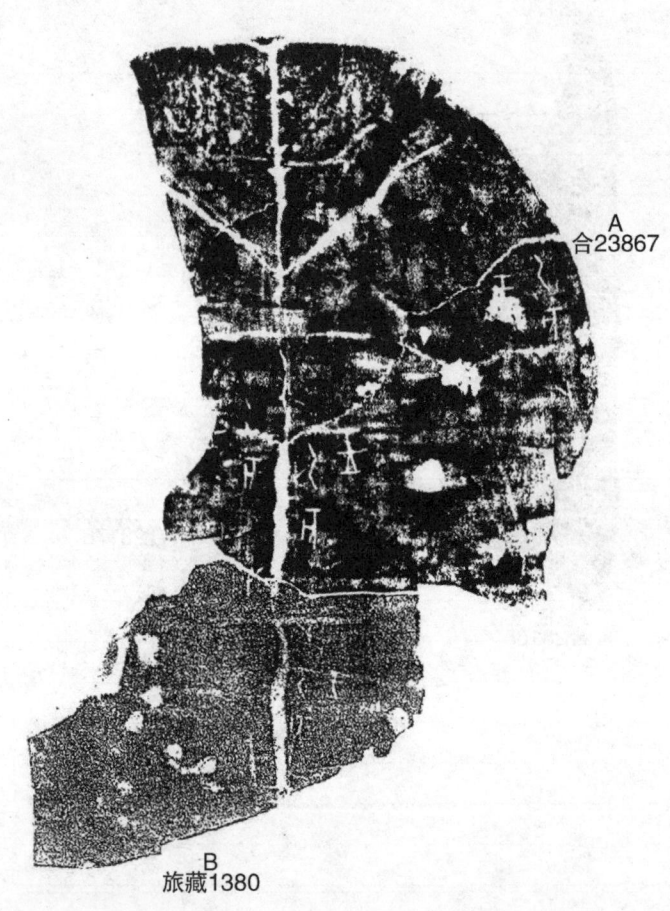

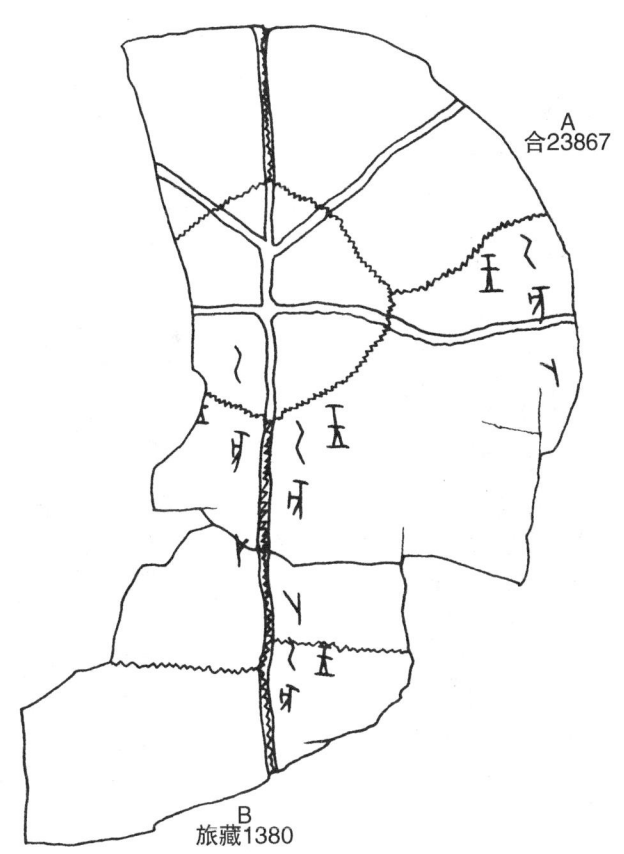

第 901 則：甲骨拼合第二則（莫伯峰）

A《旅藏》偽 5 + B《旅藏》偽 6

B 旅藏偽6正

A 旅藏偽5正

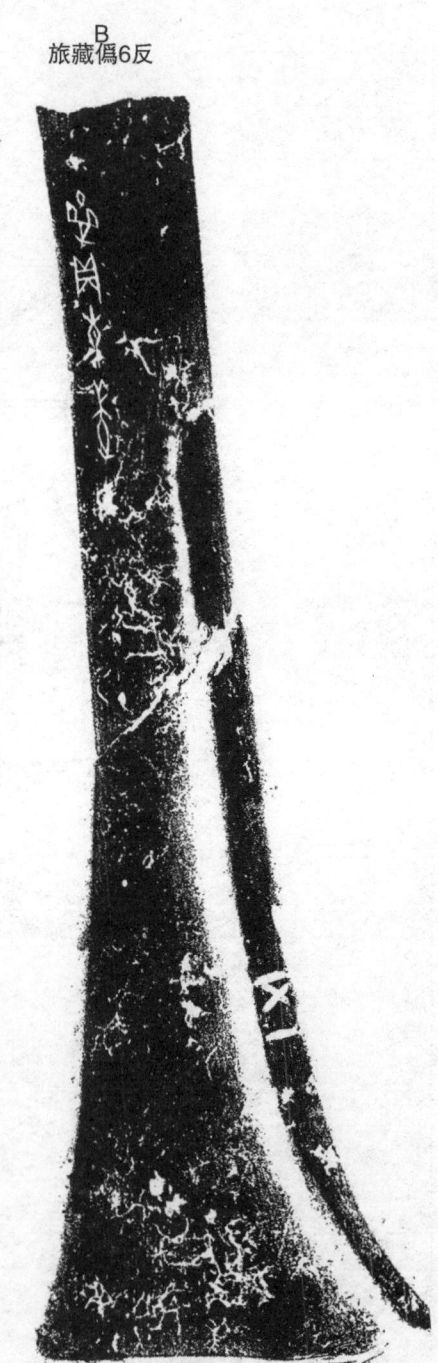

B 旅藏偽6反

A 旅藏偽5反

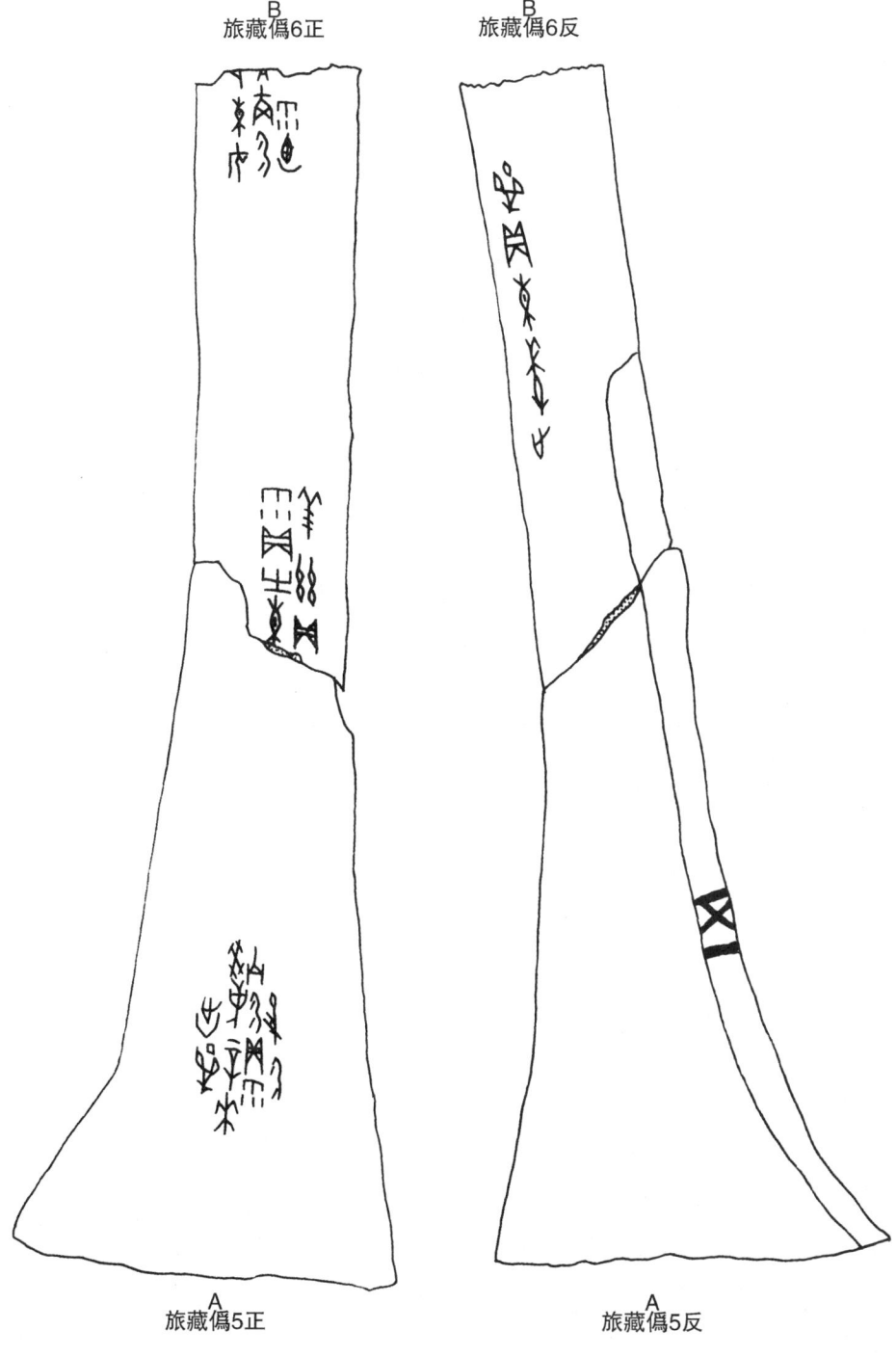

第902则：甲骨拼合第三则（莫伯峰）

A《旅藏》1566 + B《旅藏》1843

第 903 則：甲骨拼合第四則（莫伯峰）

A《旅藏》1377 + B《合補》8364

第 904 则：甲骨拼合第五则（莫伯峰）

A《旅藏》1619 + B《合》26653

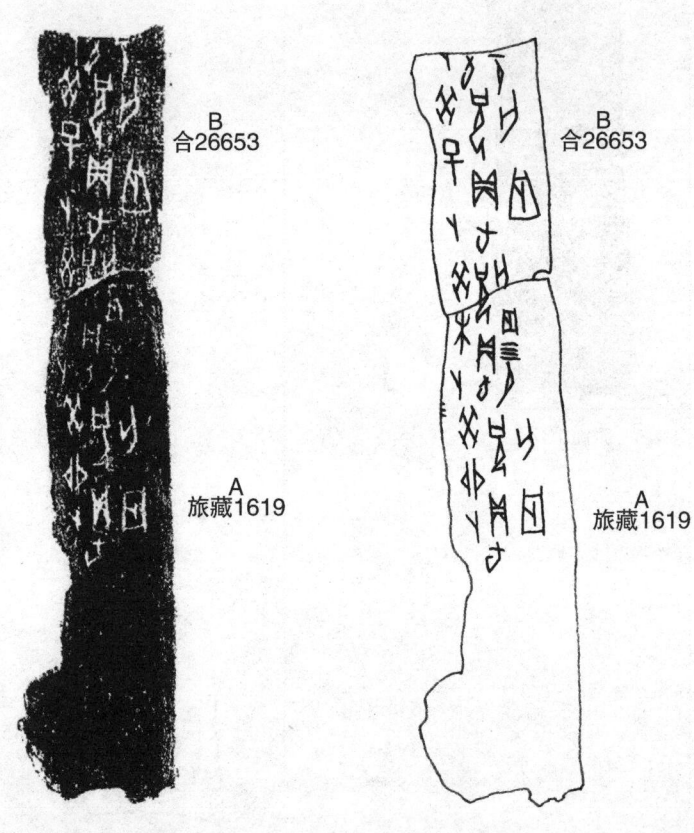

第 905 則：黃組拼合第 115 組（門藝）

A《合》35826 + B《旅藏》1927

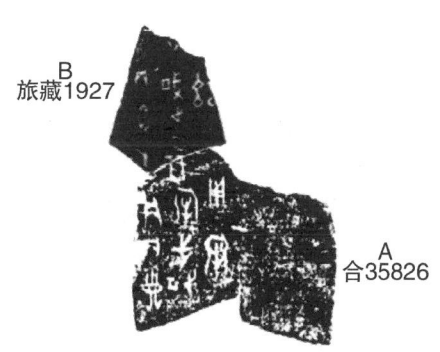

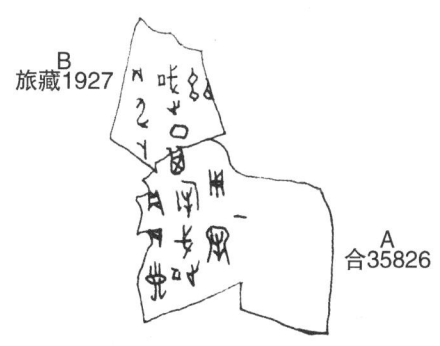

第 906 則：新一則（門藝）

A《旅藏》596 + B《旅藏》618

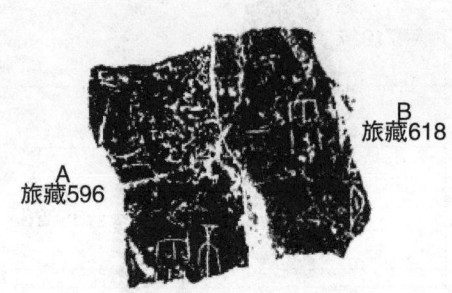

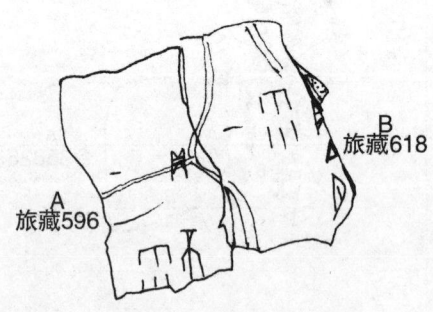

第 907 則：龜腹甲新綴第五十八則（何會）

A《合》8825 + B《合》17988

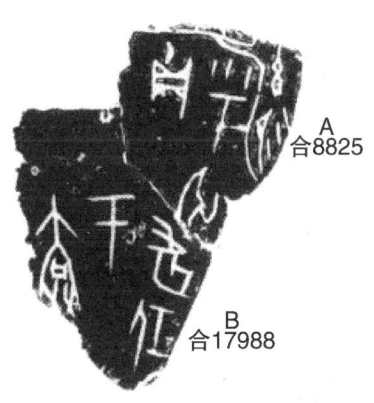

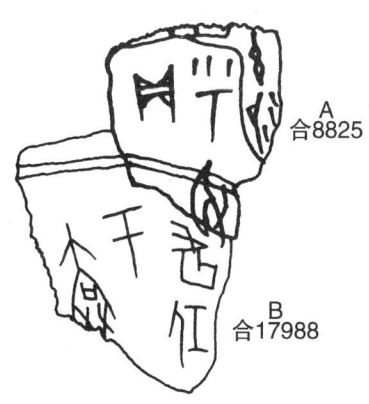

第 908 則：龜腹甲新綴第五十九則（何會）

A《合》1363 + B《合》6576

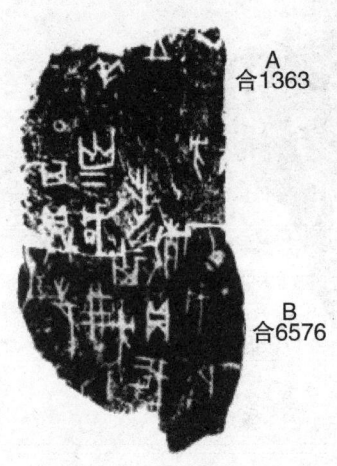

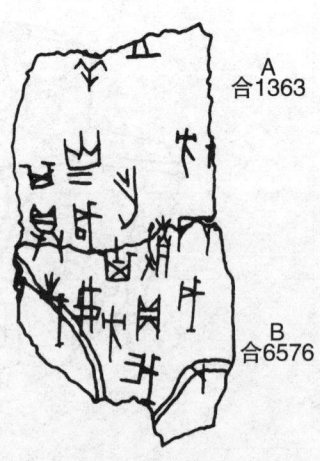

第 909 則：龜腹甲新綴第六十則（何會）

A《合》11348 + B《合》22567

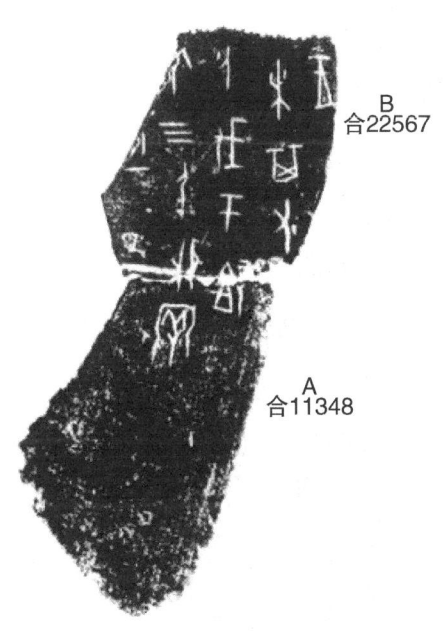

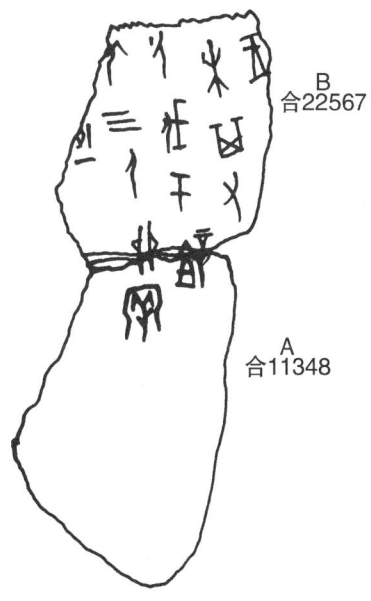

第 910 則：甲骨新綴第六十一則（何會）

A《合》12225 + B《合》12283 反

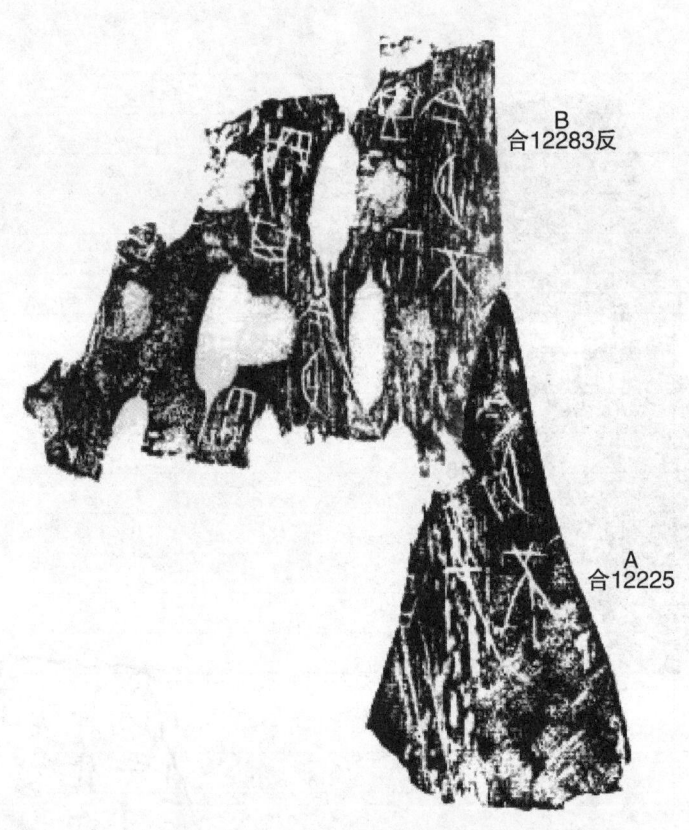

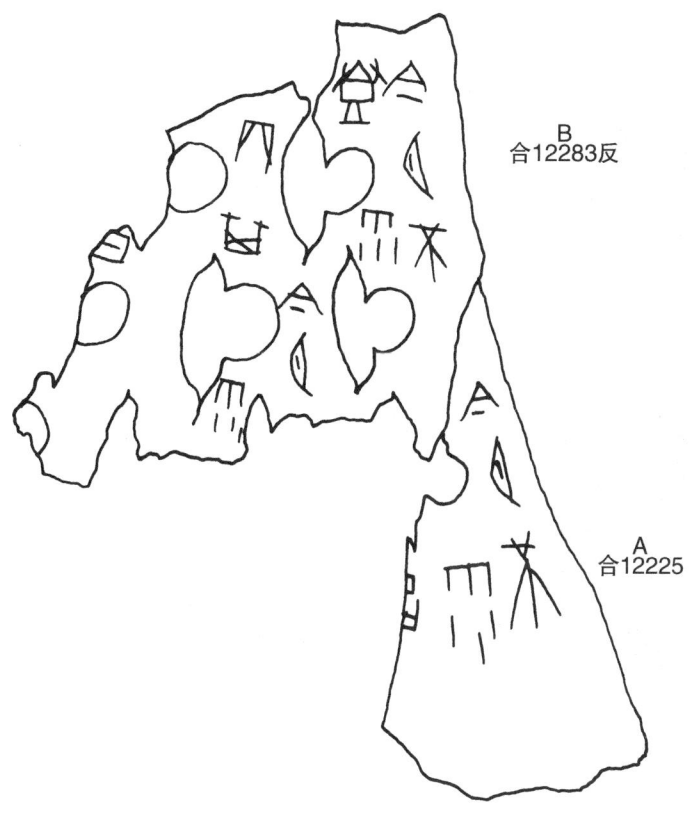

B 合12283反

A 合12225

第 911 則：賓組龜腹甲新綴四則（何會）

A《合》1590 + B《合》19152 正

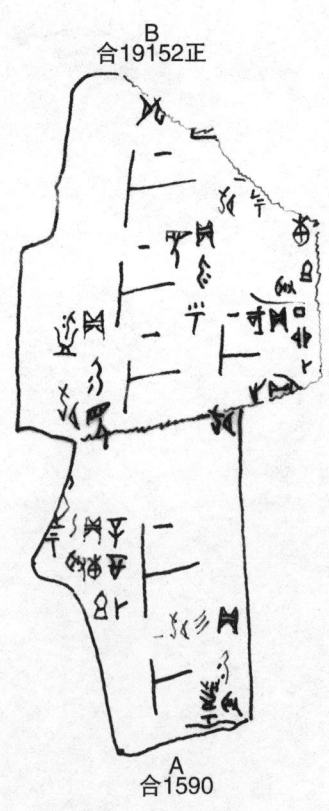

第 912 則：甲骨拼合第 167 則（李愛輝）

A《合》11867 + B《合》12752

第 913 則：甲骨拼合第 191 則（李愛輝）

A《合》2729 + B《合》6584

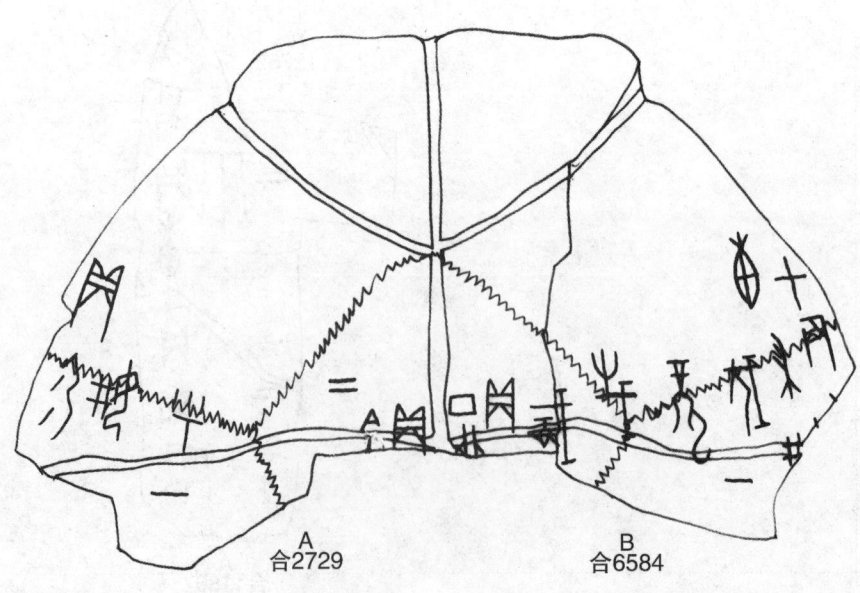

第 914 則：甲骨拼合第 207 則（李愛輝）

A《屯南》3229 + B《屯南補遺》131

第915則：甲骨拼合第208則（李愛輝）

A《上博》49003.117 + B《上博》49003.179

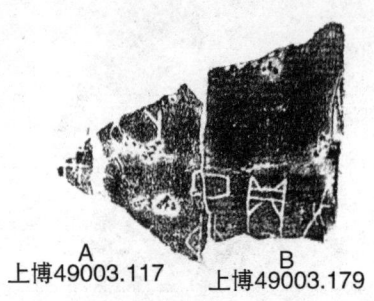
A 上博49003.117　B 上博49003.179

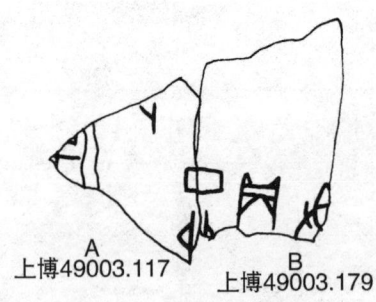
A 上博49003.117　B 上博49003.179

第 916 則：甲骨拼合第 209 則（李愛輝）

A《合》31100 + B《合》31106

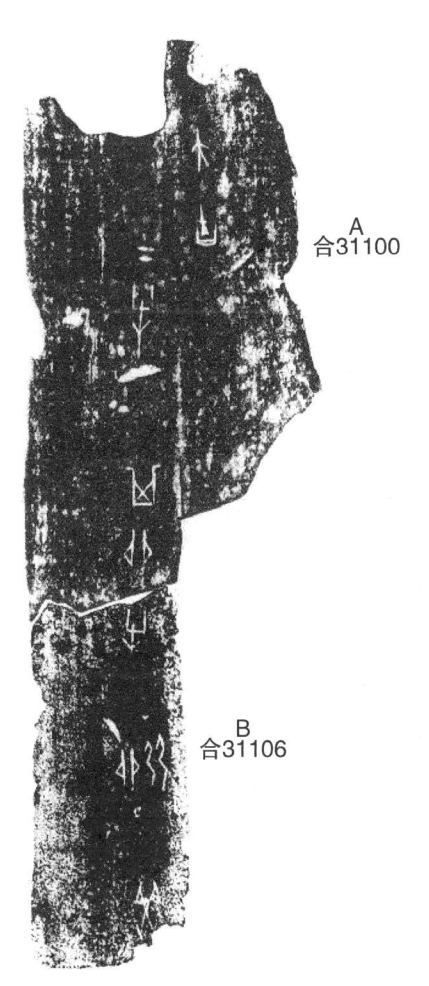
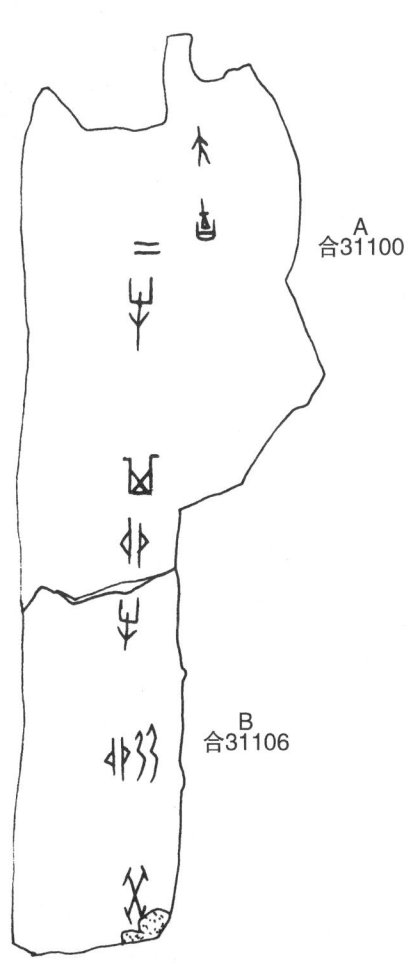

第917則：甲骨拼合第210～211則（李愛輝）

A《合》29289 + B《合》29370

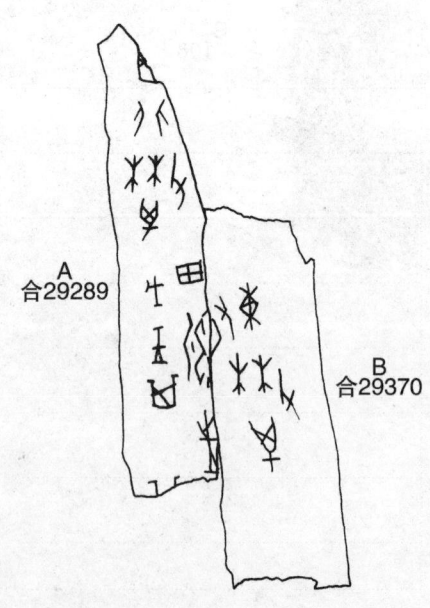

第 918 則：甲骨拼合第 210～211 則（李愛輝）

A《合》37950 +《合補》12355 +《合補》12699 + B《合補》13034

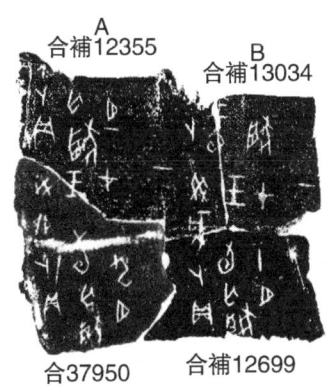

第919則：甲骨拼合第212則（李愛輝）

A《合》26956 + B《合》27093

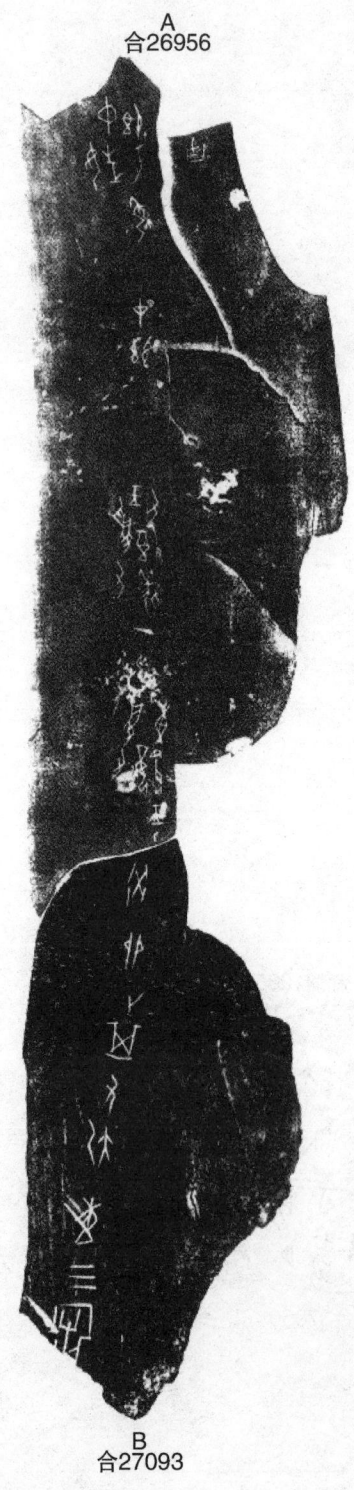

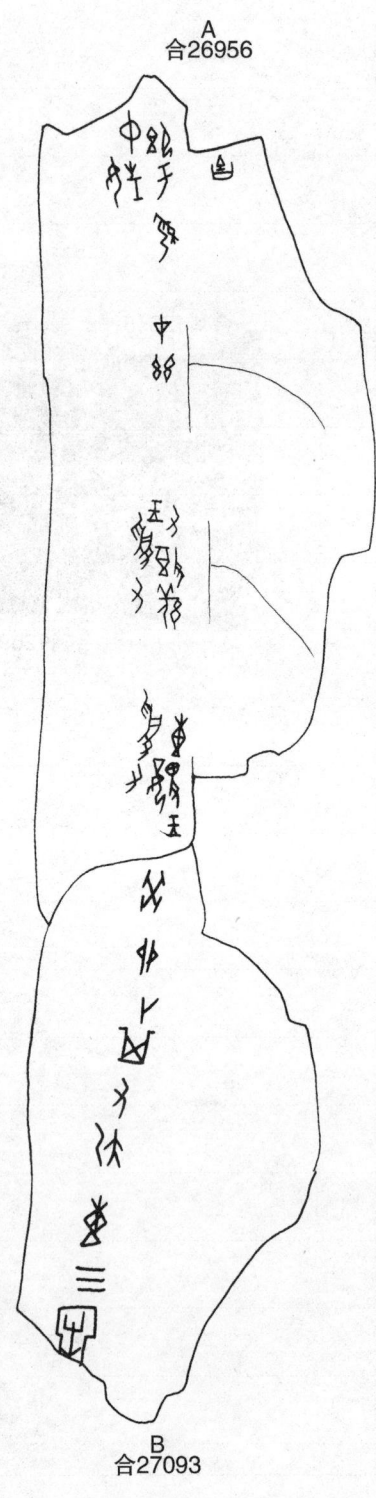

第 920 則：甲骨拼合第 213 則（李愛輝）

A《屯南》3950 + B《屯南補遺》237

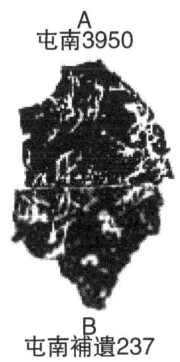

第 921 則：甲骨拼合第 214 則（李愛輝）

A《合》37543 + B《合補》11298

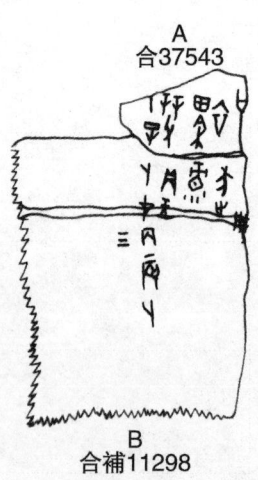

第 922 則：甲骨拼合第 215 則（李愛輝）

A《屯南》4062 + B《屯南》4297

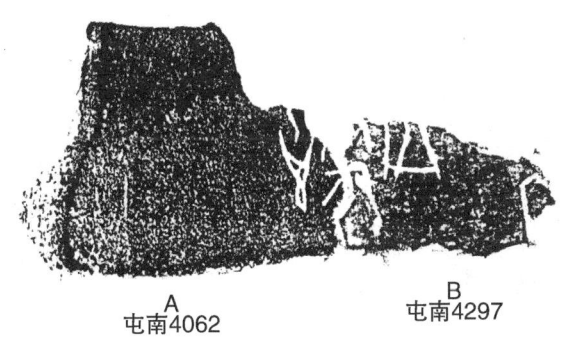
A
屯南4062　　B
屯南4297

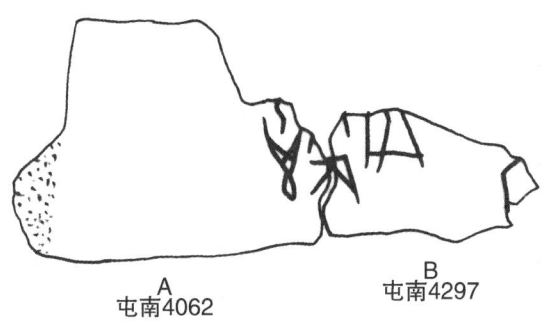
A
屯南4062　　B
屯南4297

第923則：甲骨拼合第216則（李愛輝）

A《合》36127 + B《合補》13157 + C《合補》13134

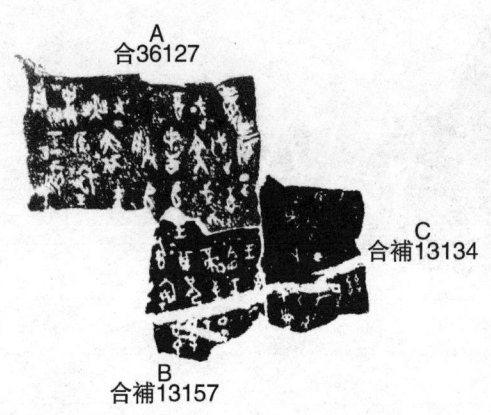

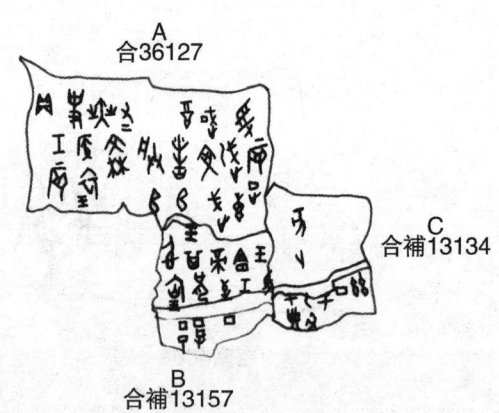

第 924 則：甲骨拼合第 217 則（李愛輝）

A《合》20125 + B《合》21540

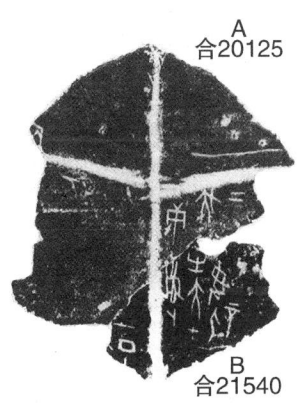

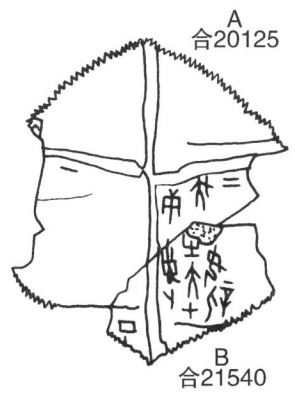

第 925 則：甲骨拼合第 218 則（李愛輝）

A《合》21059 + B《合》21133

第926則：甲骨拼合第219則（李愛輝）

A《合》19789 + B《合》20064

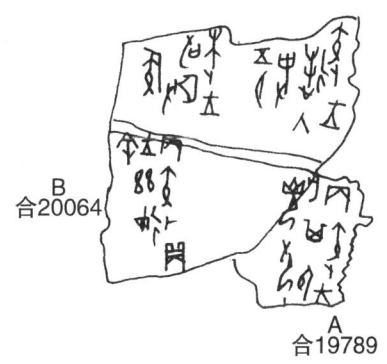

第 927 則：甲骨拼合第 220 則（李愛輝）

A《村中南》316 + B《村中南》353

第928則：甲骨拼合第221則（李愛輝）

A《合》20012 + B《合》20664 + C《合補》6736

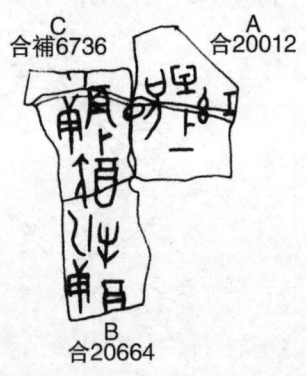

第 929 則：甲骨拼合第 222 則（李愛輝）

A《合》20160 ＋B《合》21357

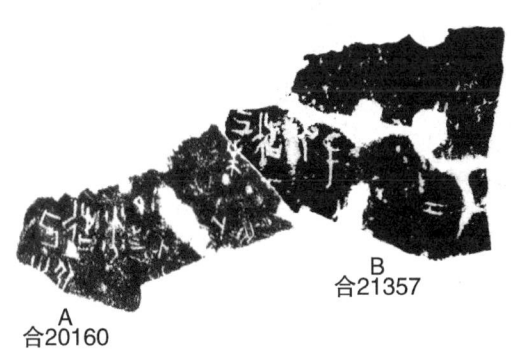

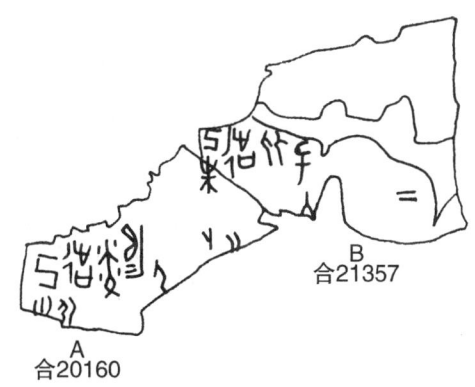

第 930 則：甲骨拼合第 223 則（李愛輝）

A《合》22299 + B《合》22473 + C《京人》3144

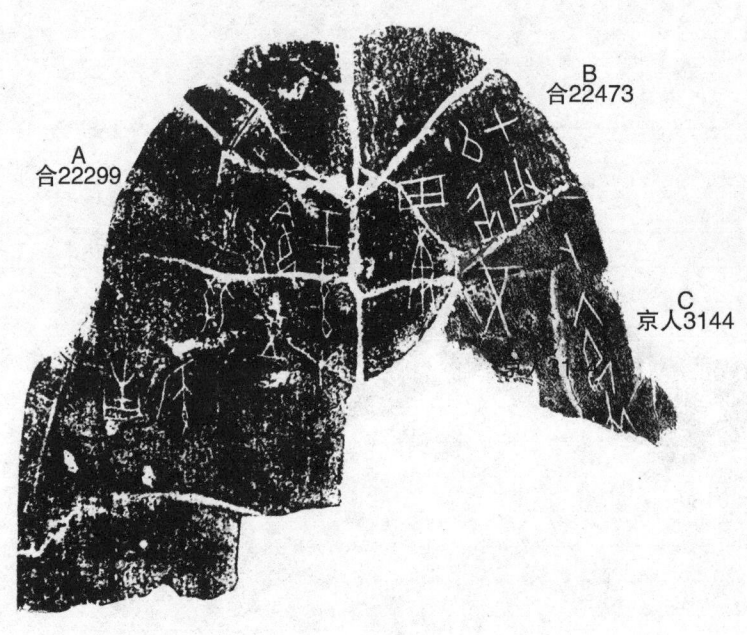

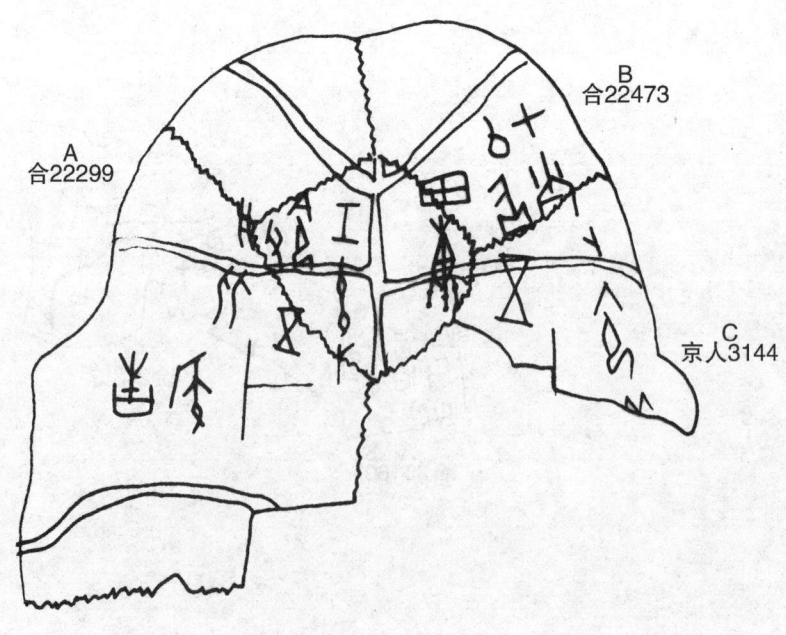

第 931 則：甲骨拼合第 224、225 則（李愛輝）

A《合》14365 + B《合》19363

第 932 則：甲骨拼合第 224、225 則（李愛輝）

A《合》20274 + B《合》20655 + C《掇三》763

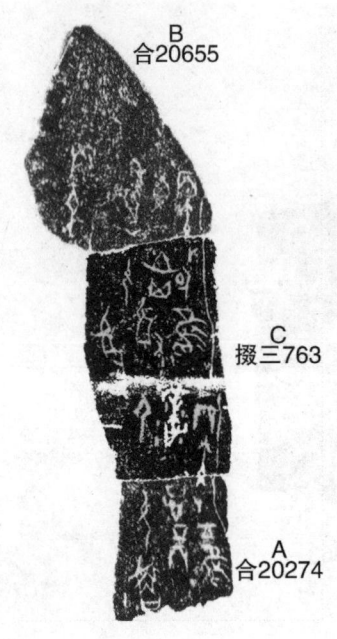
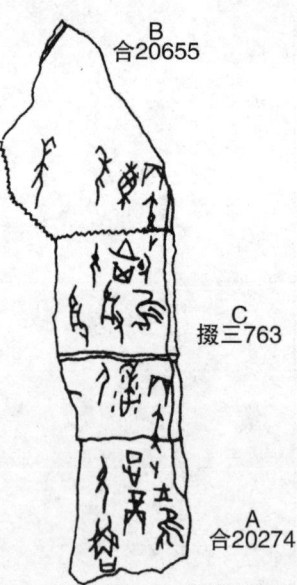

第 933 則：甲骨拼合第 226 則（李愛輝）

A《合》20191 + B《合》21229

第934則：甲骨拼合第227、228則（李愛輝）

A《合》5431 + B《合》21369

第 935 則：甲骨拼合第 227、228 則（李愛輝）

A《合》7022 + B《合》20312

第 936 则：甲骨拼合第 229、230 则（李愛輝）

A《合》19965 + B《合》21071

第937則：甲骨拼合第229、230則（李愛輝）

A《合》20195 + B《掇三》761

第 938 則：甲骨拼合第 231 則（李愛輝）

A《合》20242 + B《合》20601

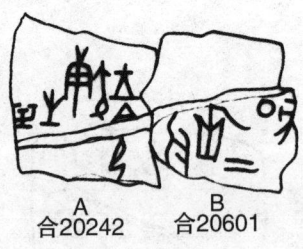

第 939 則：甲骨拼合第 232、233 則（李愛輝）

A《合》20408 + B《合》20420

第940則：甲骨拼合第232、233則（李愛輝）

A《合》20704 + B《合》21218

第 941 則：甲骨拼合第 234 則（李愛輝）

A《上博》21691.230 + B《上博》21691.193

第 942 则：甲骨拼合第 235 则（李愛輝）

A《上博》2426.1168 + B《上博》21569.203

第 943 則：甲骨拼合第 236 則（李愛輝）

A《合》18511 + B《合》20639

第944則：甲骨拼合第237則（李愛輝）

A《合》19867 + B《合》20318

A 合19867　B 合20318

A 合19867　B 合20318

第 945 則：甲骨拼合第 238 則（李愛輝）

A《合》2448 + B《合》19866

B 合19866　　A 合2448

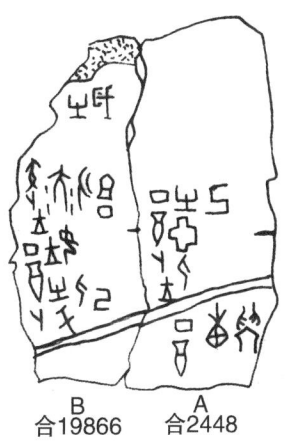
B 合19866　　A 合2448

第 946 則：甲骨拼合第 239 則（李愛輝）

A《屯南》3192 + B《屯南》3233

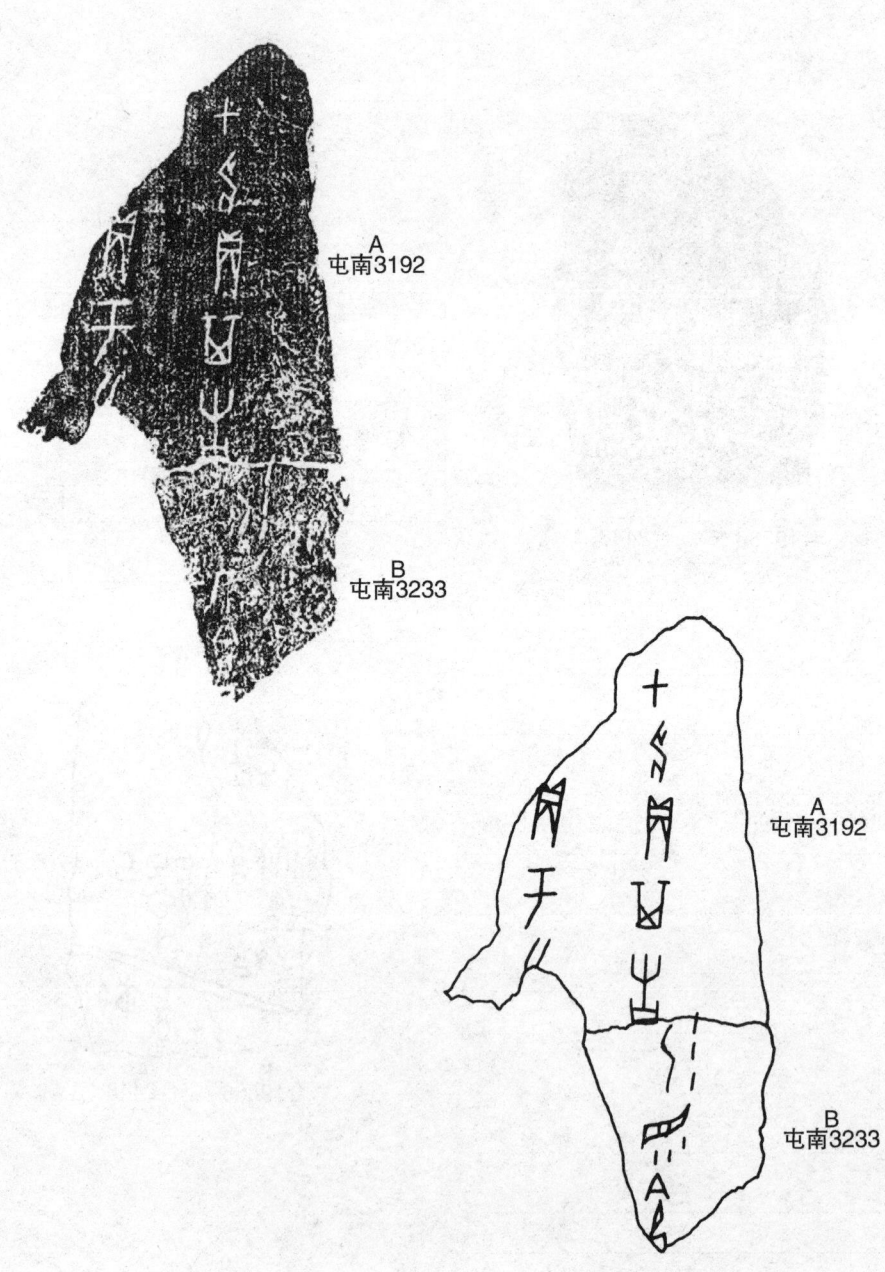

第 947 則：甲骨拼合第 240、241 則（李愛輝）

A《合》2470 正 + B《合》4381

第948則：甲骨拼合第242則（李愛輝）

A《合》9584 + B《合》18837

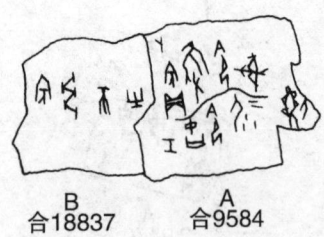

第 949 則：甲骨拼合第 243 則（李愛輝）

A《上博》21691.184 正 + B《上博》21569.157

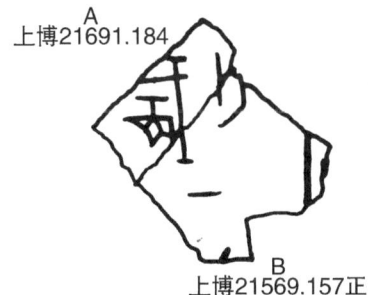

第 950 則：甲骨拼合第 244 則（李愛輝）

A《合》11451 + B《上博》21569. 100

第 951 則：甲骨拼合第 245 則（李愛輝）

A《合》296 + B《合》10048 + C《合》7836

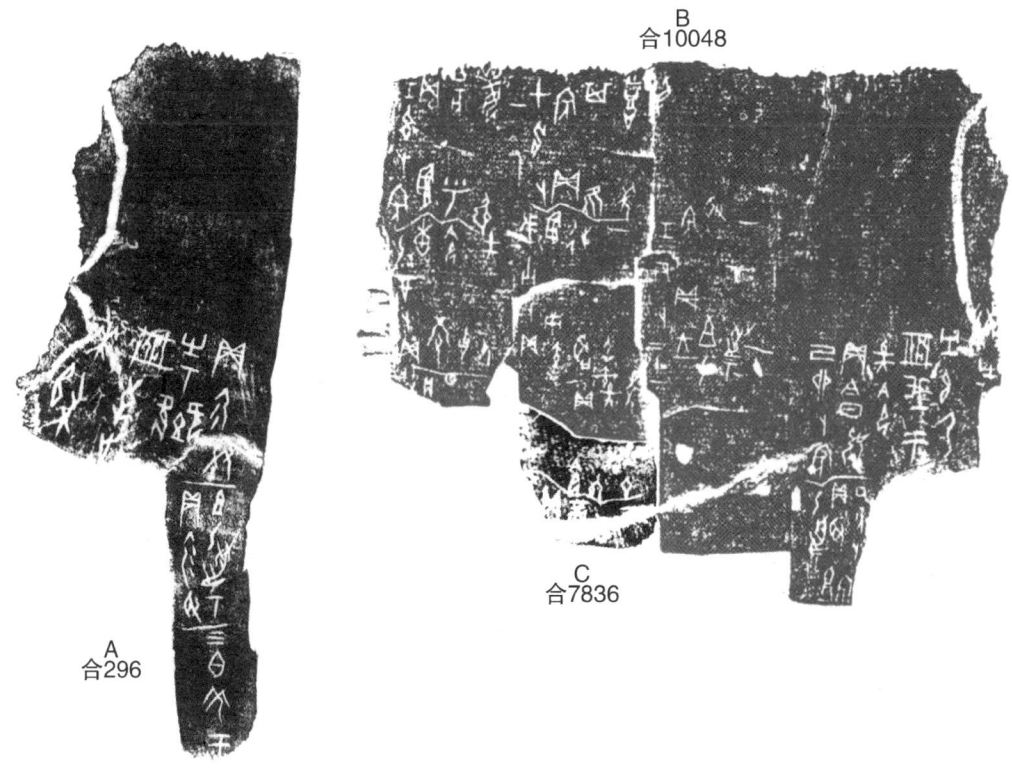

162 ◎ 甲骨拼合四集

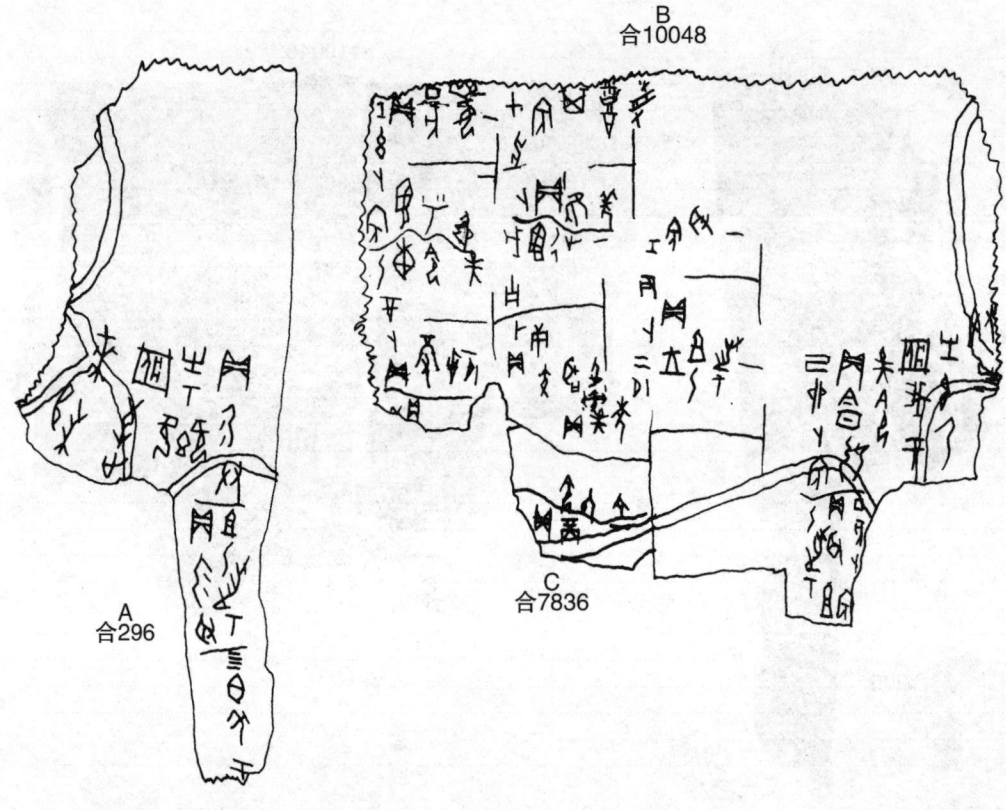

第952則：甲骨拼合第246則（李愛輝）

A《合集》14592 + B《合集》15269

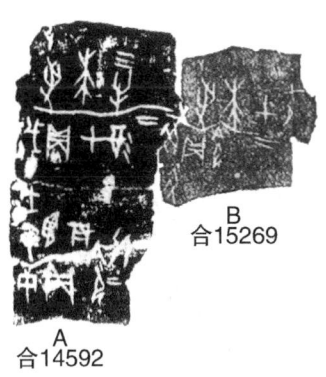

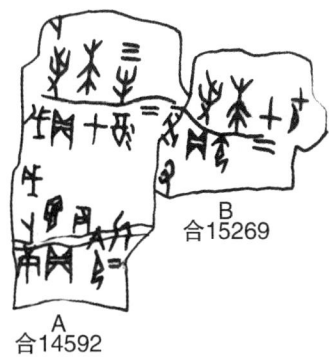

第 953 則：甲骨拼合第 247 則（李愛輝）

A《上博》21691.184 + B《上博》21569.157 + C《合補》2064

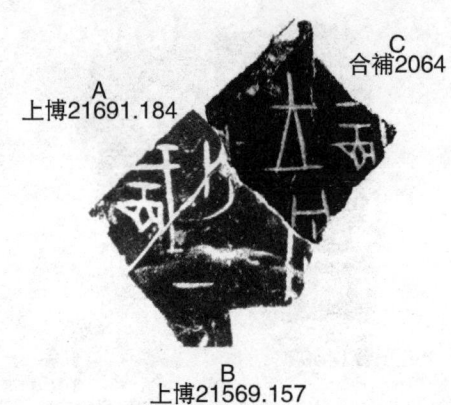

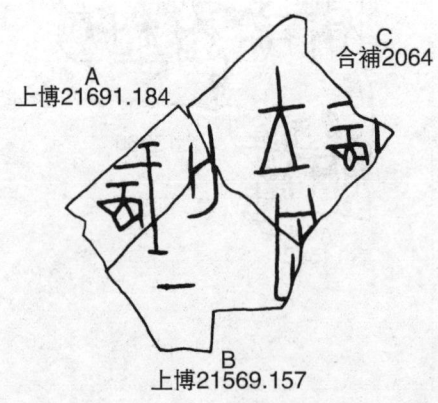

第 954 則：甲骨拼合第 248 則（李愛輝）

A《合》14372 + B《合》14373

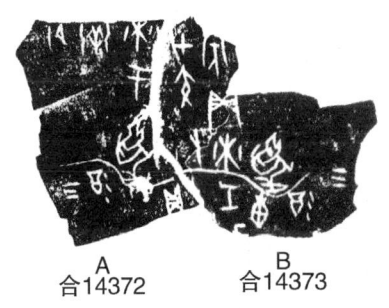

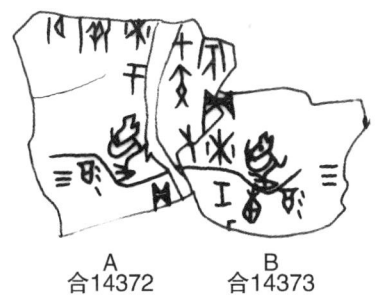

第 955 則：甲骨拼合第 249 則（李愛輝）

A《合》2701 + B《合》8251 正

第 956 則：甲骨拼合第 250 則（李愛輝）

A《合》25 + B《合》15165 + C《合》18003 + D《合》2551

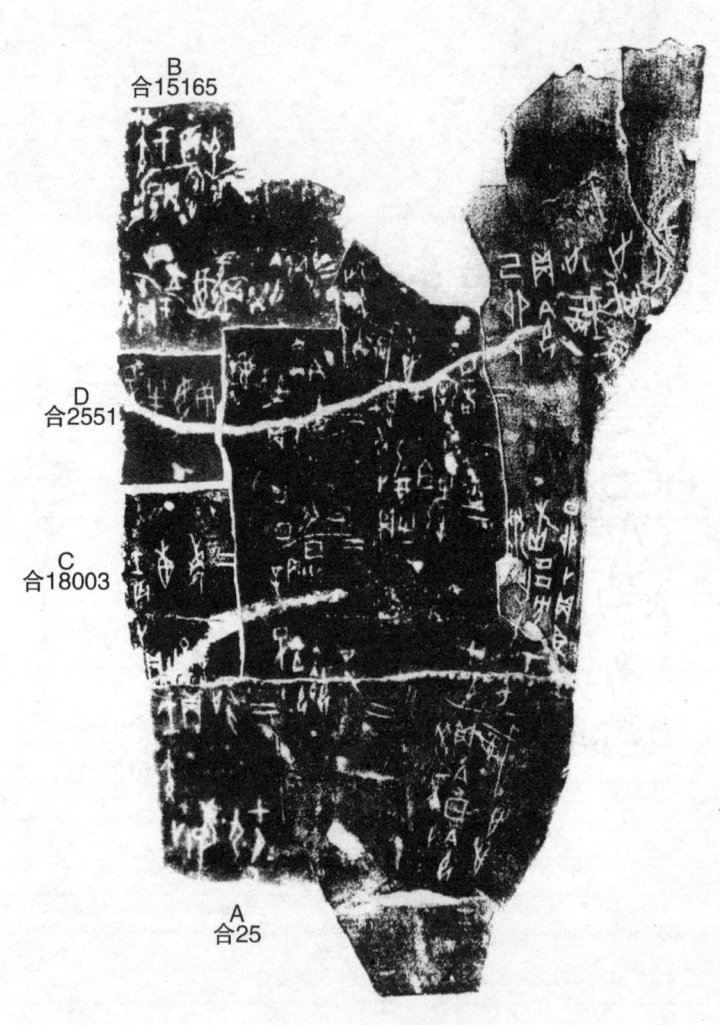

甲骨拼合四集·綴合圖版 ◎ 169

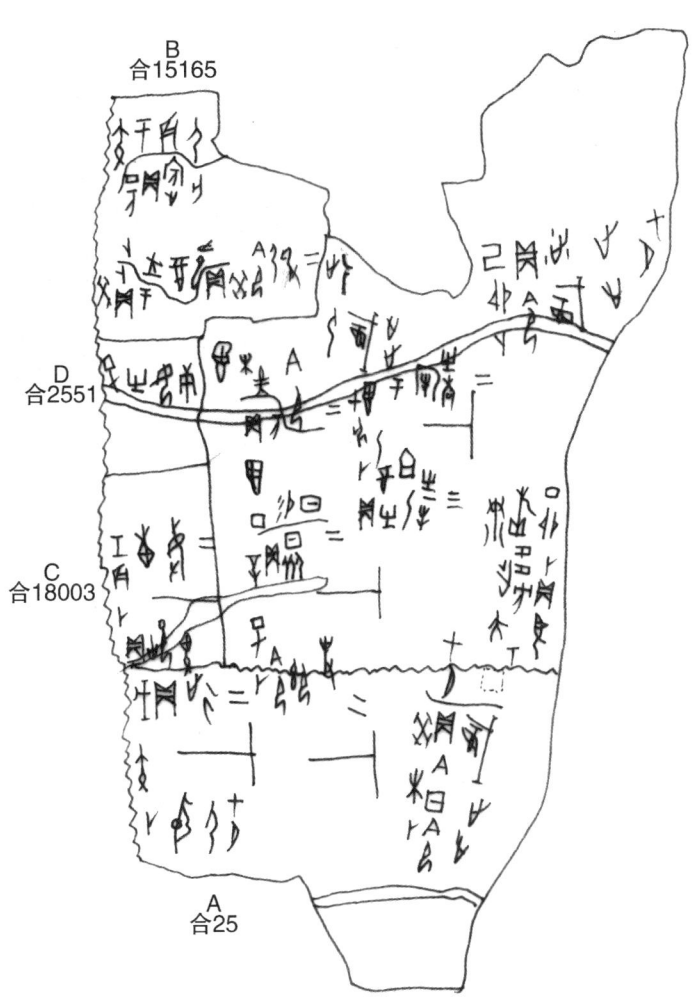

第957則：甲骨拼合第251則（李愛輝）

A《合》439 + B《合》21791 + C《合》434

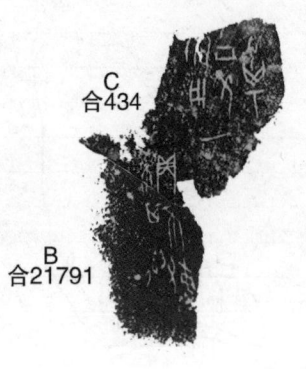

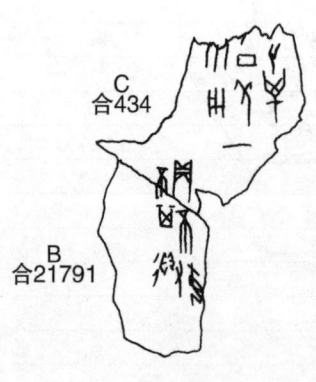
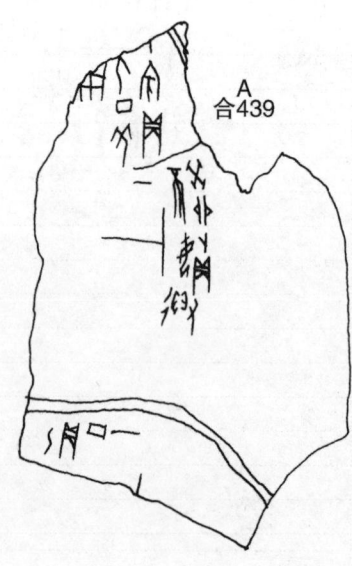

第 958 則：甲骨拼合第 252 則（李愛輝）

A《合》17033 + B《冬》142

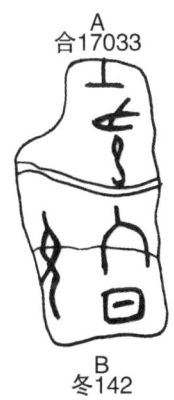

第959則：甲骨拼合第253則（李愛輝）

A《合》15701 + B《合》19166

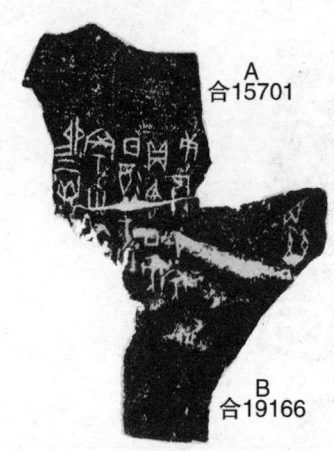

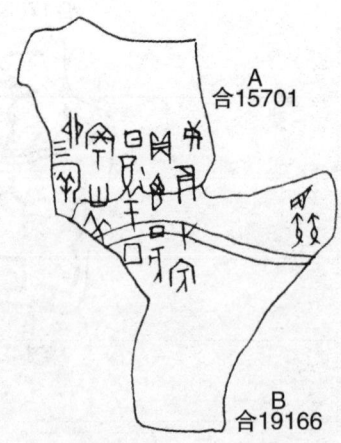

第 960 則：甲骨拼合第 254 則（李愛輝）

A《合》2262 + B《合》2630

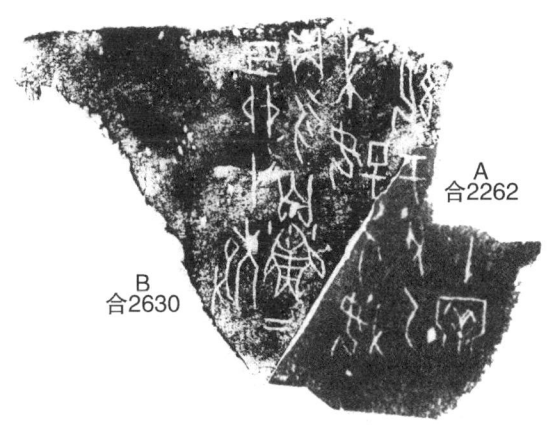

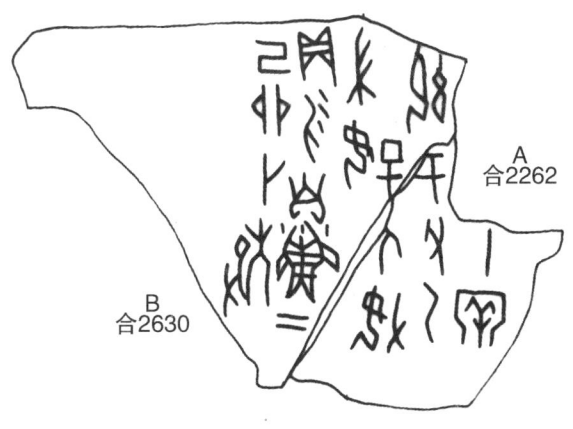

第 961 則：甲骨拼合第 255 則（李愛輝）

A《北大》2591（倒） ＋B《北圖》900

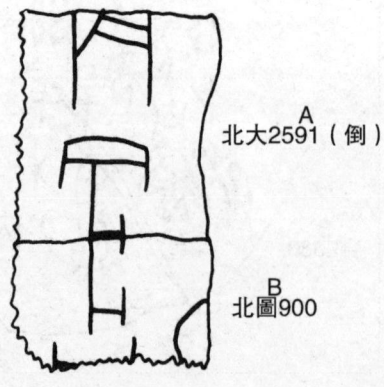

第 962 則：甲骨拼合第 256 則（李愛輝）

A《合》3321 + B《合》6751

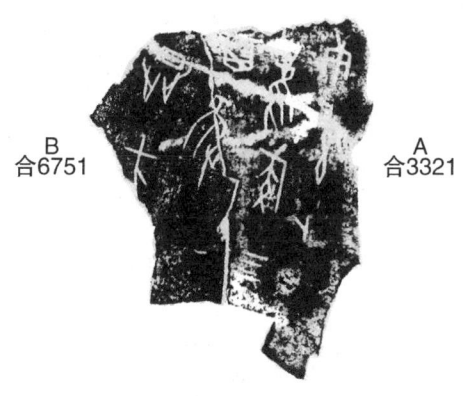

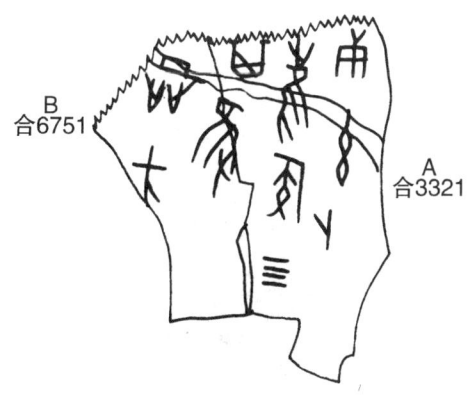

第 963 則：甲骨拼合第 257 則（李愛輝）

A《合》32769 + B《合集》35319

甲骨拼合四集・綴合圖版　◎　177

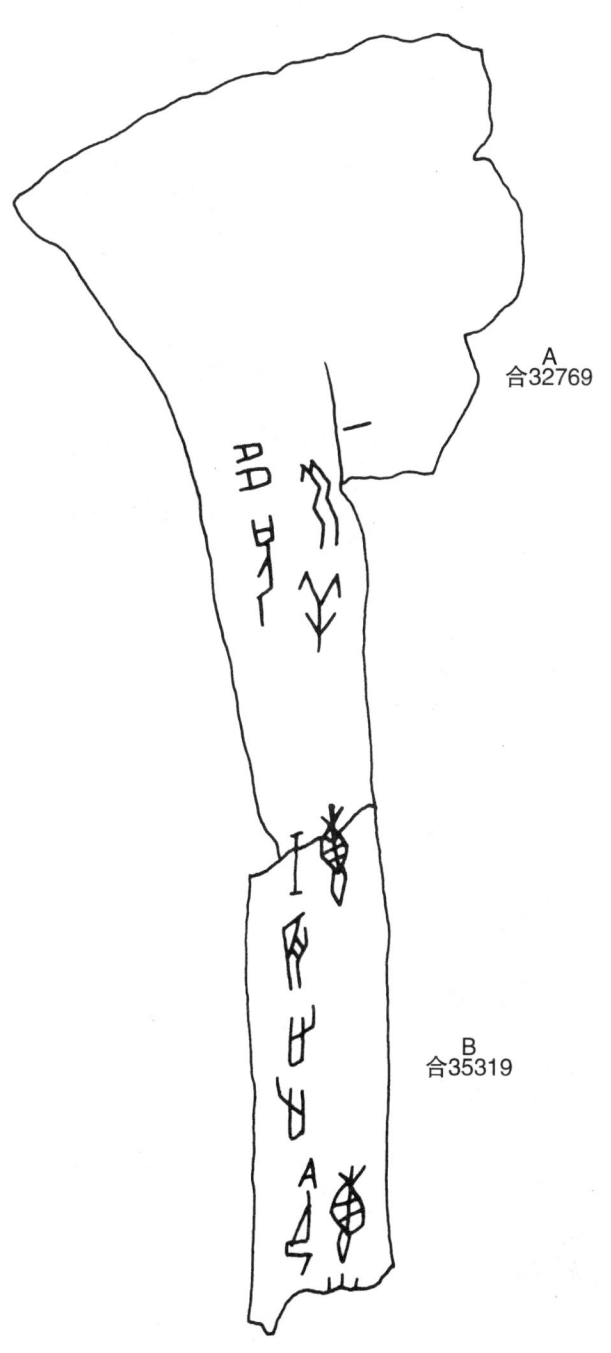

A
合32769

B
合35319

第964則：甲骨拼合第258～259則（李愛輝）

A《屯南》304 + B《屯南》735

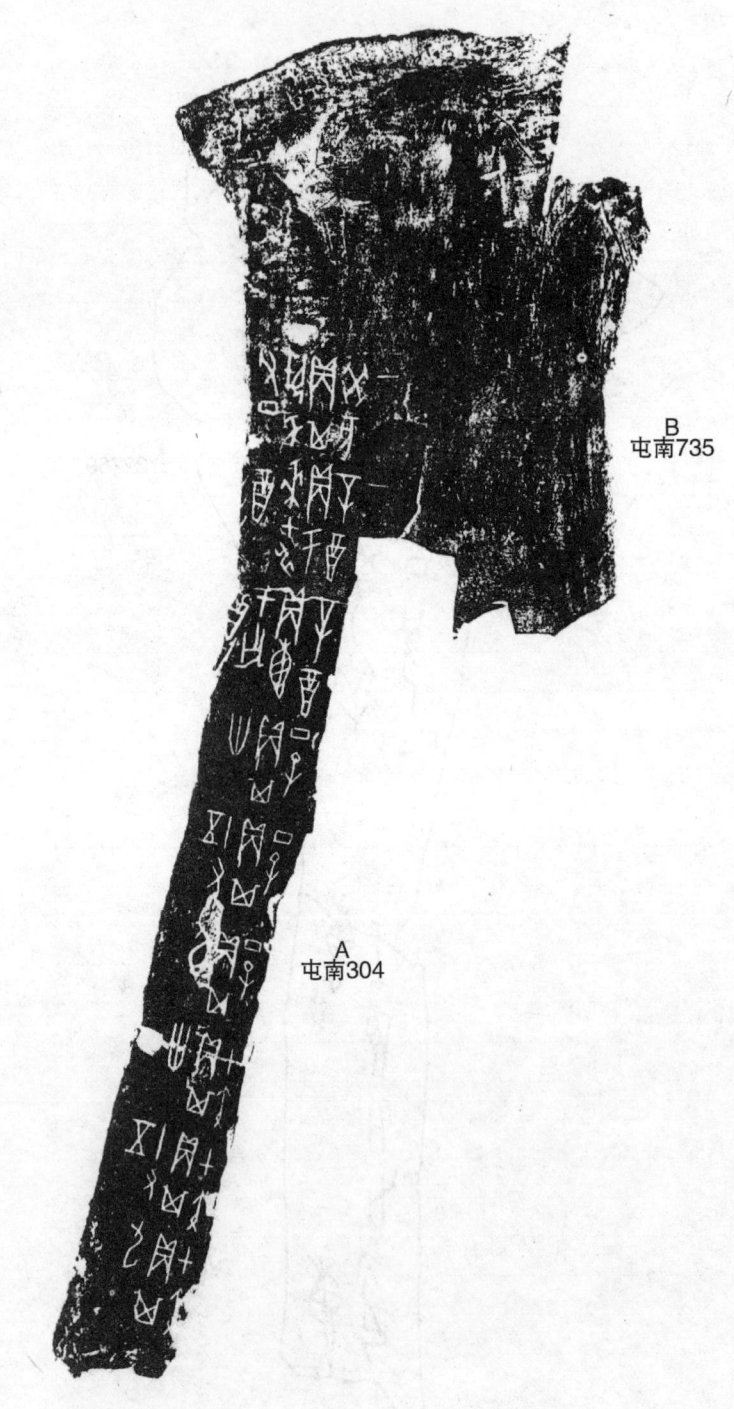

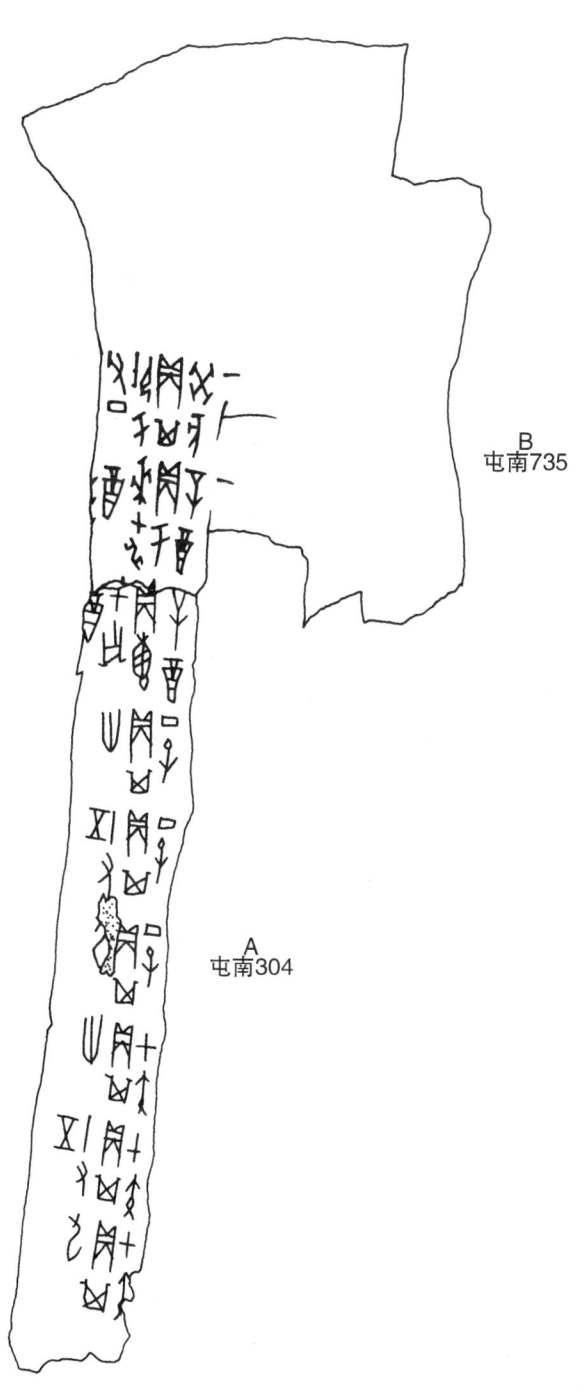

第 965 則：甲骨拼合第 258~259 則（李愛輝）

A《屯南》1304 + B《屯南》1531

第 966 則：甲骨拼合第 260、261 則（李愛輝）

A《合補》4005 + B《合》13909 + C《合》4353

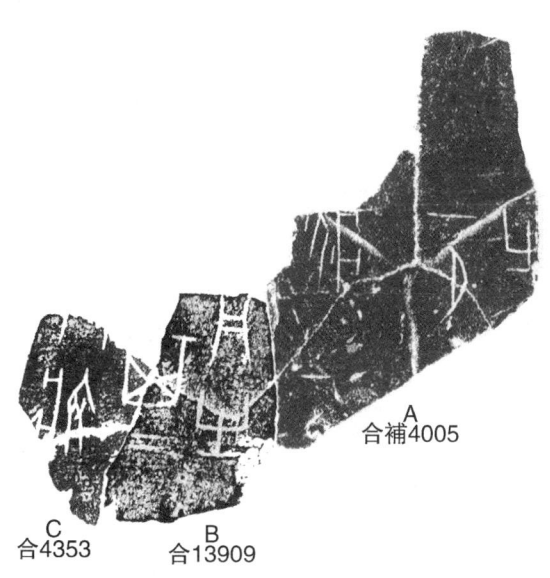

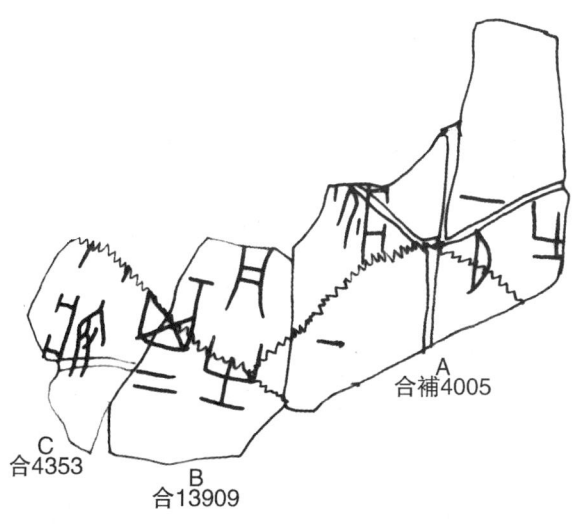

第967則：甲骨拼合第260、261則（李愛輝）

A《屯南》269 + B《屯南》330

A 屯南269　B 屯南330

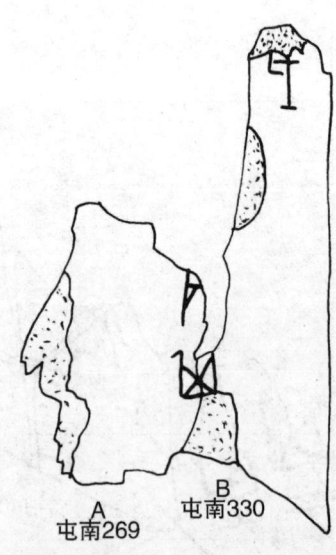

A 屯南269　B 屯南330

第 968 則：甲骨拼合第 262~264 則（李愛輝）

A《英藏》1766 + B《英藏》1775

第 969 則：甲骨拼合第 262～264 則（李愛輝）

A《屯南》2883 + B《屯南》3042

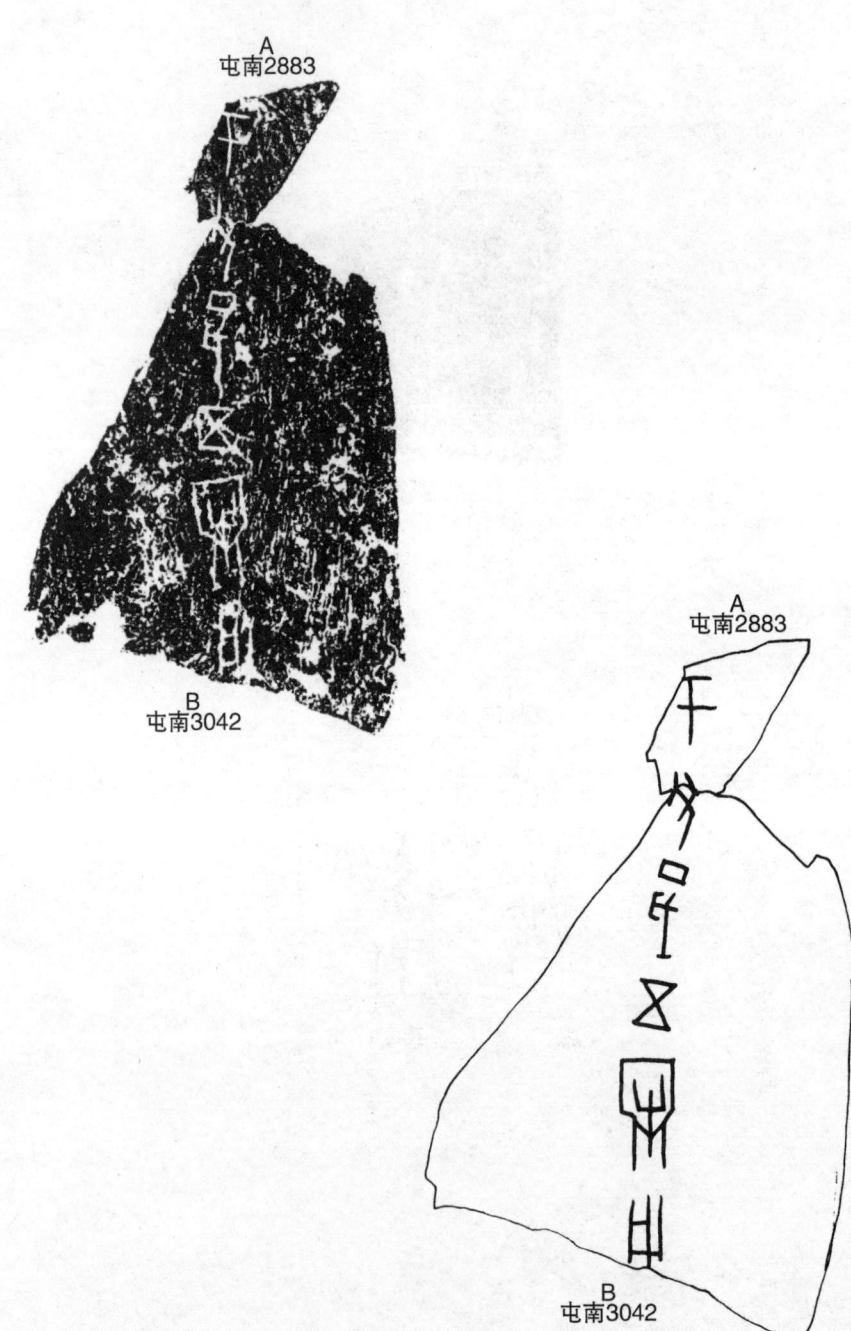

第 970 則：甲骨拼合第 262～264 則（李愛輝）

A《屯南》3746 + B《屯南》4503

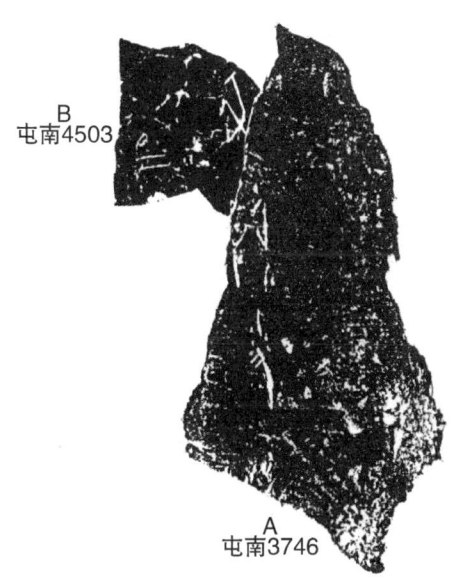

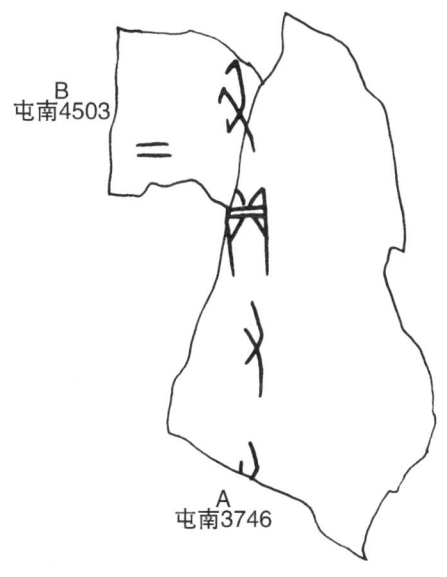

第 971 則：甲骨拼合第 265 則（李愛輝）

A《合》11355 + B《山東》802

第 972 則：甲骨拼合第 266 則（李愛輝）

A《合補》4237 正反 + B《合補》6047 正反

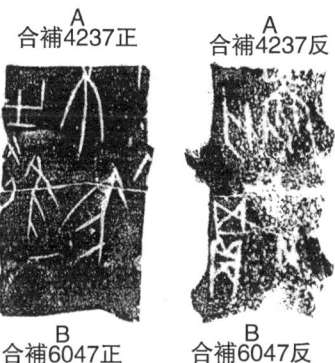

第 973 則：甲骨拼合第 267 則（李愛輝）

A《上博》48730.28 + B《明後》543

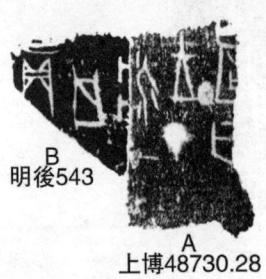

第 974 則：甲骨拼合第 268 則（李愛輝）

A《合》17729 正反 + B《合補》5287 正反

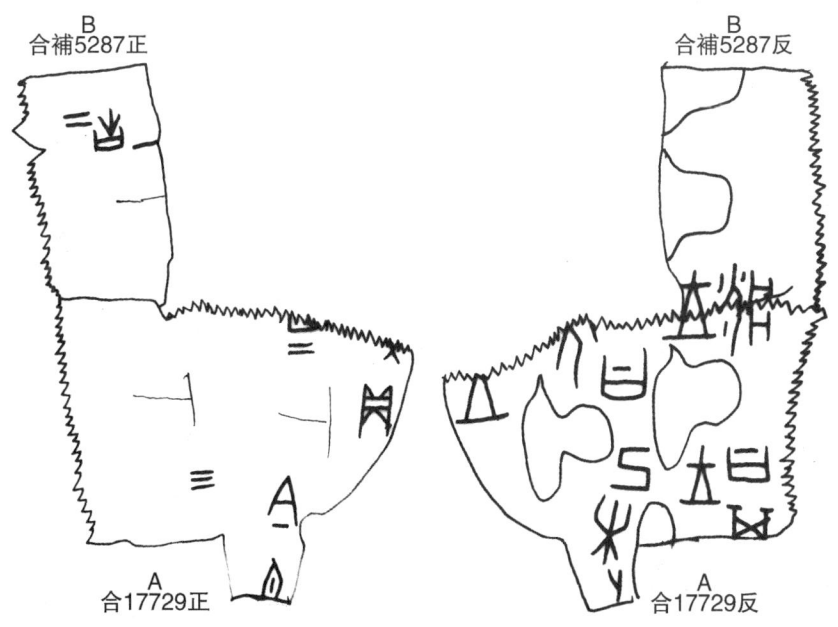

第 975 則：甲骨拼合第 269～271 則（李愛輝）

A《合補》5558 正反 + B《史購》64 正反

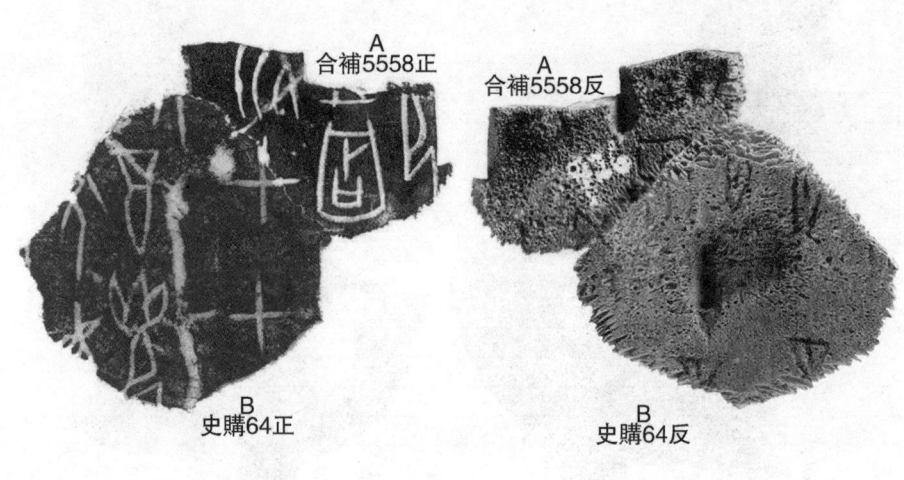

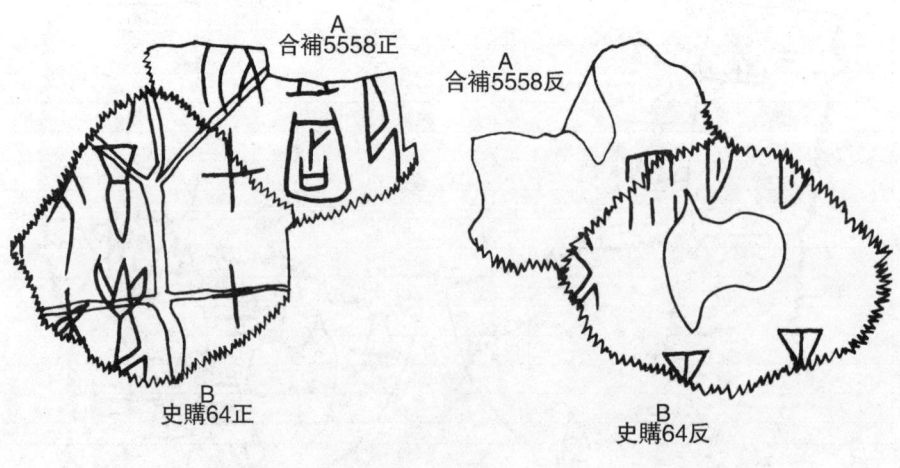

第 976 則：甲骨拼合第 269~271 則（李愛輝）

A《中歷藏》83 + B《中歷藏》1244

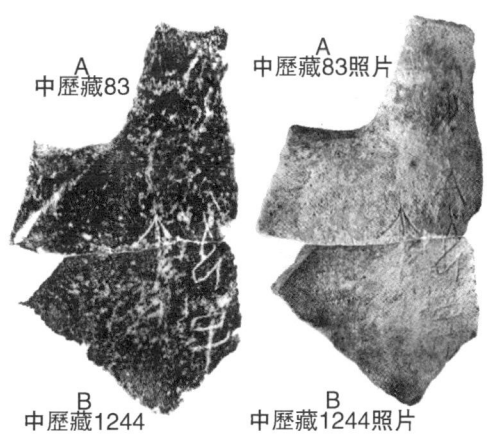

第 977 則：甲骨拼合第 269~271 則（李愛輝）

A《合》9198 正反 + B《合補》6096 正反

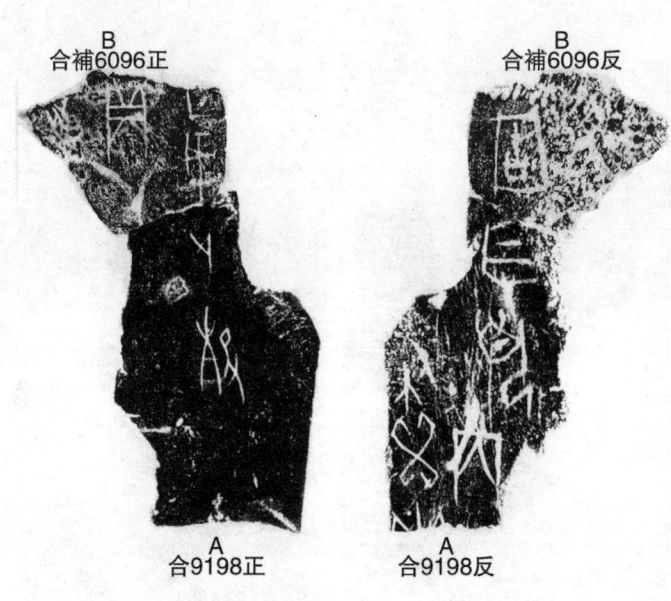

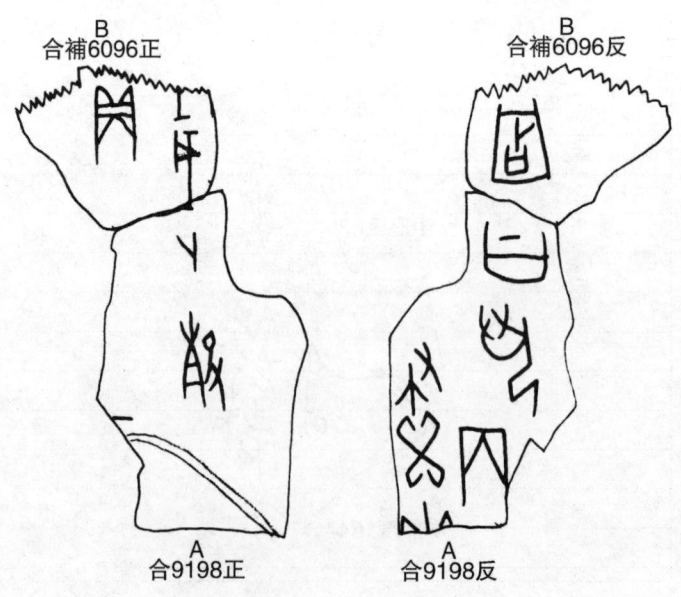

第 978 則：甲骨拼合第 272～276 則（李愛輝）

A《旅藏》306 + B《旅藏》506

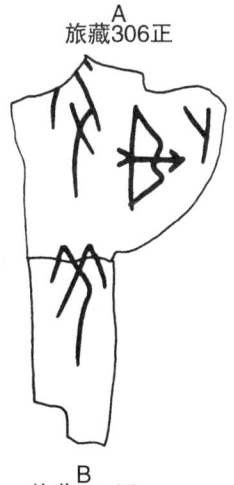

第 979 則：甲骨拼合第 272～276 則（李愛輝）

A《合》2682 + B《史購》148 + C《旅藏》180

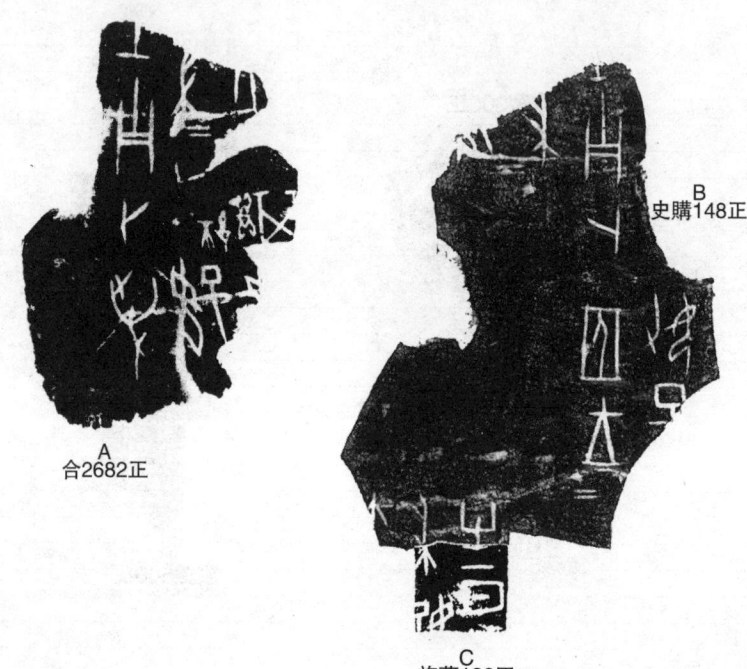

甲骨拼合四集·綴合圖版 ◎ 195

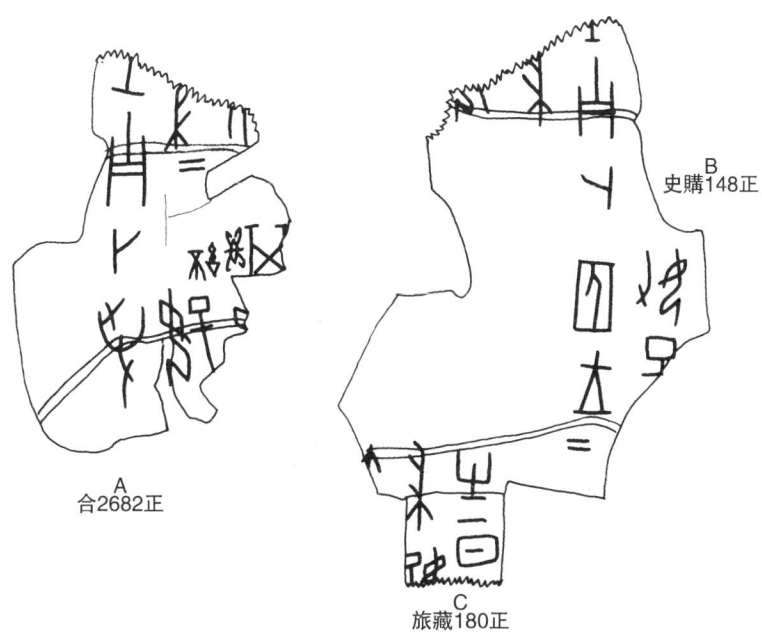

A 合2682正
B 史購148正
C 旅藏180正

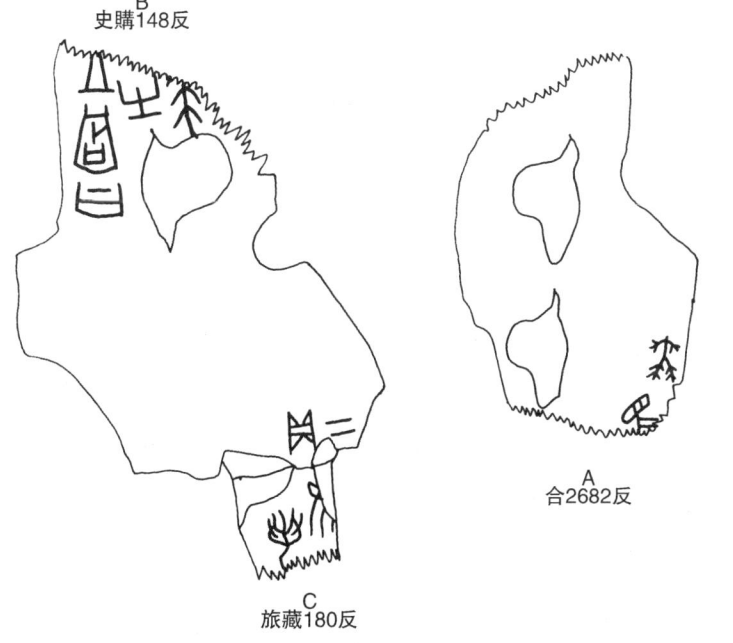

B 史購148反
C 旅藏180反
A 合2682反

第 980 則：甲骨拼合第 272~276 則（李愛輝）

A《旅藏》1193 + B《旅藏》1359

第 981 則：甲骨拼合第 272～276 則（李愛輝）

A《旅藏》940 + B《旅藏》956

第 982 則：甲骨拼合第 272～276 則（李愛輝）

A《旅藏》434 + B《旅藏》787

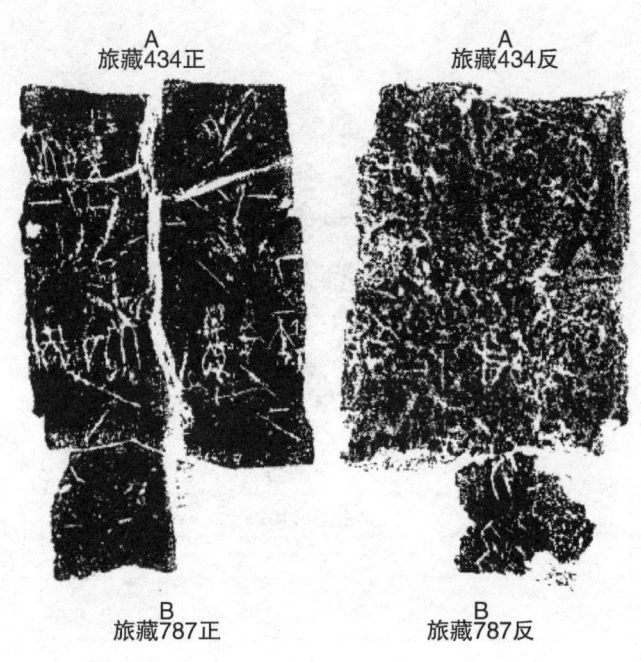

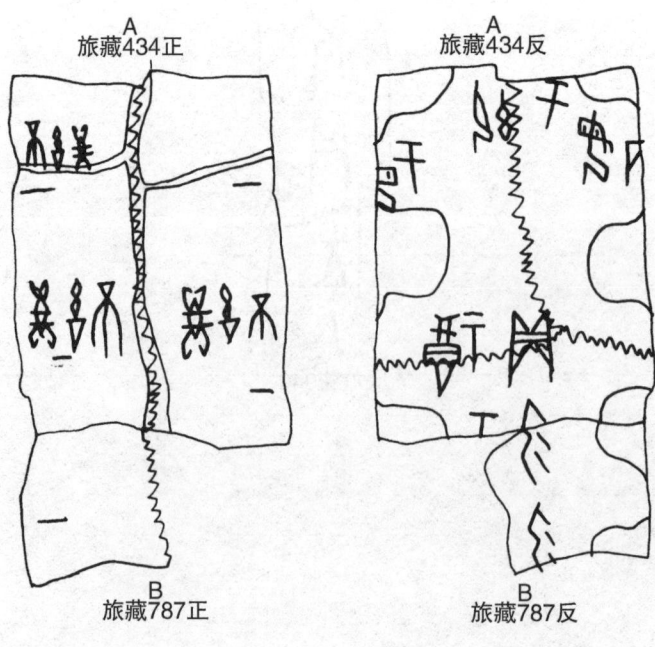

第 983 則：甲骨拼合第 277 則（李愛輝）

A《合》7671＋B《合補》1993

第984則：甲骨綴合第十九、二十則（王紅）

A《合》22871 + B《合》22850

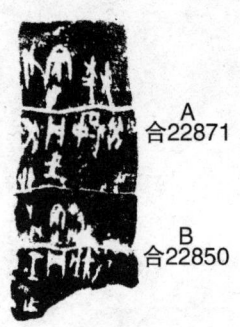

《虛》1255

第 985 則：甲骨綴合第十九、二十則（王紅）

A《合》23318 + B《合》23314 下

第986則：甲骨綴合第二十一則（王紅）

A《合》3410 + B《合》11051

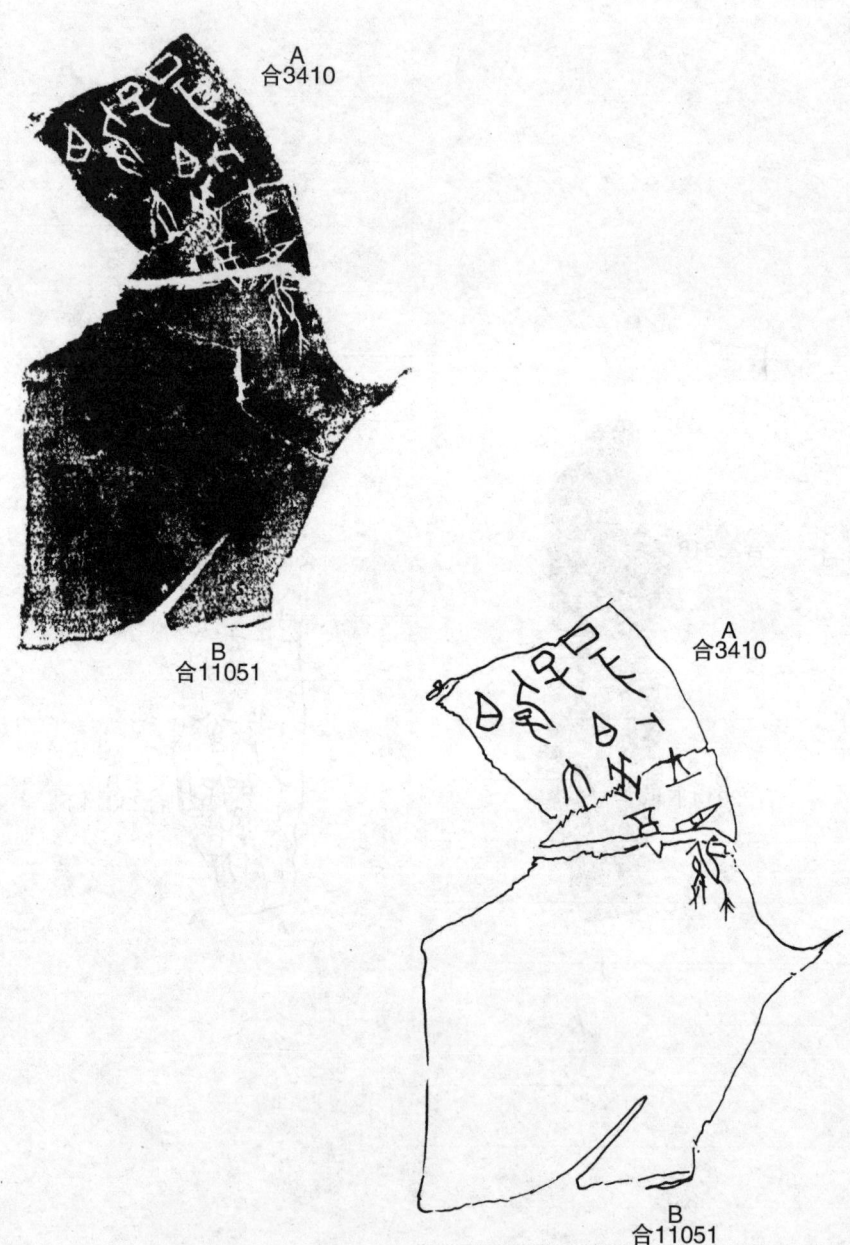

第 987 則：甲骨綴合第二十二則（王紅）

A《安明》1574 ＋ B《愛》78

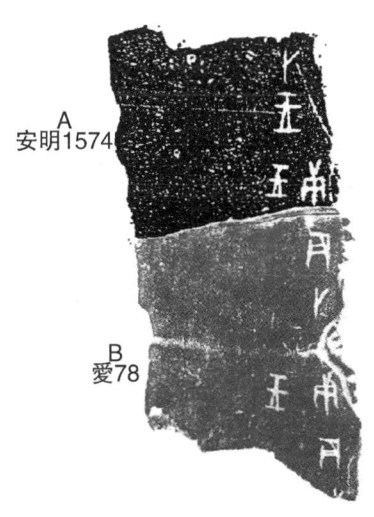

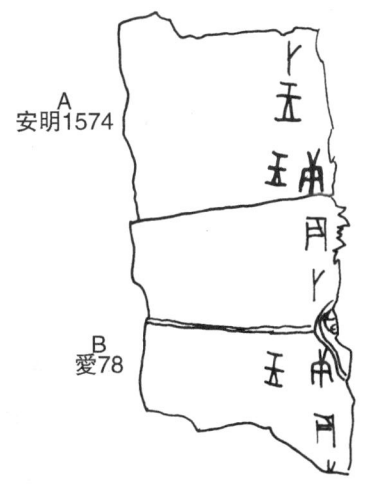

第988則：甲骨綴合第二十三則（王紅）

A《愛》91正 + B《合補》8516 + C《愛》92正

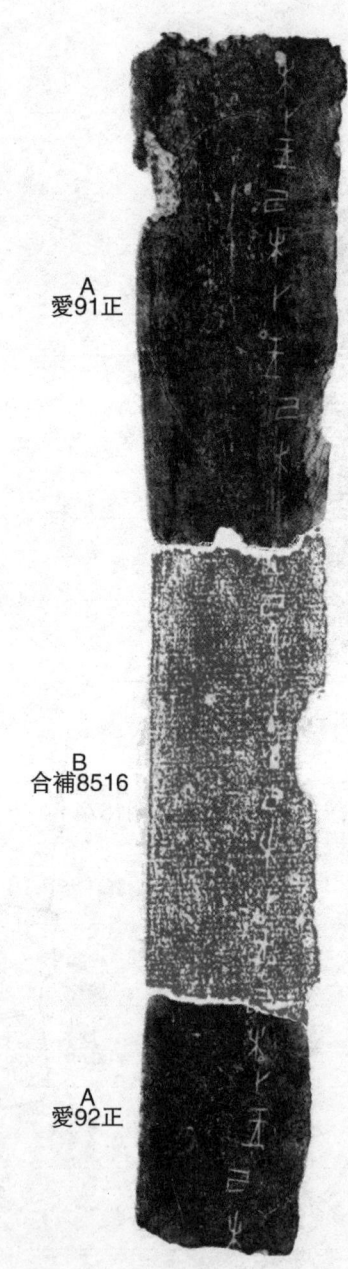

A 愛91正

B 合補8516

A 愛92正

第 989 则：甲骨新缀第 114 则（李延彦）

A《安明》1084 ＋B《安明》177

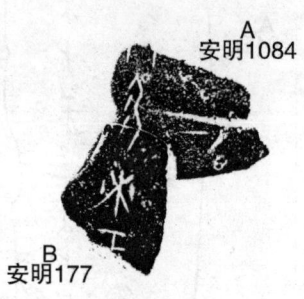

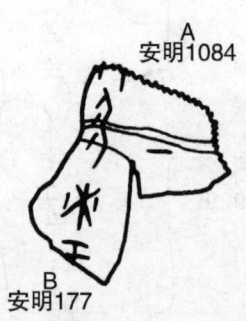

第 990 則：甲骨新綴第 115 則（李延彥）

A《安明》1239 + B《安明》1224 + C《安明》1585

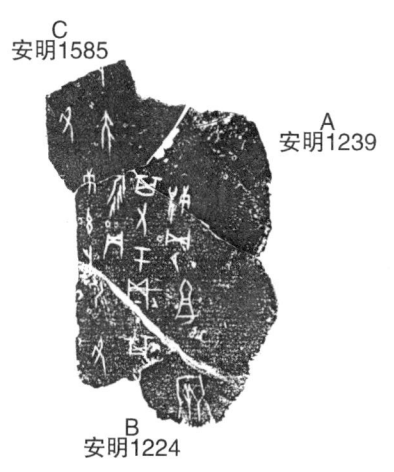

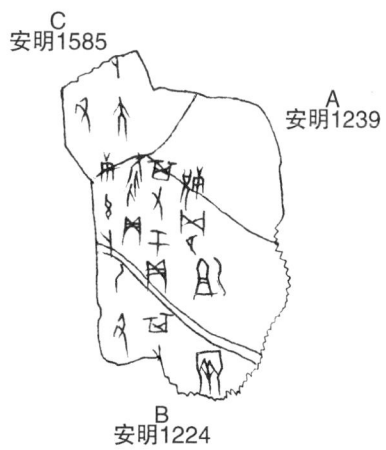

第 991 則：甲骨拼合第 116 則（李延彥）

A《合》24025 + B《運臺》拓 1.0578

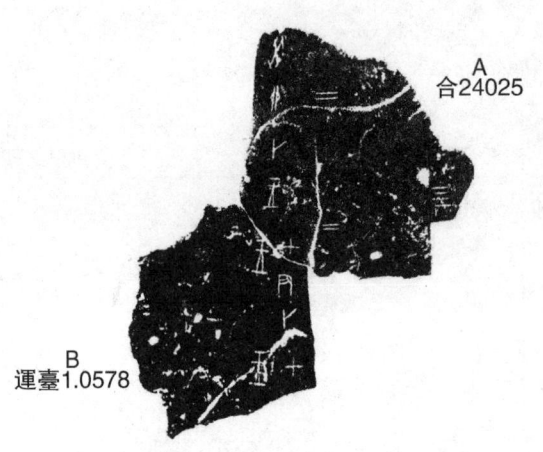

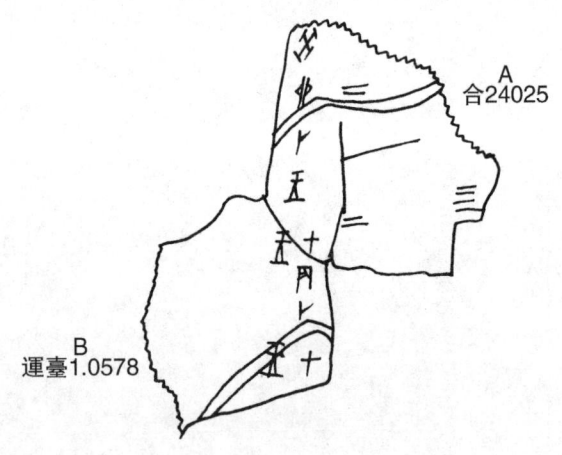

第 992 則：甲骨拼合第 117、118 則（李延彥）

A《合》20444 + B《合》20660

第 993 则：甲骨拼合第 117、118 则（李延彦）

A《合》23867 + B《旅藏》1380 + C《旅藏》1400 + D《旅藏》1381

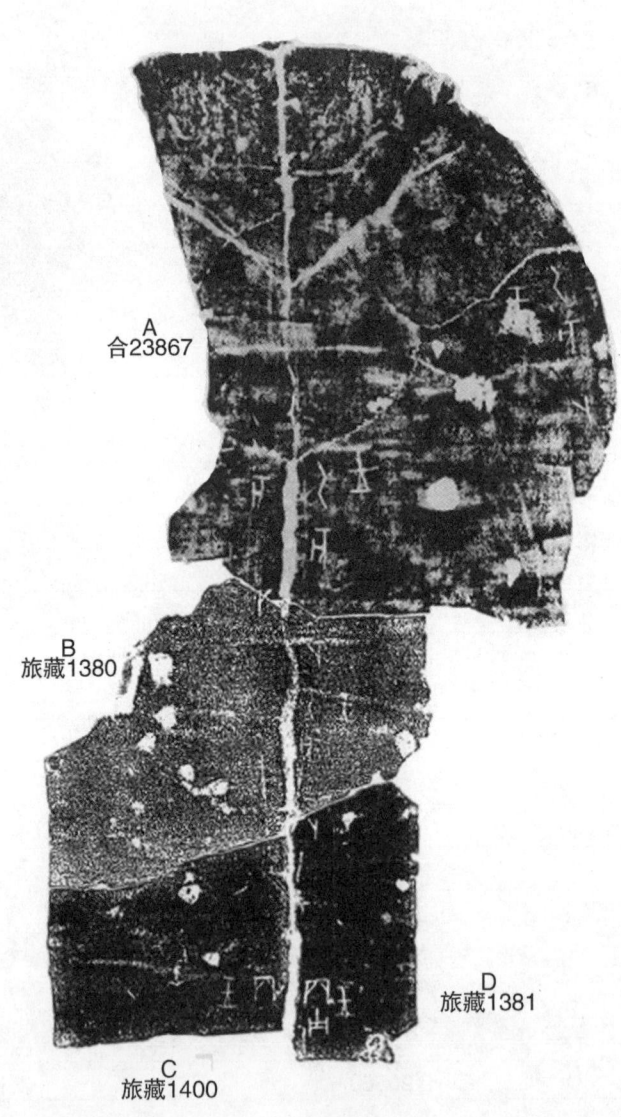

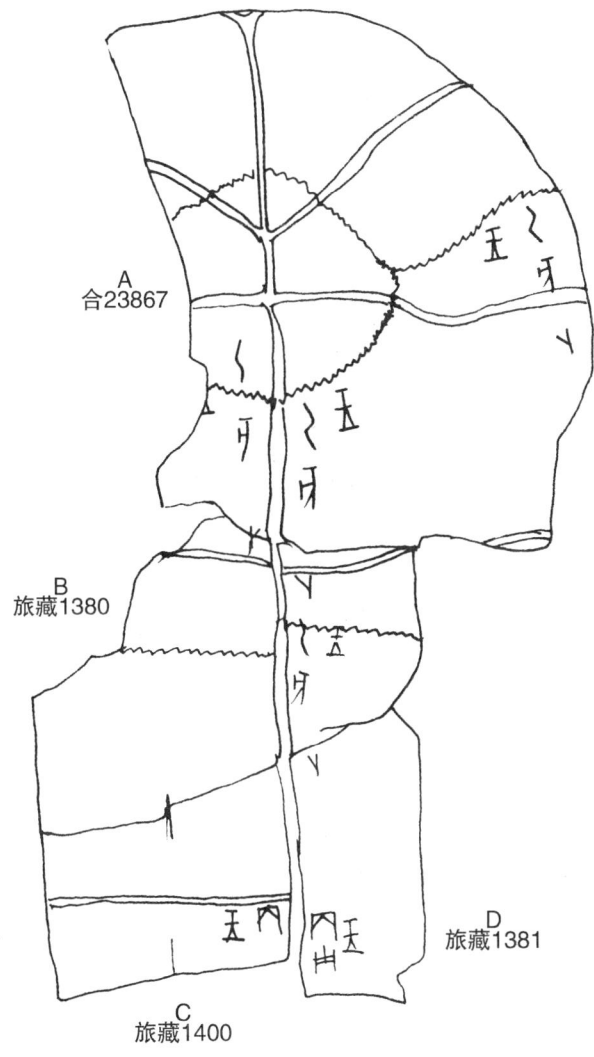

第 994 則：甲骨拼合第 119 則（李延彥）

A《合》24025 + B《運臺》拓 1.0578 + C《運臺》摹 1.1223

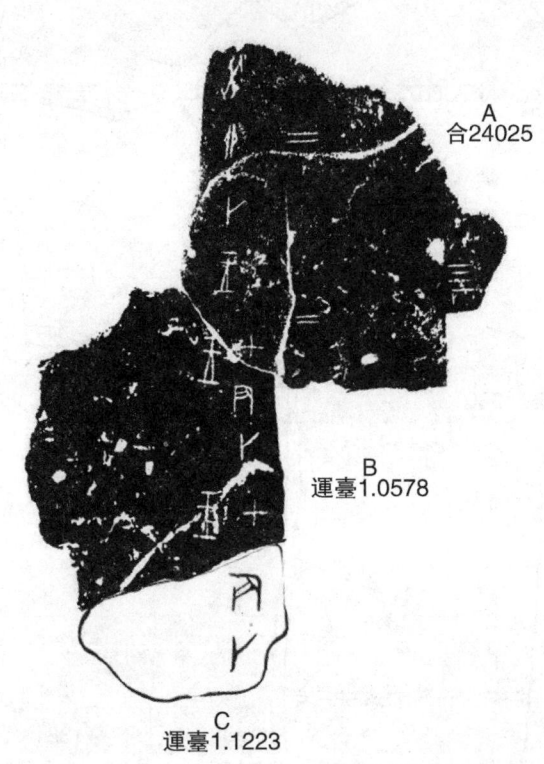

第 995 則：甲骨拼合第 120、121 則（李延彥）

A《合》6005 + B《合》14998

第 996 則：甲骨拼合第 120、121 則（李延彥）

A《合》19345 + B《合》10360 + C《合補》5817

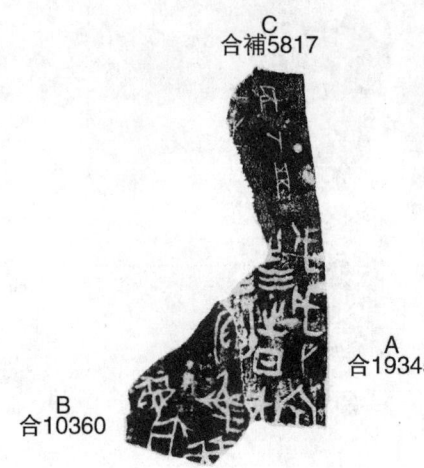

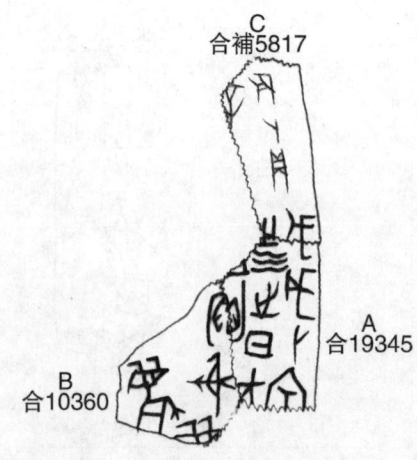

第997則：甲骨拼合第122~124則（李延彥）

A《英藏》293 + B《英藏》530

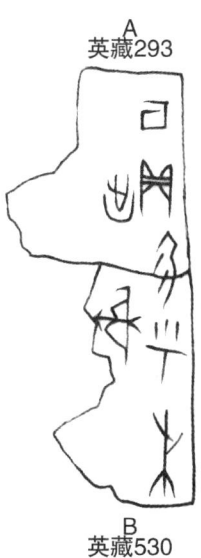

第 998 則：甲骨拼合第 122～124 則（李延彥）

A《合》5348 + B《合》5347

A
合5348

B
合5347

A
合5348

B
合5347

第 999 則：甲骨拼合第 122~124 則（李延彥）

A《合》10609 + B《合》10608 正

A
合10609

B
合10608正

合10608反

A
合10609

B
合10608正

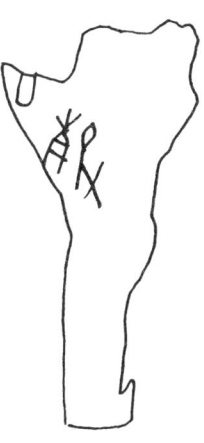
合10608反

第 1000 則：甲骨拼合第 125 則（李延彥）

A《合》9793 + B《山東》171

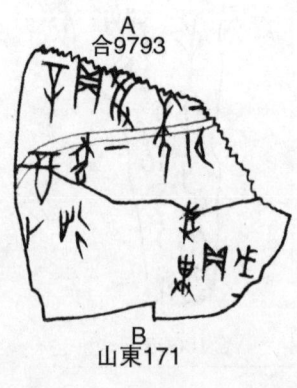

第1001則：甲骨新綴第126則（李延彥）

A《合補》1060 + B《天理》154 + C《上博》2426.683

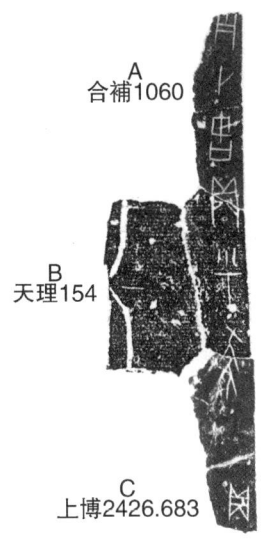
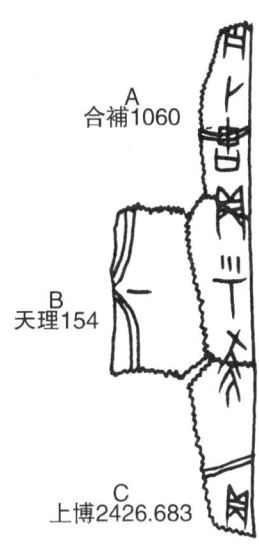

第 1002 則：甲骨拼合第 127 則（李延彥）

A《合補》6442 正 + B 復旦大學文化人類學博物館 R1475 - 1

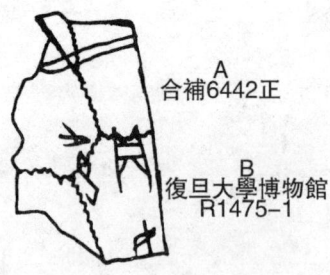

第 1003 則：甲骨拼合第 128 則（李延彥）

A《旅藏》120 + B《旅藏》402

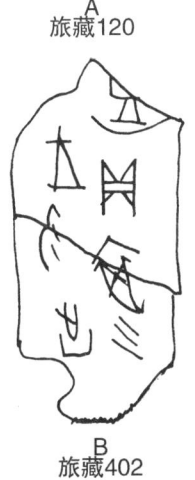

第1004則：甲骨拼合第129則（李延彥）

A《愛米塔什》31 + B《合》23017

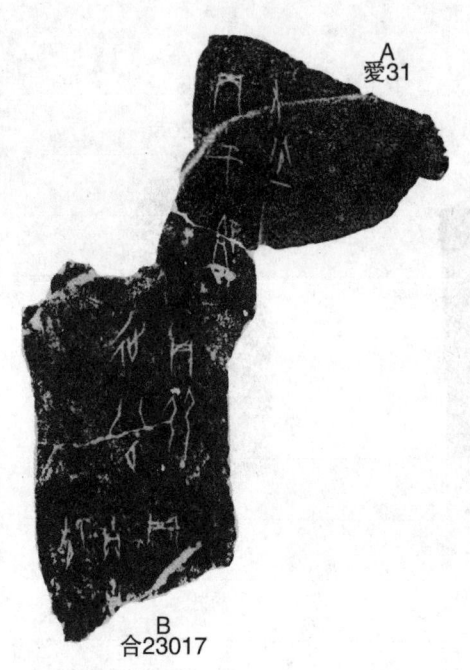

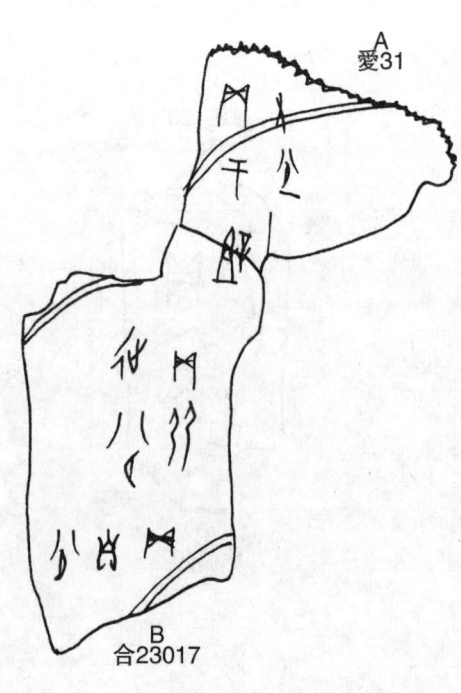

第 1005 則：甲骨拼合第 130 則（李延彥）

A《運臺》拓 1.0406 + B《運臺》拓 1.0537

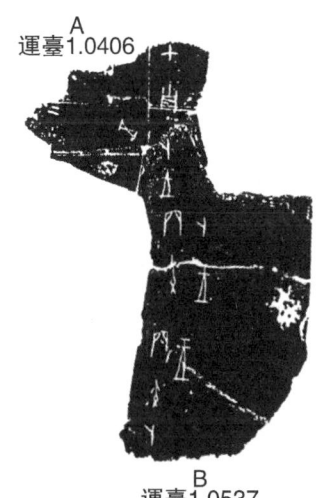

第1006則：甲骨拼合第131則（李延彥）

A《旅藏》733 + B《旅藏》735

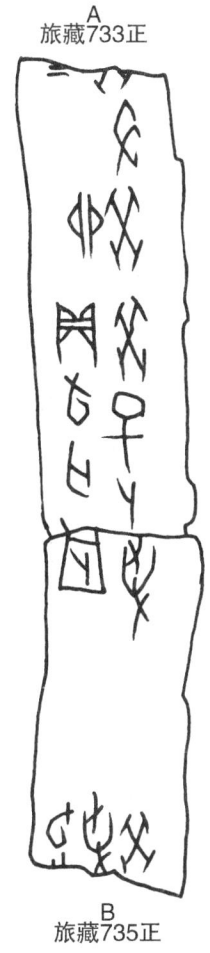
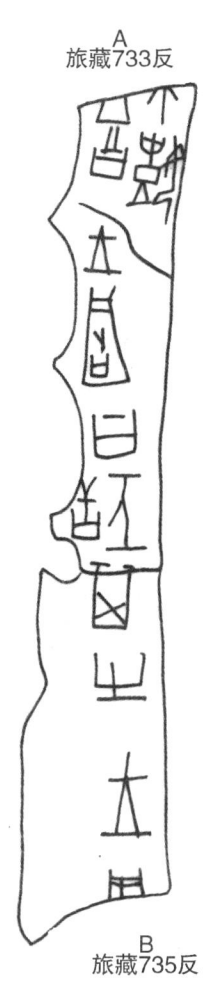

A 旅藏733正　　　A 旅藏733反
B 旅藏735正　　　B 旅藏735反

第 1007 則：甲骨試綴第三則（連佳鵬）

A《合補》9539 + B《合》27867 + C《合》27856 + D《合》27866

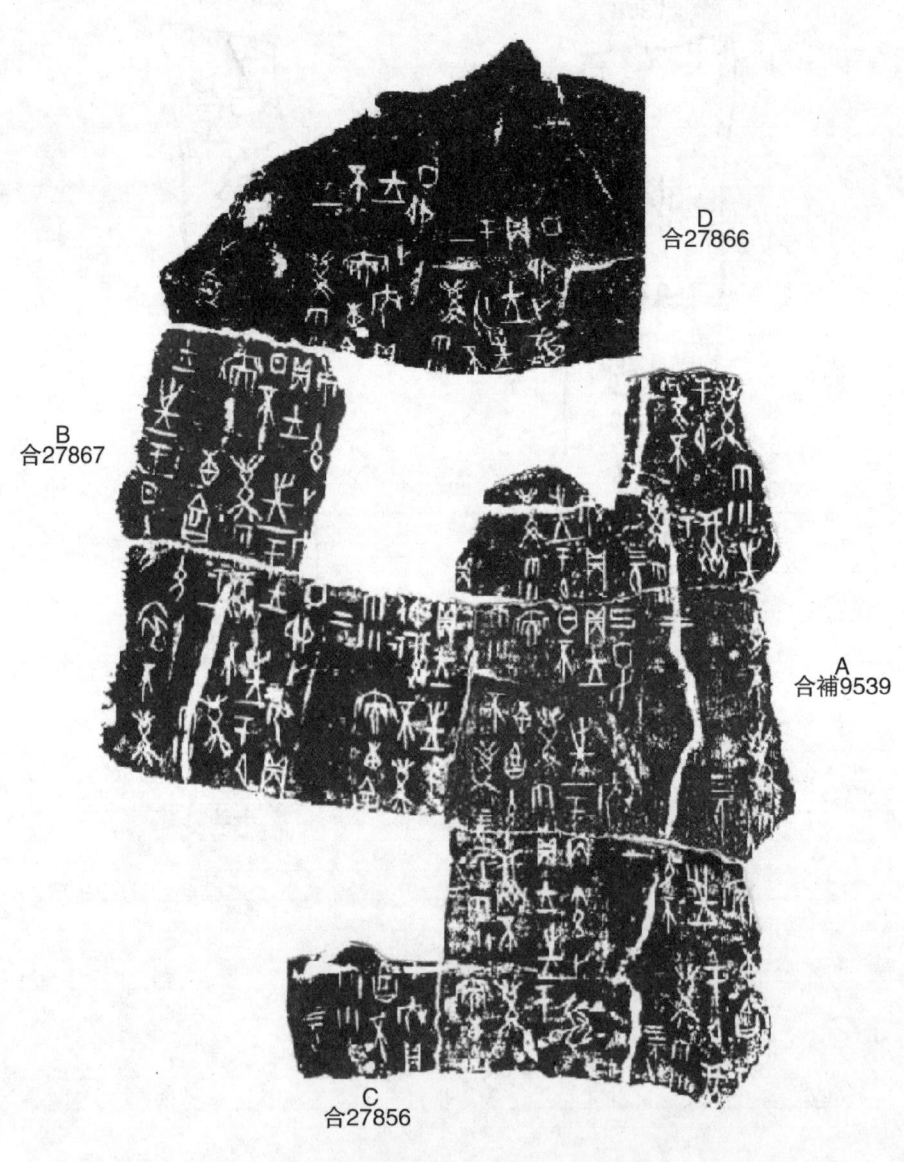

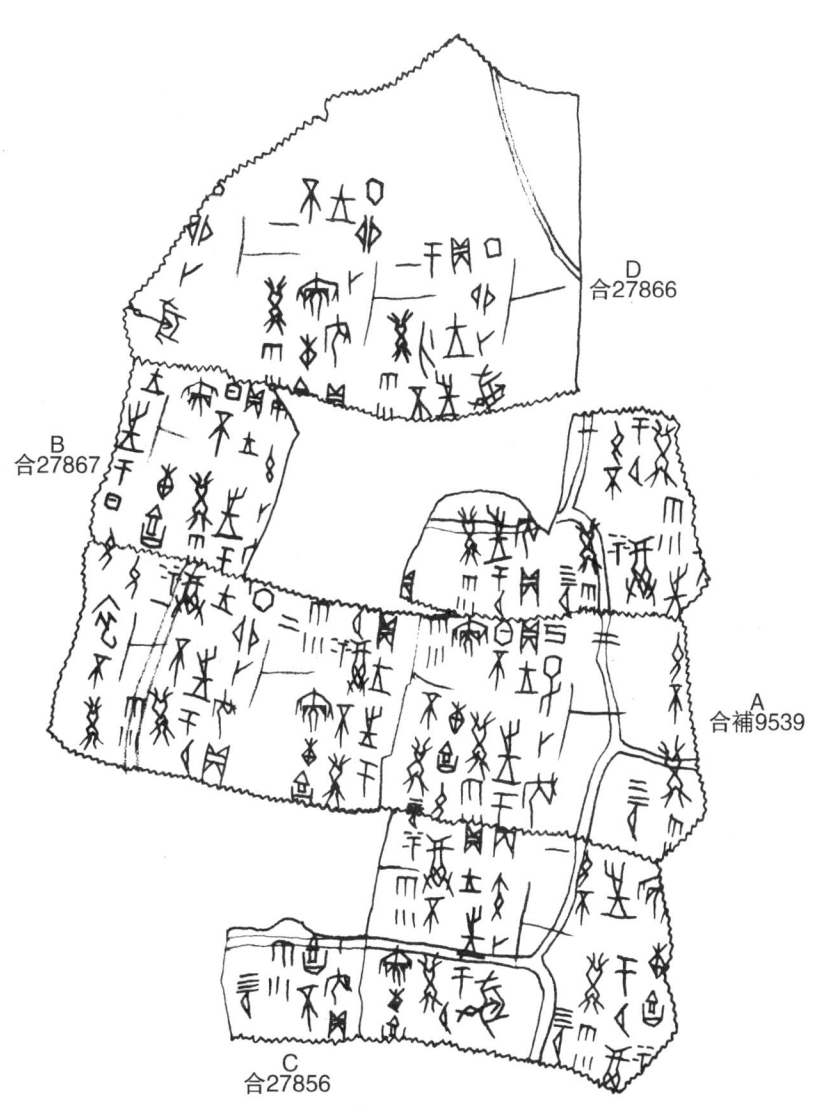

第 1008 則：甲骨試綴第四則（連佳鵬）

A《合補》9539 + B《合》27867 + C《合》27856 + D《合》27866 + E《合》29718

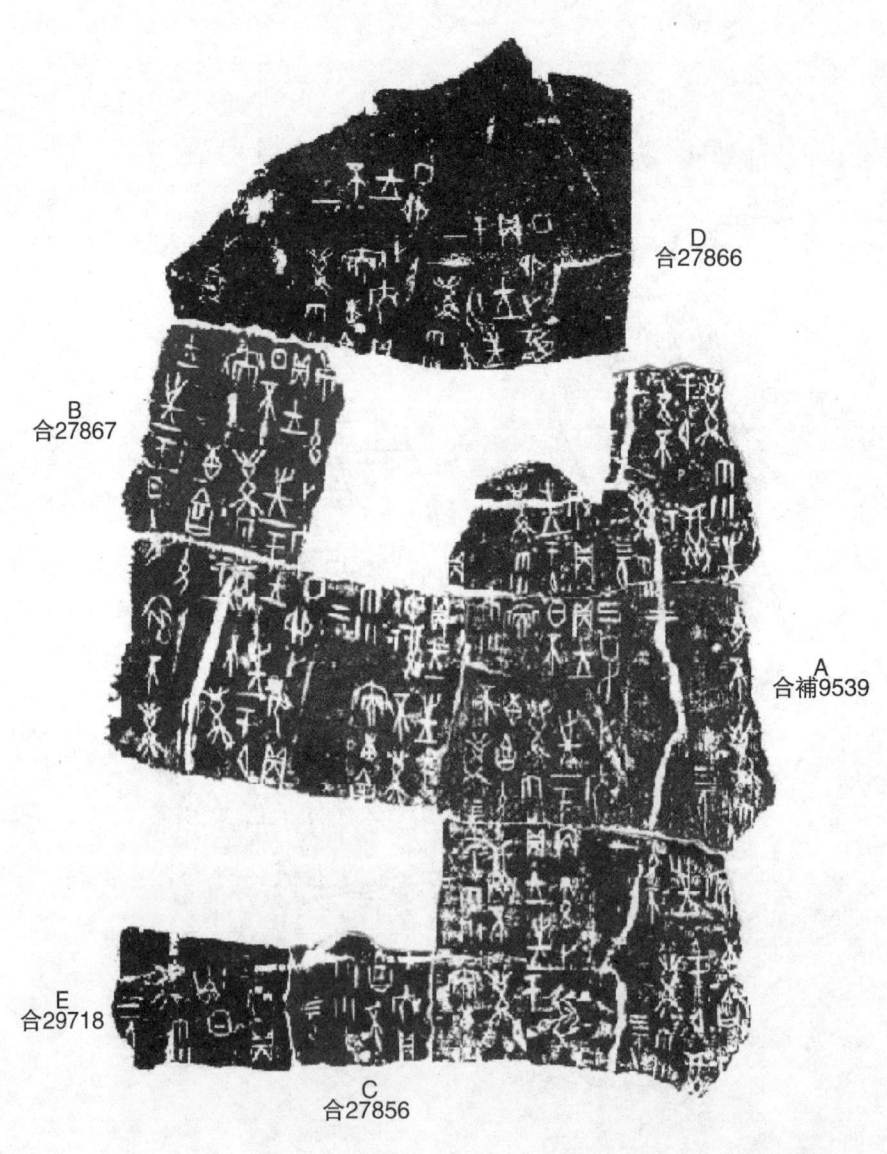

甲骨拼合四集・綴合圖版 229

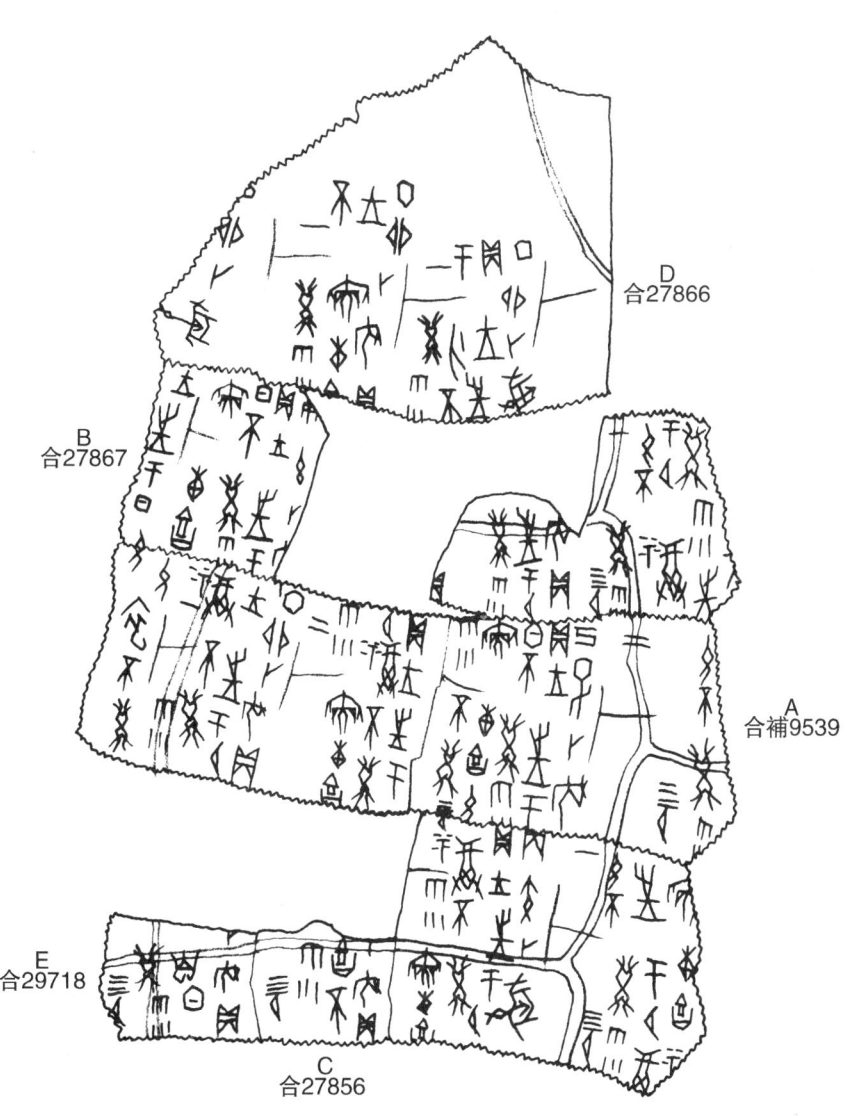

第 1009 則：甲骨試綴一則（張志強）

A《合》7266 + B《合》7265

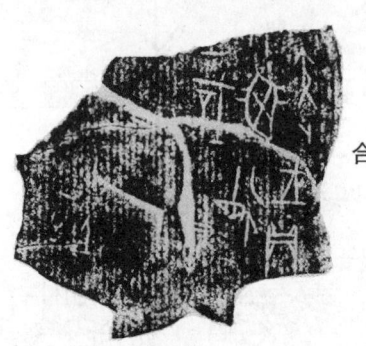
A
合7266

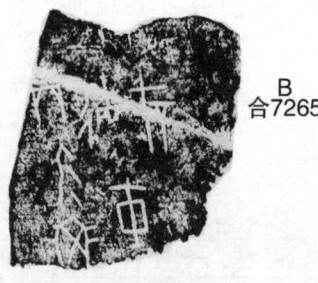
B
合7265

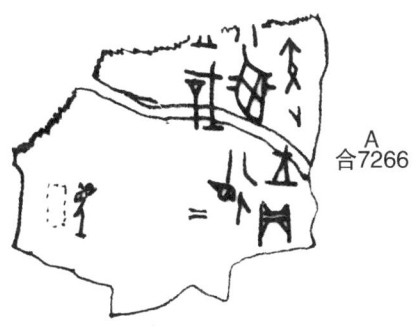
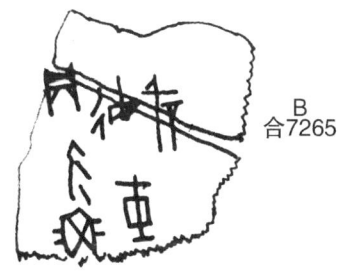

第 1010 則：甲骨拼合一則（吳麗婉）

A《上博》2426.1399 + B《合》18612

同文：《懷特》382

第 1011 則：甲骨拼合第 2～4 則（吳麗婉）

A《合》4884 + B《合》3240 + C《輯佚》353

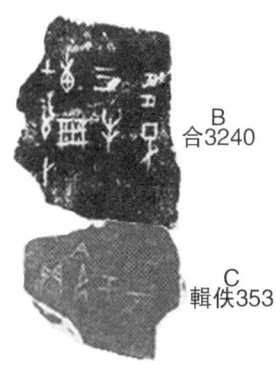

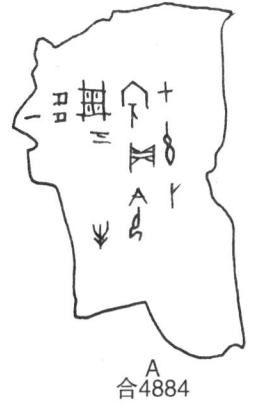
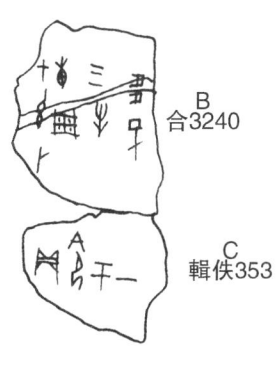

第1012則：甲骨拼合第2~4則（吳麗婉）

A《上博》11175 + B《上博》17645.359

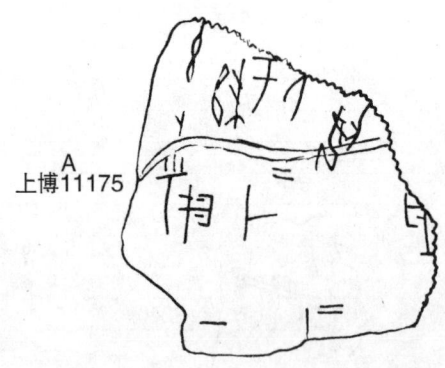

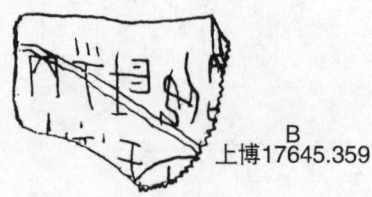

第 1013 則：甲骨拼合第 2～4 則（吳麗婉）

A《合》7563 + B《存補》5.143.2

A
合7563

B
存補5.143.2

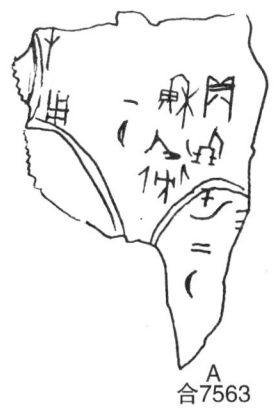
A
合7563

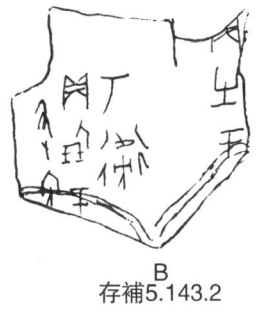
B
存補5.143.2

第 1014 則：甲骨拼合第 5 則（吳麗婉）

A《合》14647 正反 + B《合》8968 正反 + C《合補》1346 正反

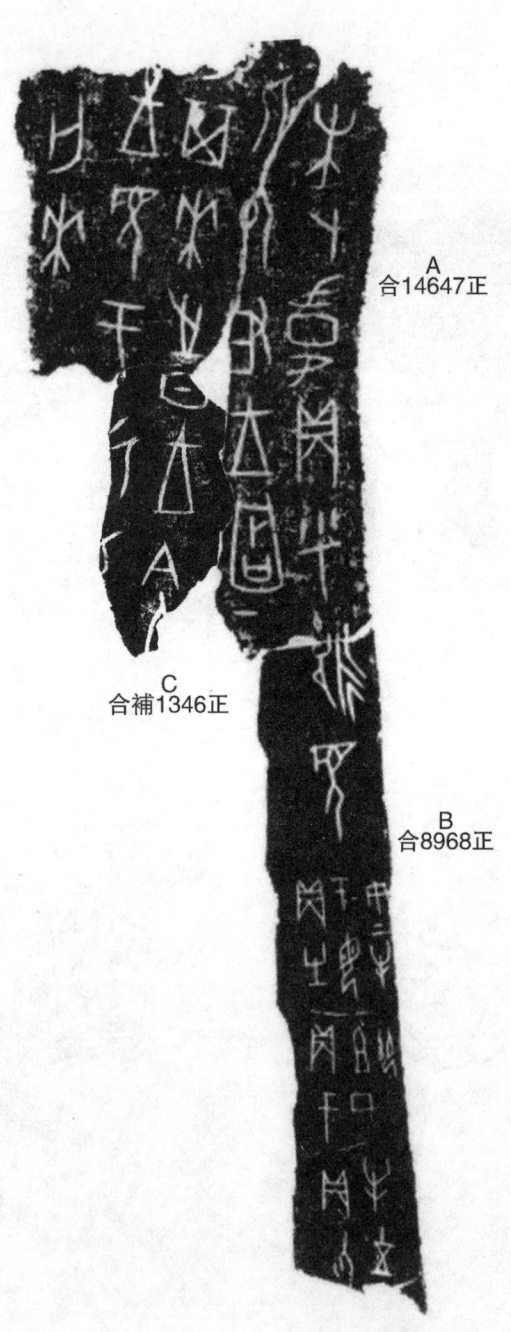

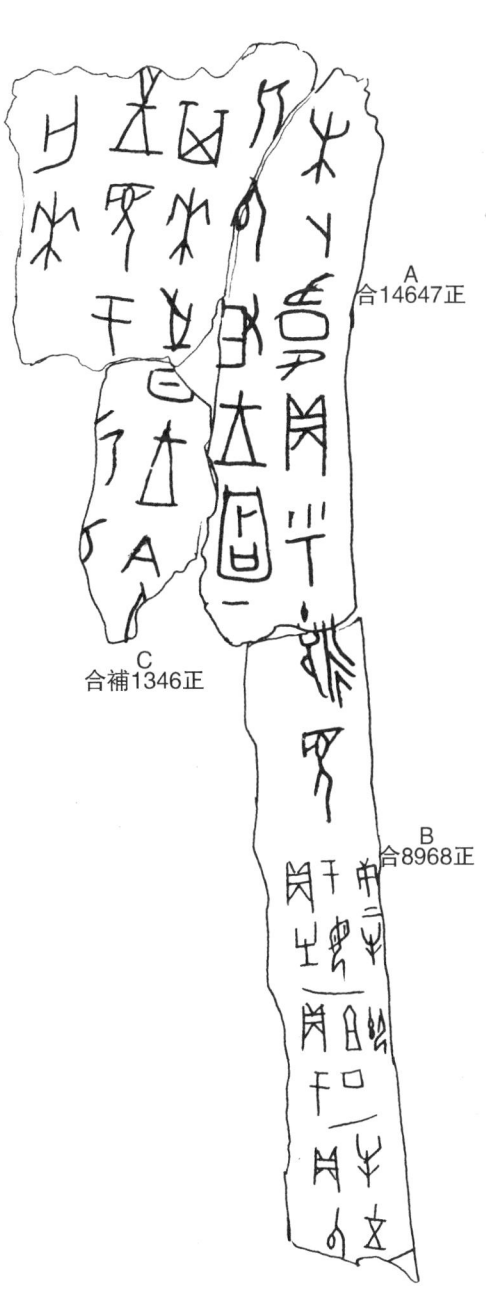

238 ◎ 甲骨拼合四集

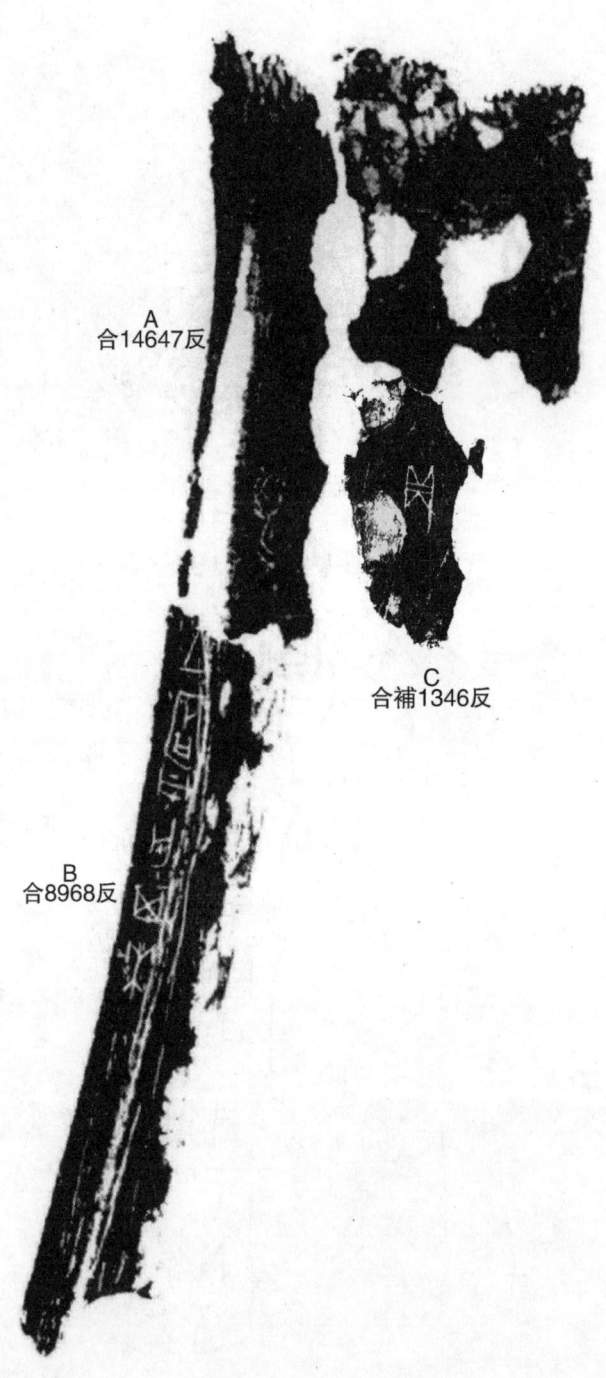

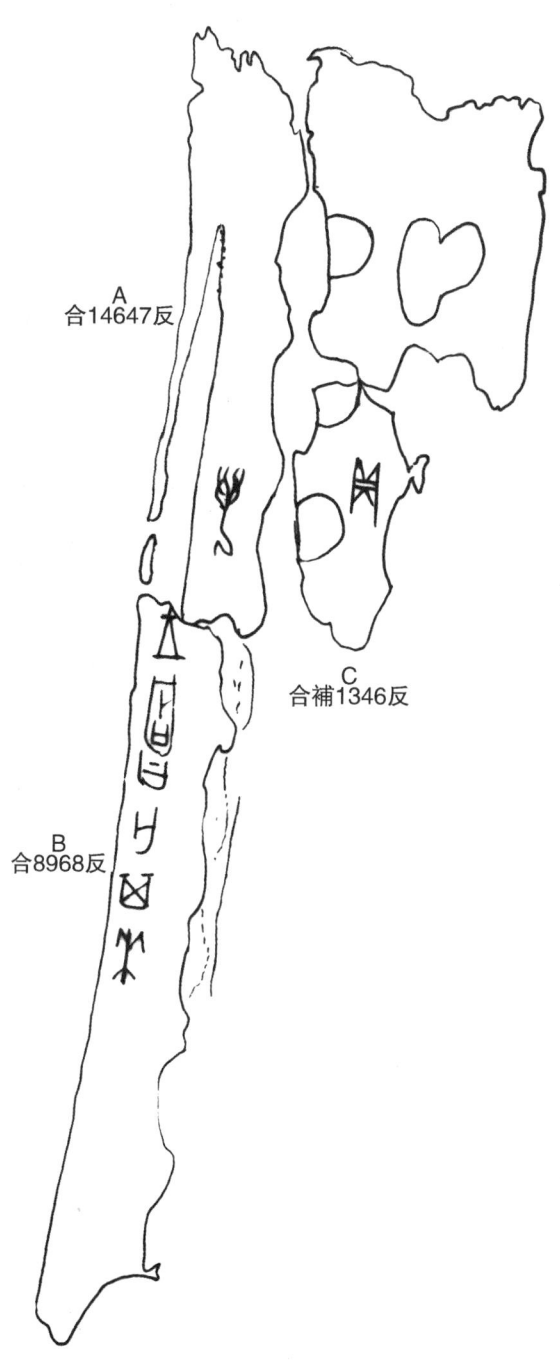

第 1015 則：甲骨拼合第 6 則（吳麗婉）

A《合》186 + B《合補》6 + C《上博》20889.46

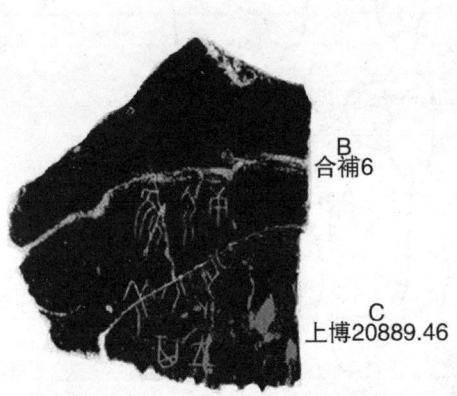
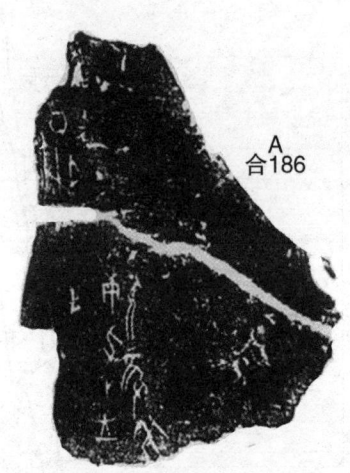

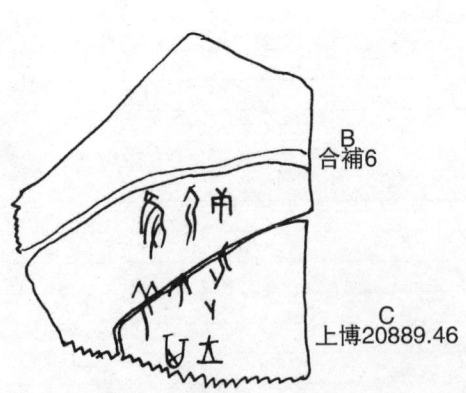
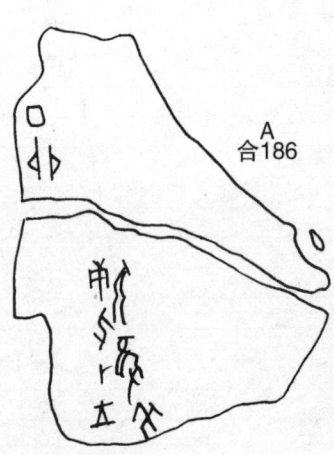

說明與考釋

①**第 815 則**

    A：《契合集》207（《合》3367 + 7759）。

    B：《合》5379（《前》5.39.1）。

    釋文如下：

        癸未［卜］，王：侯其戎罢。不。

        癸未卜，王：侯弗戎罢。十月。允不。一

        ☑十月。

②**第 816 則**

    A：《笰》62。

    B：《笰》107。

    釋文如下：

        □□［卜］，宁，貞：☑。

③**第 817 則**

    A：《笰》94。

    B：《笰》1689。

    釋文如下：

        乙未☑。

④**第 818 則**

    A：《笰》132。

---

① 第 815 則選自黃天樹《師賓間類龜甲綴合一則》。黃文原載"中國社會科學院歷史研究所先秦史研究室網站"，http://www.xianqin.org/blog/archives/3834.html，2014 年 03 月 14 日。
② 第 816 則選自趙鵬《讀〈笰之考文手稿〉》第 1 組。趙文原載《甲骨文與殷商史》新三輯，第 299 頁，上海：上海古籍出版社，2013 年 4 月。
③ 第 817 則選自趙鵬《讀〈笰之考文手稿〉》第 2 組。趙文原載《甲骨文與殷商史》新三輯，第 299 頁，上海：上海古籍出版社，2013 年 4 月。
④ 第 818 則選自趙鵬《讀〈笰之考文手稿〉》第 3 組。趙文原載《甲骨文與殷商史》新三輯，第 300 頁，上海：上海古籍出版社，2013 年 4 月。

B：《笏》236。

釋文如下：

　　☐卯卜，殼☐。

①**第 819 則**

　　A：《笏》148。

　　B：《東大》1025。

　　釋文如下：

　　　　☐王遣☐。

②**第 820 則**

　　A：《笏》366。

　　B：《笏》487。

　　釋文如下：

　　　　乙亥卜☐。

　　　　戊寅卜☐。

③**第 821 則**

　　A：《笏》917。

　　B：《笏》1286。

　　釋文如下：

　　　　貞：王㲋叔，亡尤。

　　　　☐叔，亡尤。

---

①　第 819 則選自趙鵬《讀〈笏之考文手稿〉》第 4 組。趙文原載《甲骨文與殷商史》新三輯，第 300 頁，上海：上海古籍出版社，2013 年 4 月。

②　第 820 則選自趙鵬《讀〈笏之考文手稿〉》第 5 組。趙文原載《甲骨文與殷商史》新三輯，第 300 頁，上海：上海古籍出版社，2013 年 4 月。

③　第 821 則選自趙鵬《讀〈笏之考文手稿〉》第 6 組。趙文原載《甲骨文與殷商史》新三輯，第 300 頁，上海：上海古籍出版社，2013 年 4 月。

①第 822 則

  A：《笏》939。

  B：《笏》1333。

  釋文如下：

    貞：王窑叔，亡尤。

②第 823 則

  A：《笏》1021。

  B：《笏》1571。

  釋文如下：

    貞：王窑叔，[亡尤]。

③第 824 則

  A：《笏》1055。

  B：《笏》1317。

  釋文如下：

    [其] 牢 [又] 一牛。

    其牢又一牛。茲用。

    其 [牢] 又 [一牛]。

---

① 第 822 則選自趙鵬《讀〈笏之考文手稿〉》第 7 組。趙文原載《甲骨文與殷商史》新三輯，第 301 頁，上海：上海古籍出版社，2013 年 4 月。

② 第 823 則選自趙鵬《讀〈笏之考文手稿〉》第 8 組。趙文原載《甲骨文與殷商史》新三輯，第 301 頁，上海：上海古籍出版社，2013 年 4 月。

③ 第 824 則選自趙鵬《讀〈笏之考文手稿〉》第 9 組。趙文原載《甲骨文與殷商史》新三輯，第 301 頁，上海：上海古籍出版社，2013 年 4 月。

① 第 825 則

    A：《笏》1118。

    B：《笏》1136。

    釋文如下：

        貞：王窋叙，亡尤。

② 第 826 則

    A：《笏》1209。

    B：《笏》1400。

    釋文如下：

        貞：王窋叙，亡尤。

③ 第 827 則

    A：《笏》1577。

    B：《笏》1578。

    釋文如下：

        □酉卜，［貞］：王窋叠叙，亡尤。

④ 第 828 則

    A：《笏》1582。

    B：《笏》1594。

---

① 第 825 則選自趙鵬《讀〈笏之考文手稿〉》第 10 組。趙文原載《甲骨文與殷商史》新三輯，第 301 頁，上海：上海古籍出版社，2013 年 4 月。
② 第 826 則選自趙鵬《讀〈笏之考文手稿〉》第 11 組。趙文原載《甲骨文與殷商史》新三輯，第 301 頁，上海：上海古籍出版社，2013 年 4 月。
③ 第 827 則選自趙鵬《讀〈笏之考文手稿〉》第 12 組。趙文原載《甲骨文與殷商史》新三輯，第 301 頁，上海：上海古籍出版社，2013 年 4 月。
④ 第 828 則選自趙鵬《讀〈笏之考文手稿〉》第 13 組。趙文原載《甲骨文與殷商史》新三輯，第 301 頁，上海：上海古籍出版社，2013 年 4 月。

釋文如下：

[其]牢[又]一牛。

其牢又一牛。

①**第 829 則**

A：《旅》280（9.1033）。

B：《旅》280（9.1044）。

釋文：

乙巳□☑。

癸亥□☑。

癸亥卜☑。

②**第 830 則**

A：《旅》1925。

B：《旅》2035。

釋文：

丙辰卜，貞：王宐祖丁歲，亡尤。

□□卜，貞：□宐☑，亡[尤]。

③**第 831 則**

A：《合》18504（歷拓 10651）。

B：《英藏》337。

---

① 第 829 則爲趙鵬所綴，見宋鎮豪、郭富純主編《旅順博物館所藏甲骨》第 280 片（9.1033 + 9.1044），上海：上海古籍出版社，2014 年 10 月。

② 第 830 則選自趙鵬《甲骨綴合一則》。趙文原載"中國社會科學院歷史研究所先秦史研究室網站"，http：//www.xianqin.org/blog/archives/4772.html，2014 年 12 月 11 日。本綴合由李愛輝博士幫忙製作圖版，謹致謝忱。

③ 第 831 則選自方稚松《甲骨綴合零拾》。方文原載"中國社會科學院歷史研究所先秦史研究室網站"，http：//www.xianqin.org/blog/archives/4373.html，2014 年 09 月 26 日。摹本由王子楊博士幫助摹寫，寫作過程中得到王子楊、莫伯峰師弟的幫助，謹致謝忱。

釋文如下：

　　戊午卜，賓貞：叀（惠）永币屮。一

　　貞：叀（惠）量币屮。□月。二

　　丙午□。

　　貞□。

①第 832 則

A：《安明》1215。

B：《合》25920（《日見》30、《日彙》113）。

綴合的兩片斷痕相合，可以補足一個"卯"字，綴合後得到一條幾近完整的卜辭，釋文如下：

　　辛卯卜，大貞：且（祖）辛歲，叀□祝。

②第 833 則

A：《合補》7762（《歷藏》16408）。

B：《合補》7728（《歷藏》27000）。

綴合的兩片均為賓出類字體，斷痕相合，可以補足一個"未"字，綴合後得到一條完整的卜辭，釋文如下：

　　乙未卜，貞：翼（翌）丁酉酓匚。八月。三

③第 834 則

A：《合》25341（《珠》869）。

---

① 第 832 則選自劉影《甲骨新綴第 138 組》。劉文原載"中國社會科學院歷史研究所先秦史研究室網站"，http：//www.xianqin.org/blog/archives/2863.html，2012 年 12 月 11 日。綴合得到黃天樹師的悉心指導，謹致謝忱。

② 第 833 則選自劉影《甲骨新綴第 139 組》。劉文原載"中國社會科學院歷史研究所先秦史研究室網站"，4 http：//www.xianqin.org/blog/archives/2873.html，2012 年 12 月 21 日。綴合得到黃天樹師的悉心指導，謹致謝忱。

③ 第 834 則選自劉影《甲骨新綴第 140 組》。劉文原載"中國社會科學院歷史研究所先秦史研究室網站"，http：//www.xianqin.org/blog/archives/2882.html，2013 年 01 月 08 日。綴合得到黃天樹師的悉心指導，謹致謝忱。

B：《合補》7811。

C：《合》25642。

D：《合》23031（《安明》1212）。

A、B兩片為李延彥所綴，收入《甲骨拼合三集》第768組，C、D兩片為筆者綴合，收入《甲骨拼合三集》第629組。本組綴合將《甲骨拼合三集》第768組與第629組遙綴，兩組卜辭辭例相同，所在部位相同，兆序辭均為"一"，所卜時間也均為"十二月"，當為一版之折。綴合後釋文如下：

　　乙卯卜，旅貞：王窒□□升歲，亡〔尤〕。一

　　乙卯卜，旅貞：王窒叙，亡〔尤〕。十二月。一

　　丙辰卜，旅貞：王窒且（祖）丁歲，亡尤。十二月。

　　丙☒。

①第 835 則

A：《合》23511（《歷拓》1727、《中歷藏》1346）。

B：《合》26371（《京》3526、《善》1210）。

A、B兩片斷痕相合，可以補足一個"其"字。綴合後釋文如下：

　　貞：☒亡〔囚〕。

　　貞：今夕亡囚。六月。

　　庚申卜，即貞：兄庚王其叙。

②第 836 則

A：《合》26748（《前》4.36.6）。

B：《合》26755（《京人》252）。

兩片齒邊相接處可補足一個"己"字，且迴紋溝亦可相接。綴合後釋

---

① 第835則選自劉影《甲骨新綴第141組》。劉文原載"中國社會科學院歷史研究所先秦史研究室網站"，http：//www.xianqin.org/blog/archives/2886.html，2013年01月11日。綴合得到黃天樹師的悉心指導，謹致謝忱。

② 第836則選自劉影《甲骨新綴第142組》。劉文原載"中國社會科學院歷史研究所先秦史研究室網站"，http：//www.xianqin.org/blog/archives/2890.html，2013年01月19日。綴合得到黃天樹師的悉心指導，謹致謝忱。

文如下：
　　　　己亥［卜，肩］貞：今［夕囚］言［王］。
　　　　□□卜，肩［貞：今］夕囚［言］王。
　　　　□叀□。

① **第 837 則**

A：《合》25925（《錄》906）。
B：《運臺》1.0122。
兩片斷痕相合，綴合後得到一條完整的卜辭，釋文如下：
　　　　□巳卜，大貞：舌叀王祝。八月。

② **第 838 則**

A：《合》23611（《虛》92）。
B：《合》18217（《前》6.14.3）。
C：《合》23432（《前》1.30.7）。
A、B 兩片為筆者綴合，收入《甲骨拼合集》第 165 則，C 為筆者加綴。綴合後釋文如下：
　　　　丁卯卜，出貞：今日黍益眉（鞀）。之日不黍。六月。
　　　　癸巳卜，大［貞］：囚。
　　　　丁酉卜，出貞：其㞢（侑）于保，于母辛家宕酌囚。
　　　　丁酉卜，出貞：囚。

③ **第 839 則**

A：《英藏》1945（《合》39626、《金璋》20）。

---

① 第 837 則選自劉影《甲骨新綴第 143 組》。劉文原載"中國社會科學院歷史研究所先秦史研究室網站"，http：//www.xianqin.org/blog/archives/2893.html，2013 年 01 月 24 日。綴合得到黃天樹師的悉心指導，謹致謝忱。
② 第 838 則選自劉影《甲骨新綴第 144 組》。劉文原載"中國社會科學院歷史研究所先秦史研究室網站"，http：//www.xianqin.org/blog/archives/2911.html，2013 年 02 月 27 日。綴合得到黃天樹師的悉心指導，謹致謝忱。
③ 第 839 則選自劉影《甲骨新綴第 145 組》。劉文原載"中國社會科學院歷史研究所先秦史研究室網站"，http：//www.xianqin.org/blog/archives/2913.html，2013 年 03 月 03 日。綴合得到黃天樹師的悉心指導，謹致謝忱。

B：《合》22928（《京》3259、《善》965）。

兩片斷痕相合，可補足一個"申"字。綴合後釋文如下：

　　貞：☒。三

　　甲申卜，肩貞：其聂（登）于且（祖）乙。

　　貞：聂（登）其罒小乙。二

①**第 840 則**

A：《合》23599（《歷拓》7213）。

B：《合》17097（《歷拓》47）。

A、B 兩片均為骨首部位殘片，綴合後可補足一個"老"字。綴合後釋文如下：

　　［丁酉］卜，祝貞：隹夬②老罒以由③，小丂盈（殞）。八月。

　　乙未卜，大貞：☒寧☒。

④**第 841 則**

A：《合補》7768（《京人》1306）。

B：《合》23152（《歷拓》3137、《續存》下622）。

A、B 兩片齒邊相接，且相接處可補足一個"大"字。綴合後釋文如下：

　　癸亥卜，大貞：王寉毓且（祖）乙歲，亡尤。八月。

　　［□□卜］，大［貞］☒。

---

① 第 840 則選自劉影《甲骨新綴第 146～147 組》第 146 組。劉文原載"中國社會科學院歷史研究所先秦史研究室網站"，http://www.xianqin.org/blog/archives/2921.html，2013 年 04 月 03 日。綴合得到黃天樹師的悉心指導，謹致謝忱。

② 從趙平安先生釋。趙平安：《夬的形義和它在楚簡中的用法——兼釋其他古文字資料中的夬字》，原載《第三屆國際中國古文字研討會論文集》，香港中文大學中國文化研究所，中國語言及文學系，1997 年；後收入《新出簡帛與古文字古文獻研究》第 332～338 頁，北京：商務印書館，2009 年。

③ 從陳劍先生釋。參陳劍：《釋"凷"》，《出土文獻與古文字研究》（第三輯）第 1～89 頁，復旦大學出版社，2010 年 7 月。

④ 第 841 則選自劉影《甲骨新綴第 146～147 組》第 147 組。劉文原載"中國社會科學院歷史研究所先秦史研究室網站"，http://www.xianqin.org/blog/archives/2921.html，2013 年 04 月 03 日。綴合得到黃天樹師的悉心指導，謹致謝忱。

①第 842 則

    A:《合》27427（《戩》6.12、《續》1.33.3、《歷博》3.2）。
    B:《合》31168（《珠》857、《合補》9705、《東大》1255）。
    A、B 兩片斷痕相合，綴合後辭例暢達。釋文如下：
        ☐未卜：其舌于父庚，又（有）正，王受又（祐）。
        ☐亡☐。

②第 843 則

    A:《合》28938（《京》4463）。
    B:《合補》9852（《歷拓》3341）。
    A、B 兩片斷痕相合，綴合後補足一個"王"字。綴合後釋文如下：
        貞：王叀榆田，亡⚡（災）。

③第 844 則

    A:《合補》9359（《歷藏》11228）。
    B:《合》27342（《善》1458）。
    A、B 兩片斷痕相合，可以補足一個"受"字。綴合後辭例暢達。釋文如下：
        甲子卜，囗貞：翌日王其又（侑）小乙，王受又（有）又（祐）。
        叀羊，［王］受又（有）又（祐）。

---

    ① 第 842 則選自劉影《甲骨新綴第 148~152 組》第 148 組。劉文原載"中國社會科學院歷史研究所先秦史研究室網站"，http://www.xianqin.org/blog/archives/2943.html，2013 年 04 月 22 日。綴合得到黃天樹師的悉心指導，謹致謝忱。
    ② 第 843 則選自劉影《甲骨新綴第 148~152 組》第 149 組。劉文原載"中國社會科學院歷史研究所先秦史研究室網站"，http://www.xianqin.org/blog/archives/2943.html，2013 年 04 月 22 日。綴合得到黃天樹師的悉心指導，謹致謝忱。
    ③ 第 844 則選自劉影《甲骨新綴第 148~152 組》第 150 組。劉文原載"中國社會科學院歷史研究所先秦史研究室網站"，http://www.xianqin.org/blog/archives/2943.html，2013 年 04 月 22 日。綴合得到黃天樹師的悉心指導，謹致謝忱。

①第 845 則

　　A：《合》31144（《中歷藏》1588、《鄴初下》33.12、《續存上》1860）。
　　B：《合補》9445（《歷藏》7840）。
　　A、B 兩片斷痕相合，可補足一個"宜"字。綴合後釋文如下：
　　　　乙酉☐。
　　　　戊不雨。
　　　　叀舊☐二牛用，宜大牢，又（有）正。
　　　　發，又（有）正。

②第 846 則

　　A：《合》27428（《續存上》761）。
　　B：《合補》9712（《東大》1256）。
　　A、B 兩片斷痕相合，綴合後 B 片上尚可見"🌣"字殘畫。綴合後釋文如下：
　　　　☐父庚歲叀🌣至，王受［又（祐）］。

③第 847 則

　　A：《合》27450（《京》4054、《善》1790）。
　　B：《合》30496（《善》1611）。
　　A、B 兩片斷痕相合，綴合後辭例暢達。釋文如下：
　　　　☐日于父甲又（侑）夕歲，王［受又（祐）］。

---

　　① 第 845 則選自劉影《甲骨新綴第 148～152 組》第 151 組。劉文原載"中國社會科學院歷史研究所先秦史研究室網站"，http：//www.xianqin.org/blog/archives/2943.html，2013 年 04 月 22 日。綴合得到黃天樹師的悉心指導，謹致謝忱。
　　② 第 846 則選自劉影《甲骨新綴第 148～152 組》第 152 組。劉文原載"中國社會科學院歷史研究所先秦史研究室網站"，http：//www.xianqin.org/blog/archives/2943.html，2013 年 04 月 22 日。綴合得到黃天樹師的悉心指導，謹致謝忱。
　　③ 第 847 則選自劉影《甲骨新綴第 153 組》。劉文原載"中國社會科學院歷史研究所先秦史研究室網站"，http：//www.xianqin.org/blog/archives/2946.html，2013 年 04 月 24 日。綴合得到黃天樹師的悉心指導，謹致謝忱。

①**第 848 則**

　　A：《合》33691（《京人》2335 +《安明》1742）。

　　B：《合補》9605（《歷藏》21509）。

　　A、B 兩片均為歷無名間類字體，斷痕相合，綴合後可補足一個"牢"字。綴合後釋文如下：

　　　　丙午［卜］：祼［🐚牢］。

　　　　二牢。

　　　　丙午卜：祼🐚□牢。茲用。一

　　　　丙午［卜］：☒。茲用。一

　　　　弜勿牛。

　　　　弜濼舟。

②**第 849 則**

　　A：《合》34421（《明後》2200、《南明》652）。

　　B：《合補》10294（《安明》1793）。

　　A、B 兩片斷痕相合，綴合後辭例暢達。釋文如下：

　　　　己未卜：歲至于大庚。茲用。

　　　　弜至。

③**第 850 則**

　　A：《合補》9710（《日天》483）。

---

　　① 第 848 則選自劉影《甲骨新綴第 154 組》。劉文原載"中國社會科學院歷史研究所先秦史研究室網站"，http：//www.xianqin.org/blog/archives/2955.html，2013 年 05 月 02 日。綴合得到黃天樹師的悉心指導，謹致謝忱。

　　② 第 849 則選自劉影《甲骨新綴第 155 組》。劉文原載"中國社會科學院歷史研究所先秦史研究室網站"，http：//www.xianqin.org/blog/archives/2963.html，2013 年 05 月 13 日。綴合得到黃天樹師的悉心指導，謹致謝忱。

　　③ 第 850 則選自劉影《甲骨新綴第 156 組》。劉文原載"中國社會科學院歷史研究所先秦史研究室網站"，http：//www.xianqin.org/blog/archives/2966.html，2013 年 05 月 18 日。綴合得到黃天樹師的悉心指導，謹致謝忱。

B：《合》31287（《戩》42.10、《續》6.20.8、《歷拓》9560）。

本組綴合據"祖辛"合文的殘畫綴合，綴合後補足一條完整的卜辭。本組綴合與《合》27251 同文，可以參看。釋文如下：

己亥卜：☐。

非鳴。

其又（侑）且（祖）辛，王受又（祐）。吉。用。

弜又（侑）。

① 第 851 則

A：《合》28562（《歷拓》4299）。

B：《合》28712（《安明》1988）。

A、B 兩片斷痕相合，可以補足一個"辛"字。綴合後釋文如下：

叀壬田，弗悔，湄日亡戈（災），侃王。吉。

［翌］日辛王其田，弗悔☐。

② 第 852 則

A：《合補》9261（《浙博》68）。

B：《合》28401（《京》4487、《善》6765）。

本組據同文卜辭《合集》28400 綴合，兩片斷痕相合，可以補足一個"其"字。綴合後釋文如下：

甲☐。

叀戊 (擒)。

王異戊其射才（在）穆兕， (擒)。

弗 (擒)。

---

① 第 851 則選自劉影《甲骨新綴第 157 組》。劉文原載"中國社會科學院歷史研究所先秦史研究室網站"，http://www.xianqin.org/blog/archives/3010.html，2013 年 06 月 26 日。綴合得到黃天樹師的悉心指導，謹致謝忱。

② 第 852 則選自劉影《甲骨新綴第 158 組》。劉文原載"中國社會科學院歷史研究所先秦史研究室網站"，http://www.xianqin.org/blog/archives/3032.html，2013 年 07 月 02 日。綴合得到黃天樹師的悉心指導，謹致謝忱。

①第 853 則

　　A：《合》26990（《京人》1862）。
　　B：《合》31169（《掇三》359、《粹》1274）。
　　A、B 兩片斷痕相合，綴合後辭例暢達。釋文如下：
　　　　叀翌［日］庚［酓，又（有）正］。
　　　　叀辛酓，又（有）正。
　　　　叀癸酓，又（有）正。
　　　　☒執☒，又（有）正。

②第 854 則

　　A：《合》29065（《甲》580）。
　　B：《合》28969（《善》4705）。
　　A、B 兩片斷痕相合，可以補足一個"于"字。綴合後釋文如下：
　　　　甲午卜：翌日乙王其祕于向，亡𢦏（災）。引吉。
　　　　于喪，亡𢦏（災）。

③第 855 則

　　A：《合》33008（《掇三》372、《京》4141、《善》5304）。
　　B：《合補》9309（《歷藏》11185）。
　　A、B 兩片斷痕相合，可以補足一個"𣥐"字。此字見於《合》28089、28090、28091 等，爲危伯之名。李學勤先生隸定爲"夌"，釋作"髦"。參

---

　　① 第 853 則選自劉影《甲骨新綴第 159 組》。劉文原載"中國社會科學院歷史研究室網站"，http://www.xianqin.org/blog/archives/3038.html，2013 年 07 月 03 日。綴合得到黃天樹師的悉心指導，謹致謝忱。
　　② 第 854 則選自劉影《甲骨新綴第 160~161 組》第 160 組。劉文原載"中國社會科學院歷史研究所先秦史研究室網站"，http://www.xianqin.org/blog/archives/3054.html，2013 年 07 月 10 日。綴合得到黃天樹師的悉心指導，謹致謝忱。
　　③ 第 855 則選自劉影《甲骨新綴第 160~161 組》第 161 組。劉文原載"中國社會科學院歷史研究所先秦史研究室網站"，http://www.xianqin.org/blog/archives/3054.html，2013 年 07 月 10 日。綴合得到黃天樹師的悉心指導，謹致謝忱。

看李學勤《殷代地理簡論》73 頁，科學出版社，1959 年；李學勤：《〈古韻通曉〉簡評》，《中國社會科學》1991 年第 3 期 150 頁。綴合後釋文如下：

　　其執戠叀今日☐。
　　☐酻，又（有）正。

①第 856 則

　　A：《合》29316（《後上》14.5）。
　　B：《合補》9042（《懷特》1429）。
　　A、B 兩片斷痕相合，可以補足"弜"、"戠"二字。綴合後釋文如下：
　　　辛☐。
　　　弜田戠，其悔。
　　　弜田🀆，其悔。
　　　☐🀆田，亡戈（災），㞢（擒）。

②第 857 則

　　A：《合》28803（《粹》1559、《京》4493）。
　　B：《合補》9254（《歷藏》6710）。
　　兩片斷痕相合，可以補足"亡"、"戈"二字。綴合後釋文如下：
　　　丁巳卜：☐。
　　　☐晳焚，亡戈（災），㞢（擒）。

---

① 第 856 則選自劉影《甲骨新綴第 162~164 組》第 162 組。劉文原載"中國社會科學院歷史研究所先秦史研究室網站"，http：//www.xianqin.org/blog/archives/3079.html，2013 年 07 月 16 日。綴合得到黃天樹師的悉心指導，謹致謝忱。

② 第 857 則選自劉影《甲骨新綴第 162~164 組》第 163 組。劉文原載"中國社會科學院歷史研究所先秦史研究室網站"，http：//www.xianqin.org/blog/archives/3079.html，2013 年 07 月 16 日。綴合得到黃天樹師的悉心指導，謹致謝忱。

①第 858 則

 A：《合》28823（《續存上》2008、《頌拓》83）。

 B：《合》28331（《上博》2426.289、《摭續》138）。

 A、B 兩片斷痕相合，可以補足"戍"、"敞"二字。綴合後釋文如下：

  弗睪（擒）。

  叀戍乎（呼）冒敞鹿，睪（擒）。

  弗睪（擒）。

  ☒攸（啟）。

②第 859 則

 A：《合》28936（《歷拓》10314）。

 B：《合》29158（《歷拓》3724、《寧》1.381）。

 A、B 兩片斷痕相合，綴合後辭例暢達。釋文如下：

  壬午卜：今日壬王其省田叀宮☒。

  叀榆田省，亡戈（災）。

  ［叀］盂田［省］，亡戈（災）。

③第 860 則

 A：《合》27635（《後上》7.12）。

 B：《上博》21691.232。

 A、B 兩片斷痕相合，骨條寬度一致。綴合後釋文如下：

---

 ① 第 858 則選自劉影《甲骨新綴第 162~164 組》第 164 組。劉文原載"中國社會科學院歷史研究所先秦史研究室網站"，http：//www.xianqin.org/blog/archives/3079.html，2013 年 07 月 16 日。綴合得到黃天樹師的悉心指導，謹致謝忱。

 ② 第 859 則選自劉影《甲骨新綴第 165 組》。劉文原載"中國社會科學院歷史研究所先秦史研究室網站"，http：//www.xianqin.org/blog/archives/3085.html，2013 年 07 月 20 日。綴合得到黃天樹師的悉心指導，謹致謝忱。

 ③ 第 860 則選自劉影《甲骨新綴第 166~168 組》第 166 組。劉文原載"中國社會科學院歷史研究所先秦史研究室網站"，http：//www.xianqin.org/blog/archives/3232.html，2013 年 08 月 22 日。綴合得到黃天樹師的悉心指導，謹致謝忱。

丁卯卜：其☐。

叙敖。

☒兄癸叀又遘，王受又（祐）。

① 第 861 則

　A：《合》29148（《善》4947）。

　B：《合》30074（《上博》54792.4、《上博新拓》94）。

　A、B兩片斷痕相合，可以補足一個"悔"字。綴合後釋文如下：

　　弜乍零。

　　于喪，王弗悔。

　　于盂，弗悔。

　　［于］宫，王［弗］悔。

② 第 862 則

　A：《上博》17647.120（《合》28539 上半）。

　B：《合》28973（《佚》901）。

　C：《合》28547（《粹》696、《善》7604）。

　B、C兩片為莫伯峰先生綴合，收入《甲骨拼合集》第224則。A片為筆者加綴，即《合集》28539上半，又見於《上博》17647.120。A與B斷痕相合，可以補足一個"其"字，可見《合集》28539上、下兩版的綴合是錯誤的。A、B、C綴合後釋文如下：

　　叀☐遘☐。

　　不遘小雨。

　　翌日壬王其省喪田，帆（夙）不遘大雨。

―――――――――

① 第861則選自劉影《甲骨新綴第166~168組》第167組。劉文原載"中國社會科學院歷史研究所先秦史研究室網站"，http://www.xianqin.org/blog/archives/3232.html，2013年08月22日。綴合得到黃天樹師的悉心指導，謹致謝忱。

② 第862則選自劉影《甲骨新綴第166~168組》第168組。劉文原載"中國社會科學院歷史研究所先秦史研究室網站"，http://www.xianqin.org/blog/archives/3232.html，2013年08月22日。綴合得到黃天樹師的悉心指導，謹致謝忱。

其蕚（暮）不遘大雨。

壬王其田，雨。

☐雨。

①第 863 則

A：《中歷藏》46。

B：《中歷藏》77（《合補》5628）。

A、B 兩片斷痕相合，可以補足一個"其"字。綴合後釋文如下：

癸未卜：☐弗其以☐。

②第 864 則

A：《中歷藏》996（《合補》6439）。

B：《合》17149 正（《北圖》2197 正、《文攈》1143 正）。

本組綴合可以參看同文卜辭《合集》14006 正 +《旅》1184 +《善》7.20A.3、《合集》17391、《合集》13999 +《合集》19597 等。A、B 兩片齒縫相合，可以補足"疒"、"不"二字。綴合後釋文如下：

☐［婦好］𡥆，［大］疒，㞢（殟）。

☐［婦好］娩，不其［嘉］。

③第 865 則

A：《合》5674（《山東》1257、《歷拓》7421）。

---

① 第 863 則選自劉影《甲骨新綴第 169 組》。劉文原載"中國社會科學院歷史研究所先秦史研究室網站"，http：//www.xianqin.org/blog/archives/3303.html，2013 年 10 月 15 日。綴合得到黃天樹師的悉心指導，謹致謝忱。

② 第 864 則選自劉影《甲骨新綴第 170 組》。劉文原載"中國社會科學院歷史研究所先秦史研究室網站"，http：//www.xianqin.org/blog/archives/3310.html，2013 年 10 月 16 日。綴合得到黃天樹師的悉心指導，謹致謝忱。

③ 第 865 則選自劉影《甲骨新綴第 171 組》。劉文原載"中國社會科學院歷史研究所先秦史研究室網站"，http：//www.xianqin.org/blog/archives/3318.html，2013 年 10 月 23 日。綴合得到黃天樹師的悉心指導，謹致謝忱。

B：《合》10896（《山東》25、《前》5.2.1）。

C：《輯佚》131。

《合集》5674 與《合集》10896 為蔡哲茂先生所綴（《甲骨綴合集》第 280 組），筆者加綴《輯佚》131。《輯佚》131 與《合集》10896 正面可以補足一個"犬"字，背面可以補足一個"隻"字，可見綴合是正確的。綴合後釋文如下：

正面：

　　☐己卯犬☐隹☐。

　　☐☐卜☐犬登☐隻☐。二

背面：

　　王［固曰］："☐其隻隹☐辛☐。"

①第 866 則

A：《拼續》386（《合補》8243＋7238）。

B：《契合集》183（《合》26708＋26661）。

A、B 為莫伯峰先生綴合，收入《甲骨拼合續集》第 386 則；C、D 為林宏明先生綴合，收入《契合集》第 183 組，筆者將兩組綴合再綴到一起。B、C 兩版斷痕相合，可以補足"癸"、"貞"二字。綴合後釋文由下而上依次為：

　　癸巳卜，祝貞：旬亡［囚］。

　　癸未卜，祝貞：旬［亡］囚。

　　癸巳卜，祝貞：旬亡［囚］。

　　癸卯卜，貞：旬亡囚。一月。中（在？）［用(?)］

　　癸丑卜，祝貞：旬亡囚。一月。中（在？）月。

　　癸亥卜，祝貞：旬亡囚。一月。才［在］廬。

　　癸巳卜，祝貞：旬亡囚。

---

① 第 866 則選自劉影《甲骨新綴一組（替換原第 172 組）》。劉文原載"中國社會科學院歷史研究所先秦史研究室網站"，http：//www.xianqin.org/blog/archives/4102.html，2014 年 06 月 19 日。綴合得到黃天樹師的悉心指導，謹致謝忱。

癸未卜，祝貞：旬亡囚。

[癸]□卜，[祝]貞：[旬亡囚]。

① 第 867 則

A：《契合集》170（《合》30440 + 《瑞》108）。

B：《合》30967（《佚》602、《上博》130、《上博》17645.11）。

A 為林宏明先生綴合，收入《契合集》第 170 組，劉影加綴 B 片。A、B 兩版斷痕密合，可以補足"王"、"又"二字。綴合後釋文如下：

乙酉卜：王其又（侑），㞢于河，王受又（有）又（祐）。大吉。
叙𩫖。
☐㞢于河三牢，王受又（有）[又（祐）]。

② 第 868 則

A：《拼合集》323（《合》14042 正 + 《合補》1008 + 385 正）。

B：《北珍》1717。

A 為李延彥女士綴合，見於《甲骨拼合集》第 323 則，B 為筆者加綴。A、B 綴合後齒縫相合，左側原邊線條流暢。綴合後補足一條完整的卜辭，如下：

庚子卜，㱿貞：婦妌娩，㚢。

③ 第 869 則

A：《北珍》1104。

---

① 第 867 則選自劉影《甲骨新綴第 173～175 組》第 173 組。劉文原載"中國社會科學院歷史研究所先秦史研究室網站"，http：//www.xianqin.org/blog/archives/3424.html，2013 年 12 月 05 日。綴合得到黃天樹師的悉心指導，謹致謝忱。

② 第 868 則選自劉影《甲骨新綴第 173～175 組》第 174 組。劉文原載"中國社會科學院歷史研究所先秦史研究室網站"，http：//www.xianqin.org/blog/archives/3424.html，2013 年 12 月 05 日。綴合得到黃天樹師的悉心指導，謹致謝忱。

③ 第 869 則選自劉影《甲骨新綴第 173～175 組》第 175 組。劉文原載"中國社會科學院歷史研究所先秦史研究室網站"，http：//www.xianqin.org/blog/archives/3424.html，2013 年 12 月 05 日。綴合得到黃天樹師的悉心指導，謹致謝忱。

B：《拼續》479（《合補》6367 正 + 《北珍》2187 正）。

《合補》6367 與《北珍》2187 為李愛輝女士綴合，收入《甲骨拼合續集》第 479 則，劉影加綴《北珍》1104。綴合後釋文如下：

　　☐亥卜，爭［貞］：☑幼。王☑其☑。一

① 第 870 則

A：《合》15760（《鐵》212.1、《珠》849）。

B：《合》24941（《鐵》266.2）。

A、B 兩片斷痕相合，可以補足"寅"、"南"二字，且綴合後補足一條完整的卜辭，如下：

　　丙寅卜，大貞：其㞢（侑）［彳］于丁三十牛，于南室酚。

② 第 871 則

A：《合》28114（《甲》1556）。

B：《合補》4439（《歷藏》3481）。

兩片斷痕相合，可以補足"王"、"叙"二字，綴合後釋文如下：

　　☐☐［卜］，狄［貞］：☑秋王［其］☑唐叙，☑受又（有）又（祐）。

③ 第 872 則

A：《合》4660（《前》4.54.3）。

B：《上博》2426.421（《摭續》333）。

---

① 第 870 則選自劉影《甲骨新綴第 176 組》。劉文原載"中國社會科學院歷史研究所先秦史研究室網站"，http：//www.xianqin.org/blog/archives/3656.html，2014 年 02 月 19 日。綴合得到黃天樹師的悉心指導，謹致謝忱。

② 第 871 則選自劉影《甲骨新綴一組（替換原第 177 組）》。劉文原載"中國社會科學院歷史研究所先秦史研究室網站"，http：//www.xianqin.org/blog/archives/4122.html，2014 年 07 月 02 日。綴合得到黃天樹師的悉心指點及李延彥師妹的幫助，謹致謝忱。

③ 第 872 則選自劉影《甲骨新綴第 178 組》。劉文原載"中國社會科學院歷史研究所先秦史研究室網站"，http：//www.xianqin.org/blog/archives/3865html，2014 年 04 月 09 日。綴合得到黃天樹師的悉心指導，謹致謝忱。

本組據同文卜辭《合集》22680、23692、23694、23695、23696、25892、《英》1997、1998等所綴。A、B兩版斷痕相合，右側原邊線條流暢。綴合後釋文如下：

  庚辰卜，旅貞：㱿［不］既［斞］，其求隹勹，其亦☐奏☐。

① **第 873 則**

 A：《合》28740（《北圖》2722）。
 B：《合補》9087（《歷藏》2165）。
 A、B兩片斷痕相合，可以補足一個"卜"二字，綴合後釋文如下：
  戊子卜，狄貞：王其田，卒犬（逐）亡戈（災）。
  ☐王［其］田☐。

② **第 874 則**

 A：《合》27237（《北圖》2471）。
 B：《合》23721（《北珍》448）。
 A、B兩片斷痕相合，綴合後辭例暢達。釋文如下：
  己［酉卜，王］曰［貞］：☐馬☐歔☐。
  己酉卜，王曰貞：叀余一人自取且（祖）乙歔，于之若。
  己酉［卜，王曰］貞：☐取且（祖）乙歔，于恙彔，余［其］田于徣。
  ［己酉卜］，王［曰貞］：☐母☐且（祖）乙☐。

---

① 第 873 則選自劉影《甲骨新綴一組》。劉文原載"中國社會科學院歷史研究所先秦史研究室網站"，http://www.xianqin.org/blog/archives/4136.html，2014 年 07 月 03 日。綴合得到黃天樹師的悉心指導，謹致謝忱。

② 第 874 則選自劉影《甲骨新綴第 180 組》。劉文原載"中國社會科學院歷史研究所先秦史研究室網站"，http://www.xianqin.org/blog/archives/4203.html，2014 年 07 月 10 日。綴合得到黃天樹師的悉心指導，謹致謝忱。

①第 875 則

A：《合》27456 正（《美》414 +《甲》2799）、《合》27456 反（《美》415）。

B：《合補》10222 正（《甲》2777）、《合補》10222 反（《甲》2778）。

A、B 兩片斷痕相合，可以補足兩個"瓚"字，綴合後釋文如下：

正面骨條刻辭：

　　壬子卜，何貞：翼（翌）癸丑其又（侑）匕（妣）癸饗。

　　癸子（巳）卜，何貞：翼（翌）甲午聂（登）于父甲饗。

　　丁未卜，何貞：卯（禦）于小乙奭匕（妣）庚其宰饗。

　　丁未卜，何貞：其叙史。

正面骨面刻辭：

　　癸酉卜，何貞：翼（翌）甲午聂（登）于父甲饗。

　　甲戌卜，凸（賈）。

　　甲辰卜，王貞：翼（翌）日其②𤞞。

　　丁未卜，何貞：聓(?)其宰。

　　丁未卜，何貞：㞢十(?)人(?)其止。

　　庚戌卜，何貞：翼（翌）辛亥其又（侑）毓匕（妣）辛。

　　庚戌卜，何貞：翼（翌）辛亥其又（侑）毓匕（妣）辛饗。

　　［庚］戌卜，何［貞］：其宰□饗。

　　貞：其即日。

　　貞：其示瓚。

　　貞：其即日魚。

　　貞：其示瓚。

　　戊寅卜，王貞：其叀(?)祝。

---

① 第 875 則選自劉影《甲骨新綴第 181 組》。劉文原載"中國社會科學院歷史研究所先秦史研究室網站"，http：//www.xianqin.org/blog/archives/4233.html，2014 年 08 月 10 日。綴合得到黃天樹師的悉心指導，謹致謝忱。

② "其"字倒刻。

戊寅卜，貞：其祝。

甲①子卜，何：其祝之祝。

己卯卜，㞢（賈）。

□□［卜］，㞢（賈）。

☒翼（翌）☒。

背面刻辭：

乙巳卜，㞢（賈）貞：翼（翌）乙丑。

［乙］巳［卜］，㞢（賈）貞：翼（翌）乙丑。

背面兩辭的行款均逆行刻寫。

②第 876 則

A：《旅藏》554。

B：《合》6706（《旅藏》565）。

C：《旅藏》996。

A、B、C 三版殘片均出自《旅藏》，甲骨文中常見"舌方其亦出"、"舌方不亦出"等語，《旅藏》554 中出現"舌"、"亦"等字，可知必與"舌方其亦出"、"舌方不亦出"等語相關。《旅藏》565 中尚有"亦"字殘畫，恰與《旅藏》554 中"亦"字殘畫相拼，故兩版可綴。翻檢《旅藏》一書的過程中，偶然發現《旅藏》996 中"子"與"貞"的殘畫可與《旅藏》554 相拼，故以上三版可拼合。綴合後釋文如下：

丙子卜，㕟貞：舌方其亦出。二月。四

③第 877 則

A：《合》7785（《旅藏》122）。

---

① "甲"作"｜"，漏刻橫畫。
② 第 876 則選自劉影《甲骨新綴第 182~183 組》第 182 組。劉文原載"中國社會科學院歷史研究所先秦史研究室網站"，http：//www.xianqin.org/blog/archives/4462.html，2014 年 10 月 20 日。綴合得到黃天樹師的悉心指導，謹致謝忱。
③ 第 877 則選自劉影《甲骨新綴第 182~183 組》第 183 組。劉文原載"中國社會科學院歷史研究所先秦史研究室網站"，http：//www.xianqin.org/blog/archives/4462.html，2014 年 10 月 20 日。綴合得到黃天樹師的悉心指導，謹致謝忱。

B：《旅藏》139。

甲骨文中有相當一批甲骨占卜"王入商"之事，可參見《合集》7774~7812。本組綴合與《英》716＋《合集》7799①、《合集》7786 關係密切，分別為一組成套卜辭的第二、第三和第五卜，且三者均為骨首卜辭。本組綴合之卜辭最全。釋文如下：

　　辛卯卜，㱿貞：今七月王入。二
　　癸巳卜，㱿貞：來乙巳王丂（勿）入于商。二
　　乙未卜，［㱿］貞：來乙［巳］王丂（勿）入［于］商。二
　　☒貞：☒于☒。二

②第 878 則

A：《旅藏》1065。

B：《合》8650（《旅藏》556）。

A、B 兩版均出自《旅藏》，兩版斷口相合，可補足一個"其"字。綴合後釋文如下：

　　貞：［我不］其受（授）方又（祐）。

③第 879 則

A：《旅藏》1067。

B：《旅藏》56。

A、B 兩版斷口相合，"弗"字可拼合，左右邊緣也很整齊。綴合後釋文如下：

　　貞：弗其肩［同（興）有疾］。

---

① 蔡哲茂：《甲骨綴合集》第 344 組，臺北：樂學書局，1999 年 9 月。
② 第 878 則選自劉影《甲骨新綴第 184~185 組》第 184 組。劉文原載"中國社會科學院歷史研究所先秦史研究室網站"，http：//www.xianqin.org/blog/archives/4474.html，2014 年 10 月 21 日。綴合得到黃天樹師的悉心指導，謹致謝忱。
③ 第 879 則選自劉影《甲骨新綴第 184~185 組》第 185 組。劉文原載"中國社會科學院歷史研究所先秦史研究室網站"，http：//www.xianqin.org/blog/archives/4474.html，2014 年 10 月 21 日。綴合得到黃天樹師的悉心指導，謹致謝忱。

①第 880 則

　　A:《合》4607（《旅藏》160）。

　　B:《合》40220（《旅藏》1182、《續存下》536）。

　　A、B 兩版斷痕相合，可補足"敗"、"視"二字。綴合後釋文如下：

　　　　貞：叀敗令視方。十二月。一

②第 881 則

　　A:《合》23525（《上博》17647.41、《戩》8.9、《續》5.24.11）。

　　B:《合》23579（《上博》17647.438、《歷拓》9790）。

　　C:《合》13561（《佚》843、《覺玄》142、《六清》102、《外》347）。

　　D:《英藏》2187。

　　A、B 為蔡哲茂先生綴合，收入《甲骨綴合集》第 251 組（《合》23525 + 23579），《合補》收錄為 7479 號。C、D 為方稚松先生綴合，收入《甲骨拼合集》第 91 組（《合》13561 +《英藏》2187）。筆者將兩組綴合再綴到一起。兩版綴合接縫處咬合整齊，骨條寬度一致。綴合後釋文由下而上依次為：

　　　　丁亥卜，侃☒。

　　　　［壬辰］卜，貞：檾司室。

　　　　癸巳。

　　　　丁酉。

　　　　貞：［不］隹［屮］示。

　　　　壬辰卜，大貞：翼（翌）己亥屮（侑）于三③兄。十二月。

---

① 第 880 則選自劉影《甲骨新綴第 186 組》。劉文原載"中國社會科學院歷史研究所先秦史研究室網站"，http://www.xianqin.org/blog/archives/4482.html，2014 年 10 月 22 日。綴合得到黃天樹師的悉心指導，謹致謝忱。

② 第 881 則選自劉影《甲骨新綴第 187~190 組》第 187 組。劉文原載"中國社會科學院歷史研究所先秦史研究室網站"，http://www.xianqin.org/blog/archives/4718.html，2014 年 12 月 04 日。綴合得到黃天樹師的悉心指導，謹致謝忱。

③ "三"字缺刻。

庚子卜。

① 第 882 則

　　A：《英藏》1976（《合》41005）。
　　B：《合》13560（《前》4.27.8、《歷拓》6497）。

本組據同文卜辭《合集》23525 +《合集》23579 +《合集》13561 +《英》2187 綴合。綴合後釋文如下：

　　丁［亥］。
　　壬辰卜，貞：樴司室。
　　癸巳。
　　丁酉。
　　貞：不隹㞢示。
　　壬辰卜，大貞：翼（翌）己亥㞢（侑）于三兄。十二月。
　　庚子。

② 第 883 則

　　A：《合》10068（《甲》3555）。
　　B：《合補》1989（《懷特》382）。
　　A、B 兩版齒縫相合，可以補足一個"燮"字。綴合後釋文如下：

　　乙卯卜，㱿貞：㞢及㞢方于窯。一
　　□辰卜，□貞：［㞢］年［于］燮□五牛。二月。
　　☑貞：翼（翌）☑丁用五十。

【編按：參看本書第 1010 則綴合圖版】

---

① 第 882 則選自劉影《甲骨新綴第 187～190 組》第 188 組。劉文原載"中國社會科學院歷史研究所先秦史研究室網站"，http://www.xianqin.org/blog/archives/4718.html，2014 年 12 月 04 日。綴合得到黃天樹師的悉心指導，謹致謝忱。

② 第 883 則選自劉影《甲骨新綴第 187～190 組》第 189 組。劉文原載"中國社會科學院歷史研究所先秦史研究室網站"，http://www.xianqin.org/blog/archives/4718.html，2014 年 12 月 04 日。綴合得到黃天樹師的悉心指導，謹致謝忱。

①**第 884 則**

A：《合》19047（《中歷藏》1269、《歷拓》1742）。

B：《合》4984（《虛》1284、《歷拓》8178）。

A、B 兩版斷痕相合，可以補足一個"酉"字，辭例暢通。釋文如下：
　　丁酉卜，爭貞：一人允条（遭②）☒。
　　☐寅卜，☐貞：☒屮☒不☒。

③**第 885 則**

A：《北珍》1739。

B：《合》1539（《南明》83、《歷拓》5132）。

A、B 兩版斷痕相合，可以補足一個"𢀛"字。綴合後釋文如下：
　　☒貞：昜（勿）敕（擇）敇𢀛乎（呼）歸若。
　　☒貞：翼（翌）乙未屮（侑）于且（祖）乙。
《英藏》593（《合》39968、《金》477）係同文卜辭，可以參看。

④**第 886 則**

A：《合補》7044（《天理》46）。

B：《合》5384（《上博》17647.452、《戩》38.2）。

A、B 兩版卜辭中，貞人名稍殘，但尚可辨認出殘畫為"出"字。兩版

---

① 第 884 則選自劉影《甲骨新綴第 187～190 組》第 190 組。劉文原載"中國社會科學院歷史研究所先秦史研究室網站"，http：//www.xianqin.org/blog/archives/4718.html，2014 年 12 月 04 日。綴合得到黃天樹師的悉心指導，謹致謝忱。

② "遭"字的考釋見陳劍：《釋造》，收入氏著《甲骨金文考釋論集》，第 127—176 頁，北京：綫裝書局，2007 年 4 月第 1 版。

③ 第 885 則選自劉影《甲骨新綴第 191 組》。劉文原載"中國社會科學院歷史研究所先秦史研究室網站"，http：//www.xianqin.org/blog/archives/4893.html，2014 年 12 月 25 日。綴合得到黃天樹師的悉心指導，謹致謝忱。

④ 第 886 則選自劉影《甲骨新綴第 192 組》。劉文原載"中國社會科學院歷史研究所先秦史研究室網站"，http：//www.xianqin.org/blog/archives/4896.html，2014 年 12 月 25 日。綴合得到黃天樹師的悉心指導，謹致謝忱。

均爲出組一類字體，辭例相關，形態亦吻合（《合補》7044 爲左後甲，《合集》5384 爲右後甲），當可遙綴。綴合後釋文如下：

　　　　□□［卜］，出［貞：翌］□卯王☒其☒☒□［母］辛。

　　　　□辰卜，□貞：不［其］又（有）以。

　　　　□□卜，出［貞：翌］□卯王其☒☒□告于母辛。用。

　　　　☒其☒又。

① 第 887 則

A：《合》32114（《南明》440、《歷拓》5472）。

B：《屯南》3673。

C：《屯南》3723。

釋文：

　　（1）［辛］亥貞：王［令☒］吕（以）子方奠于并。在父丁宗彝。

　　（2）癸丑貞：多賈其延又升歲于父丁，牢又一牛。

　　（3）其三牛。

　　（4）癸丑貞：王又歲于祖乙。

　　（5）于父丁又歲。

　　（6）甲寅貞：自祖乙至毓。

　　（7）丁巳小雨不延。

　　（8）戊午貞：叔多賈吕（以）鬯自上甲。

　　（9）甲子貞：又伐于上甲羌一，大乙羌一，大甲羌自。

　　（10）［丙］寅貞：王又升歲于祖乙，牢☒一牛。

說明：

A、B 爲蔡哲茂先生《甲骨綴合集》第 86 則所綴，C 版爲莫伯峰加綴。拼合之處邊緣密合，同文可參《屯南》4366。

---

① 第 887 則選自莫伯峰《甲骨拼合第一三四則》。莫文原載"中國社會科學院歷史研究所先秦史研究室網站"，http：//www.xianqin.org/blog/archives/2878.html，2012 年 12 月 31 日。綴合得到黃天樹師的悉心指導，謹致謝忱。

①第 888 則

　　A：《合》29223（《京》4419、《北圖》2710）。

　　B：《合》31252（《京》4469）。

　　釋文：

　　　　（1）王惠溪②［田，亡災］。

　　　　（2）惠宮田，亡災。

　　　　（3）惠斿田，亡災。

　　說明：

　　A、B 兩版斷邊密合，辭例通暢，且來源相同，故我們認為可以拼合。

③第 889 則

　　A：《合》29699（《續存上》1756、《頌拓》104）。

　　B：《合》30821（《南師》2.204、《外》41、《史購》230）。

　　釋文：

　　　　（1）庚［午］☒。

　　　　（2）惠丁丑酒，王受又（有）又（祐）。

　　　　（3）戠（待）日甲申酒，王受又（有）又（祐）。

　　　　（4）甲申亡大雨。

　　　　（5）［甲］申其［又］大［雨］。

　　說明：

　　兩版字體一致，邊緣密合，拼合後補全了第三條卜辭，故應正確。

---

① 第 888 則選自莫伯峰《甲骨拼合四則》第 135 則。莫文原載 "中國社會科學院歷史研究所先秦史研究室網站"，http：//www.xianqin.org/blog/archives/2935.html，2013 年 04 月 19 日。拼合得到黃天樹師的悉心指導，謹致謝忱。

② 溪字從王子楊兄意見，參首都師範大學 2012 屆博士學位論文《甲骨文字形類組差異現象研究》，第 281—282 頁，指導老師：黃天樹。【編按：參看王子楊：《甲骨文字形類組差異現象研究》，第 307—319 頁，上海：中西書局，2013 年 10 月第 1 版。】

③ 第 889 則選自莫伯峰《甲骨拼合四則》第 136 則。莫文原載 "中國社會科學院歷史研究所先秦史研究室網站"，http：//www.xianqin.org/blog/archives/2935.html，2013 年 04 月 19 日。綴合得到黃天樹師的悉心指導，謹致謝忱。

①第 890 則

    A：《合》29865（《粹》787、《善》7572）。
    B：《合》30081（《誠》81、《善》7777）。
    釋文：

        （1）甲☑。
        （2）王其遘雨。
        （3）万［其］奏，湄日不雨。
        （4）其雨。

說明：

兩版相拼合辭例通暢，可補全殘字"湄"，所連接之處斷痕也很密合，且來源相同，故我們認為可以拼合。兩版皆藏於北圖，希望能以實物進行驗證。

②第 891 則

    A：《合》29990（《安明》1828）。
    B：《合》30174（《歷拓》4244）。
    C：《合》30130（《安明》1876）。
    釋文：

        （1）不遘大雨。
        （2）其遘大雨。
        （3）于又邑景，又雨。吉。
        （4）惠戊焚，又雨。吉。
        （5）惠庚焚，又［雨］。

---

① 第 890 則選自莫伯峰《甲骨拼合四則》第 137 則。莫文原載"中國社會科學院歷史研究所先秦史研究室網站"，http：//www.xianqin.org/blog/archives/2935.html，2013 年 04 月 19 日。綴合得到黃天樹師的悉心指導，謹致謝忱。

② 第 891 則選自莫伯峰《甲骨拼合四則》第 138 則。莫文原載"中國社會科學院歷史研究所先秦史研究室網站"，http：//www.xianqin.org/blog/archives/2935.html，2013 年 04 月 19 日。綴合得到黃天樹師的悉心指導，謹致謝忱。

（6）其乍龍于凡田，又雨。吉

（7）亡雨。吉

說明：

A、B兩版邊緣密合辭例通暢，且有殘字"亡"可以拼合，所以拼合應該是正確的。B、C兩版相拼，字體一致邊緣非常密合，且C版與A版皆同一來源，故筆者覺得亦可做一試綴。C版上兩條卜辭，所占卜內容為"不遘大雨"和"其遘大雨"，與右側骨條祈雨類的"又雨"和"亡雨"有別，有可能不是為同一事情進行的占卜，如《合》28628也存在這種貞問是否會遇到雨和有無雨共版的情況。這種猜測是否正確還要依靠實物加以驗證。《合》29990、30130的圖版不太清晰，拼合圖版選用了《安明》中的清晰拓本。

①**第892則**

A：《合》30300（《南明》585、《歷拓》5317）。

B：《安明》2252。

釋文：

（1）甲申［卜］☒。

（2）于祖丁宗，王受又（有）又（祐）。

（3）惠三牢用，王受又（有）又（祐）。

（4）弜用三牢。

說明：

兩版相拼合辭例通暢，斷痕也較密合，故我們認為可以拼合。

---

① 第892則選自莫伯峰《甲骨拼合第一三九～一四二則》第139則。莫文原載"中國社會科學院歷史研究所先秦史研究室網站"，http://www.xianqin.org/blog/archives/2945.html，2013年04月24日。綴合得到黃天樹師的悉心指導，謹致謝忱。

①第 893 則

　　A：《合補》9541（《日天》122）。

　　B：《合》29165（《京人》2060）。

　　釋文：

　　　　（1）乙［酉］☒。

　　　　（2）惠宮田省，亡災。

　　　　（3）其冓大雨。

　　　　（4）其冓小雨。

　　　　（5）不冓小雨。

　　說明：

　　A、B 兩版邊緣密合辭例通暢，所以我們認為應可拼合。

②第 894 則

　　A：《合》28943（《粹》1022、《善》4423）。

　　B：《合》29140（《善》4690）。

　　釋文：

　　　　（1）［于喪］，亡災。

　　　　（2）于盂，亡災。

　　　　（3）于宮，亡災。引［吉］。

　　　　（4）乙王迺于向，亡災。

　　　　（5）于榆，亡災。

　　說明：

　　A、B 兩版相拼合辭例通暢，斷痕也較密合，且與《合》28950＋29025

---

① 第 893 則選自莫伯峰《甲骨拼合第一三九～一四二則》第 140 則。莫文原載 "中國社會科學院歷史研究所先秦史研究室網站"，http：//www.xianqin.org/blog/archives/2945.html，2013 年 04 月 24 日。綴合得到黃天樹師的悉心指導，謹致謝忱。

② 第 894 則選自莫伯峰《甲骨拼合第一三九～一四二則》第 141 則。莫文原載 "中國社會科學院歷史研究所先秦史研究室網站"，http：//www.xianqin.org/blog/archives/2945.html，2013 年 04 月 24 日。綴合得到黃天樹師的悉心指導，謹致謝忱。

(松丸道雄綴合,圖版可參《甲骨綴合彙編》第 303 則) 有相近的文例,故我們認為有可能綴合,兩版皆藏於北圖,希望能以實物參驗。

①第 895 則

　　A:《合補》9173 (《南大》1510)。
　　B:《合》33558 (《合》29169、《歷拓》11353、《京》4426)。
　　C:《日天》560。
　　釋文:
　　　　(1) 弜[省],其每。
　　　　(2) 惠宮田省,亡災。
　　　　(3) 惠盂田省,亡災。
　　說明:
　　A + B 為劉影先生拼合,見《甲骨拼合集》第 170 則,今加綴 C 版,B、C 兩版間有殘字"省"、"災"可以相拼,辭例通暢,邊緣也較密合,所以我們認為應可拼合。《合》29169 與《合》33558 為重片,拓本質量各有優長,故做了兩個圖版,以見拼合兩種面貌。

②第 896 則

　　A:《合》28786 (《善》6749)。
　　B:《合》27820 (《合補》9781、《續存上》2016、《歷藏》5918)。
　　釋文:
　　　　(1) 王其□牢又□災。
　　　　(2) 王其省牢又示延狩,亡災。吉
　　　　(3) 弜牢?□。

---

① 第 895 則選自莫伯峰《甲骨拼合第一三九～一四二則》第 142 則。莫文原載 "中國社會科學院歷史研究所先秦史研究室網站", http://www.xianqin.org/blog/archives/2945.html, 2013 年 04 月 24 日。綴合得到黃天樹師的悉心指導,謹致謝忱。

② 第 896 則選自莫伯峰《甲骨拼合第一四三、一四四則》第 143 則。莫文原載 "中國社會科學院歷史研究所先秦史研究室網站", http://www.xianqin.org/blog/archives/2952.html, 2013 年 04 月 26 日。綴合得到黃天樹師的悉心指導,謹致謝忱。

說明：

有殘字"牢"、"亡"可以拼合，"亡"字不太清晰，但筆畫在兩版上皆可見。

① **第 897 則**

　　A：《合》29856（《甲》2474）。
　　B：《合》29382（《甲》2608）。
　　釋文：

　　　　（1）惠戊田☒。
　　　　（2）弜往田，不擒。
　　　　（3）既禱，王其田，侃。
　　　　（4）丙子卜：今不雨。茲用。
　　　　（5）其雨。
　　　　（6）☒至于二羈，于之若。

　　說明：
　　A、B兩版皆藏於史語所，希望能以實物驗證。

② **第 898 則**

　　A：《合》29605。
　　B：《合》31214。
　　釋文：

　　　　（1）牢，王受又。
　　　　（2）二牢，王受又。
　　　　（3）☒王受又。

---

① 第 897 則選自莫伯峰《甲骨拼合第一四三、一四四則》第 144 則。莫文原載"中國社會科學院歷史研究所先秦史研究室網站"，http：//www.xianqin.org/blog/archives/2952.html，2013 年 04 月 26 日。綴合得到黃天樹師的悉心指導，謹致謝忱。

② 第 898 則選自莫伯峰《甲骨拼合第一四五則》。莫文原載"中國社會科學院歷史研究所先秦史研究室網站"，http：//www.xianqin.org/blog/archives/2953.html，2013 年 04 月 28 日。綴合得到黃天樹師的悉心指導，謹致謝忱。

①第 899 則

　　A：《合》28176（《京》4893、善 20595）

　　B：《合》28185（《合》24421、《粹》1567、善 4514、殷禮 2）。

　　釋文：

　　　　（1）于俞（倒書）。
　　　　（2）于俞。
　　　　（3）于俞。

②第 900 則

　　A：《合》23867。

　　B：《旅藏》1380。

　　釋文：

　　　　（1）乙亥卜：王。
　　　　（2）乙亥卜：王。
　　　　（3）乙亥卜：王。
　　　　（4）乙亥卜：王。

③第 901 則

　　A：《旅藏》僞 5。

　　B：《旅藏》僞 6。

---

① 第 899 則選自劉影、莫伯峰《甲骨新綴一則》。此文原載"中國社會科學院歷史研究所先秦史研究室網站"，http：//www.xianqin.org/blog/archives/2954.html，2013 年 05 月 02 日。綴合得到黃天樹師的悉心指導，謹致謝忱。

② 第 900 則爲"夜未央"（莫伯峰網名）所綴。源自林宏明《甲骨新綴第 531～532 例》一文的評論裏。林文原載"中國社會科學院歷史研究所先秦史研究室網站"，http：//www.xianqin.org/blog/archives/4772.html，2014 年 10 月 19 日。

③ 第 901 則爲"夜未央"（莫伯峰網名）所綴。源自林宏明《甲骨新綴第 531～532 例》一文的評論裏。林文原載"中國社會科學院歷史研究所先秦史研究室網站"，http：//www.xianqin.org/blog/archives/4772.html，2014 年 10 月 19 日。

釋文：

A、B 爲僞刻，無釋文。

①第 902 則

A：《旅藏》1566。
B：《旅藏》1843。
釋文：

　　于宗，王受又。

②第 903 則

A：《旅藏》1377。
B：《合補》8364。
釋文：

　　（1）辛未［卜］：王。
　　（2）辛未卜：王。
　　（3）辛未卜：王。

③第 904 則

A：《旅藏》1619。
B：《合》26653。
釋文：

　　（1）癸卯卜，祝貞：旬亡囚。

---

①　第 902 則爲"夜未央"（莫伯峰網名）所綴。源自林宏明《甲骨新綴第 531～532 例》一文的評論裏。林文原載"中國社會科學院歷史研究所先秦史研究室網站"，http：//www.xianqin.org/blog/archives/4772.html，2014 年 10 月 19 日。
②　第 903 則爲"夜未央"（莫伯峰網名）所綴。源自林宏明《甲骨新綴第 531～532 例》一文的評論裏。林文原載"中國社會科學院歷史研究所先秦史研究室網站"，http：//www.xianqin.org/blog/archives/4772.html，2014 年 10 月 19 日。
③　第 904 則爲"夜未央"（莫伯峰網名）所綴。源自林宏明《甲骨新綴第 531～532 例》一文的評論裏。林文原載"中國社會科學院歷史研究所先秦史研究室網站"，http：//www.xianqin.org/blog/archives/4772.html，2014 年 10 月 19 日。

(2) 癸未卜，祝貞：旬亡囧。

(3) 癸巳卜，祝貞：旬亡囧。

(4) ［癸卯卜，祝貞：］旬［亡囧。囗］月。

①第 905 則

A：《合》35826。

B：《旅藏》1927。

釋文：

丙子囗武丁囗牢。一

丙申卜，貞：武丁祊其牢。兹用。

説明：

此爲祊祭卜辭，三行卜辭均可銜接，並且"其"字斷口相連，故以爲可綴。

②第 906 則

A：《旅藏》596。

B：《旅藏》618。

釋文：

貞：今夕雨。

貞：不雨。

③第 907 則

A：《合》8825（《安明》208）。

B：《合》17988（《安明》115）。

---

① 第 905 則選自門藝《黄組新綴第 115 組》。門文原載"中國社會科學院歷史研究所先秦史研究室網站"，http：//www.xianqin.org/blog/archives/477.html，2014 年 10 月 21 日。

② 第 906 則未正式發表。

③ 第 907 則選自何會《龜腹甲新綴第五十八則》。何文原載"中國社會科學院歷史研究所先秦史研究室網站"，http：//www.xianqin.org/blog/archives/3004.html，2013 年 06 月 26 日。綴合得到黄天樹師的悉心指導和幫助，在此深表感謝。

釋文：

　　貞：乎取疋任于荍。

　　☐☐午易〔日〕☐。

①第 908 則

A：《合》1363（歷拓 4286）。

B：《合》6576（歷拓 4274）。

釋文：

　　丙戌卜，殼貞：我乍（作）基方山二成，弗其鼎𢦏（翦）。

　　☐𦎫（敦）☐王☐方。

黃天樹說：

　　"我作基方山二成（城）"，即"我作基方山二于城"，"山二"即"二山"，意謂在基方城外築土山二座。……"弗其鼎翦"意謂我在基方城外築土山二座，當會（或將會）"殘其城郭"吧。如果我們的解釋不錯的話，則"堆土爲山曰堙"的攻城手段可以上溯到商代。（黃天樹：《甲骨卜辭中關於商代城邑的史料》，收入李宗焜主編《古文字與古代史》第四輯，臺北：中央研究院歷史語言研究所，2015 年 2 月第 1 版，第 172—173 頁）。

②第 909 則

A：《合》11348（歷拓 7942、《山東》1418）。

B：《合》22567（《京》3263、善 1371）。

釋文：

　　☐☐〔卜〕，王〔貞：翌辛〕未其又升伐于祖辛，羌三人，卯牢。

---

① 第 908 則選自何會《龜腹甲新綴第五十九則》。何文原載"中國社會科學院歷史研究所先秦史研究室網站"，http://www.xianqin.org/blog/archives/3029.html，2013 年 06 月 29 日。綴合得到黃天樹師的悉心指導和幫助，在此深表感謝。

② 第 909 則選自何會《龜腹甲新綴第六十則》。何文原載"中國社會科學院歷史研究所先秦史研究室網站"，http://www.xianqin.org/blog/archives/3072.html，2013 年 07 月 12 日。綴合得到黃天樹師的悉心指導和幫助，在此深表感謝。

十一月。

①第 910 則

A：《合》12225（善 28237）。

B：《合》12283 反（善 11642 反）。

釋文：

今夕不雨。

今夕不㚔雨。

今夕丙其雨。

☒日☒。

②第 911 則

A：《合》1590（《續》1.14.3、歷拓 5496）。

B：《合》19152 正（北圖 2159 正、文捃 1062 正）。

釋文：

☒。九月。

☒惠祖☒取［褅］。九月。

丁卯卜，貞：翦。一

貞：勿乎視。一

［貞］☒。九月。

貞：勿視溫。九月。一

辛酉卜，貞：惠祖乙取［褅］。一

貞：勿取彡褅。九月。一

---

① 第 910 則選自何會《甲骨新綴第六十一則》。何文原載"中國社會科學院歷史研究所先秦史研究室網站"，http：//www.xianqin.org/blog/archives/4241.html，2014 年 08 月 10 日。綴合得到黃天樹師的悉心指導及李愛輝、李延彥師妹的幫助，在此深表感謝。

② 第 911 則編《甲骨拼合集》時漏收，今補錄。此則選自何會《賓組龜腹甲新綴四則》第 2 則。何文原載"中國社會科學院歷史研究所先秦史研究室網站"，http：//www.xianqin.org/blog/archives/1802.html，2009 年 11 月 23 日。後刊於《故宮博物院院刊》2011 年 1 期第 36 頁。綴合得到黃天樹師的悉心指導，謹致謝忱。

①第 912 則

    A：《合》11867（《京人》167）。

    B：《合》12752（《歷》519、《歷拓》12156）。

    釋文：

        ☐允雨。

        貞：叀雨。二

        貞：其雨。二

②第 913 則

    A：《合》2729（《中歷藏》364、《文捃》10）。

    B：《合》6584（《歷拓》8109）。

    釋文：

        丁卯［卜］，☐貞：［令沚䟎歸］。

        貞：勿［令沚䟎歸］。二

        甲辰［卜］，☐［貞］：叀帚妌☐伐龍，𢦏（翦）。一

        貞：勿☐［帚］妌☐乎☐。一

③第 914 則

    A：《屯南》3229（M13：389）。

    B：《屯南補遺》131（M13：760）。

    釋文：

---

① 第 912 則選自李愛輝《甲骨拼合第 167 則（替換原〈甲骨拼合第 167 則〉）》。李文原載"中國社會科學院歷史研究所先秦史研究室網站"，http：//www.xianqin.org/blog/archives/3848.html，2014 年 03 月 20 日。綴合得到黃天樹師的悉心指導，謹致謝忱。

② 第 913 則選自李愛輝《甲骨拼合第 191 則（替換原第 191 則）》。李文原載"中國社會科學院歷史研究所先秦史研究室網站"，http：//www.xianqin.org/blog/archives/3523.html，2013 年 12 月 22 日。綴合得到黃天樹師的悉心指導，謹致謝忱。

③ 第 914 則選自李愛輝《甲骨拼合第 207 則》。李文原載"中國社會科學院歷史研究所先秦史研究室網站"，http：//www.xianqin.org/blog/archives/2864.html，2012 年 12 月 11 日。綴合得到黃天樹師的悉心指導，謹致謝忱。

☐祖☐叀翌日☐。

①第 915 則

A：《上博》49003.117。

B：《上博》49003.179。

釋文：

☐☐卜☐。

☐弗（?）☐。

丁卯［卜］，☐貞：☐得☐。

②第 916 則

A：《合》31100（《南明》708、歷拓 5415）。

B：《合》31106（歷拓 10959）。

釋文：

癸☐。

弜卯。

其卯牛。

二牛。大吉

③第 917 則

A：《合》29289（善 6666）。

B：《合》29370（歷拓 4215）。

---

① 第 915 則選自李愛輝《甲骨拼合第 208 則》。李文原載"中國社會科學院歷史研究所先秦史研究室網站"，http：//www.xianqin.org/blog/archives/2877.html，2012 年 12 月 31 日。綴合得到黃天樹師的悉心指導，謹致謝忱。

② 第 916 則選自李愛輝《甲骨拼合第 209 則》。李文原載"中國社會科學院歷史研究所先秦史研究室網站"，http：//www.xianqin.org/blog/archives/2881.html，2013 年 01 月 07 日。綴合得到黃天樹師的悉心指導，謹致謝忱。

③ 第 917 則選自李愛輝《甲骨拼合第 210～211 則》第 210 則。李文原載"中國社會科學院歷史研究所先秦史研究室網站"，http：//www.xianqin.org/blog/archives/2885.html，2013 年 01 月 10 日。綴合得到黃天樹師的悉心指導，謹致謝忱。

釋文：

　　其☐。

　　戊王其田澅，往東林，擒。

　　☐其北林，擒☐。

①**第 918 則**

A：【《合》37950（《虛》66、南博拓1019）+《合補》12355（歷藏9248）+《合補》12699（《續存》上2457）】。②

B：《合補》13034（歷藏20645）。

釋文：

　　癸卯卜，貞：王旬亡憂。在九月。一

　　癸亥卜，貞：王旬亡憂。在十月。一

　　［癸］☐卜，［貞］：王旬［亡］憂。在☐月。［一］

　　［癸］未卜，貞：［王旬］亡憂。［在］☐月。［一］

③**第 919 則**

A：《合》26956（《寧》1.231、歷拓3566）。

B：《合》27093（《粹》139、善571）。

釋文：

　　癸卯卜：其又大乙，叀三牢。

　　叀䩼，王受又。

　　又毀羌，王受又。

---

① 第918則選自李愛輝《甲骨拼合第210～211則》第211則。李文原載"中國社會科學院歷史研究所先秦史研究室網站"，http：//www.xianqin.org/blog/archives/2885.html，2013年01月10日。綴合得到黃天樹師的悉心指導，謹致謝忱。

② 門藝：《黃組新綴兩組》第一組，門文原載"中國社會科學院歷史研究所先秦史研究室網站"，http：//www.xianqin.org/blog/archives/1816.html，2009年11月27日；後收入蔡哲茂主編《甲骨綴合彙編》第705組，台北：花木蘭文化出版社，2011年3月初版。

③ 第919則選自李愛輝《甲骨拼合第212則》。李文原載"中國社會科學院歷史研究所先秦史研究室網站"，http：//www.xianqin.org/blog/archives/2897.html，2013年01月28日。綴合得到黃天樹師的悉心指導，謹致謝忱。

在茲。

即于庒中〇。吉。

① **第 920 則**

　　A：《屯南》3950。

　　B：《屯南補遺》237。

　　釋文：

　　　　☐既（？）☐

② **第 921 則**

　　A：《合》37543（《沐》291、《掇二》427）。

　　B：《合補》11298。

　　釋文：

　　　　丙辰卜。三

　　　　乙巳卜，在〇（？）貞：王田〇麓，卒逐亡災。

③ **第 922 則**

　　A：《屯南》4062。

　　B：《屯南》4297。

　　釋文：

　　　　☐圂☐羌☐用。

　　　　☐☐☐。

---

① 第 920 則選自李愛輝《甲骨拼合第 213 則》。李文原載"中國社會科學院歷史研究所先秦史研究室網站"，http：//www.xianqin.org/blog/archives/2912.html，2013 年 03 月 03 日。綴合得到黃天樹師的悉心指導，謹致謝忱。

② 第 921 則選自李愛輝《甲骨拼合第 214 則》。李文原載"中國社會科學院歷史研究所先秦史研究室網站"，http：//www.xianqin.org/blog/archives/2917.html，2013 年 03 月 24 日。綴合得到黃天樹師的悉心指導，謹致謝忱。

③ 第 922 則選自李愛輝《甲骨拼合第 215 則》。李文原載"中國社會科學院歷史研究所先秦史研究室網站"，http：//www.xianqin.org/blog/archives/2918.html，2013 年 03 月 28 日。綴合得到黃天樹師的悉心指導，謹致謝忱。

①第 923 則

　　A：《合》36127（《珠》392）。

　　B：《合補》13157（《懷特》1708）。

　　C：《合補》13134。

　　A、B 爲李愛輝所綴，收入《甲骨拼合三集》第 709 則。李愛輝又加綴 C 片。綴合後釋文如下：

　　　　甲子☒乙丑☒于☒丁☒茲［用］。

　　　　☒亥卜☒。

　　　　丁巳☒丁巳☒丁☒。

　　　　壬辰☒侯衣☒王𣴎☒朕𦣻☒☒自，王其祝文武帝至帝乙，叀今日壬辰正，王受又（有）又（祐）。

　　　　☒酉［卜，貞］：武丁☒受☒。

　　　　☒☒［卜］，貞：☒史☒奭☒［受］又（有）又（祐）。

②第 924 則

　　A：《合集》20125（《善》20569）。

　　B：《合集》21540（《粹》182、《善》2102）。

　　釋文：

　　　　庚子卜，夨：屮大甲女妣辛。二

　　　　丁［未］☒。

　　　　☒辰☒。一

---

① 第 923 則選自李愛輝《甲骨拼合第 216 則》。李文原載"中國社會科學院歷史研究所先秦史研究室網站"，http：//www.xianqin.org/blog/archives/2922.html，2013 年 04 月 03 日。綴合得到黃天樹師的悉心指導，謹致謝忱。

② 第 924 則選自李愛輝《甲骨拼合第 217 則》。李文原載"中國社會科學院歷史研究所先秦史研究室網站"，http：//www.xianqin.org/blog/archives/2923.html，2013 年 04 月 07 日。綴合得到黃天樹師的悉心指導，謹致謝忱。

①第 925 則

　　A:《合集》21059 (《虛》2001、《南博拓》416)。

　　B:《合集》21133 (《旅博》688)。

　　釋文:

　　　　戊□〔卜〕,王貞:子辟肩興屮〔疾〕。

　　　　☒不☒屮☒。

②第 926 則

　　A:《合》19789 (《中歷藏》1312、《歷拓》1621)。

　　B:《合》20064 (《後下》12.2)。

　　釋文:

　　　　□寅卜,王:□逆入□史。五月。

　　　　□未卜,王:□响取□侯☒。

　　　　丙寅卜,王:亡其以光印(抑)□。

　　　　丙寅卜,貞:王茲(?)值☒余☒。

③第 927 則

　　A:《村中南》316。

　　B:《村中南》353。

　　釋文:

　　　　壬戌卜,大:令🧍□子☒。二

---

① 第 925 則選自李愛輝《甲骨拼合第 218 則》。李文原載"中國社會科學院歷史研究所先秦史研究室網站",http://www.xianqin.org/blog/archives/2924.html,2013 年 04 月 08 日。綴合得到黃天樹師的悉心指導,謹致謝忱。

② 第 926 則選自李愛輝《甲骨拼合第 219 則》。李文原載"中國社會科學院歷史研究所先秦史研究室網站",http://www.xianqin.org/blog/archives/2927.html,2013 年 04 月 10 日。綴合得到黃天樹師的悉心指導,謹致謝忱。

③ 第 927 則選自李愛輝《甲骨拼合第 220 則》。李文原載"中國社會科學院歷史研究所先秦史研究室網站",http://www.xianqin.org/blog/archives/2936.html,2013 年 04 月 20 日。綴合得到黃天樹師的悉心指導,謹致謝忱。

己未卜，󰀀：㞢子己豕。一 二
甲子卜，󰀀：夕酒魯（陽）甲牢。一
󰀀卜，囗卜：囗［用］囗。一 三

①第 928 則

A：《合》20012（《善》19380）。
B：《合》20664（《善》28209）。
C：《合補》6736（《歷藏》23875）。

釋文：

壬午卜：㞢兄丁。一
庚辰卜：酉（酒）大乙十牛。
庚囗酒囗。

②第 929 則

A：《合》20160（《拾》14.15、《上博》21691.29）。
B：《合》21357（《續存上》1285、《佚》816、《歷拓》8805）。

釋文：

己未［卜］，徣：弜󰀀󰀀。九［月］。
己未卜，徣：弜从斗囗。一 二

③第 930 則

A：《合》22299（《京人》389）。

---

① 第 928 則選自李愛輝《甲骨拼合第 221 則》。李文原載"中國社會科學院歷史研究所先秦史研究室網站"，http：//www.xianqin.org/blog/archives/2951.html，2013 年 04 月 26 日。綴合得到黃天樹師的悉心指導，謹致謝忱。
② 第 929 則選自李愛輝《甲骨拼合第 222 則》。李文原載"中國社會科學院歷史研究所先秦史研究室網站"，http：//www.xianqin.org/blog/archives/2957.html，2013 年 05 月 05 日。綴合得到黃天樹師的悉心指導，謹致謝忱。
③ 第 930 則選自李愛輝《甲骨拼合第 223 則》。李文原載"中國社會科學院歷史研究所先秦史研究室網站"，http：//www.xianqin.org/blog/archives/2962.html，2013 年 05 月 13 日。綴合得到黃天樹師的悉心指導，謹致謝忱。

B：《合》22473（《佚》223）。

C：《京人》3144。

釋文：

甲子卜：令□㠯（以）☒田繼（䜋）。五。

壬午卜：令般比侯告。五。

【編按：A、B 爲李愛輝所綴。武汶（蔣玉斌的網名）在李文的評論裏指出："右前甲部位可再加《京人》3144。"其説可從，今採納其綴合，附記於此。】

① 第 931 則

A：《合》14365（《合補》6616、《懷》473、《柏俗》7）。

B：《合》19363（《山東》762）。

釋文：

□令□。

□合令□☒□示。

己□王□勿□。一

□☒□。

□示□。一

乙未［卜］□至于□兔□于□。一

② 第 932 則

A：《合》20274（《上博》17645.498、《佚》693、《續存上》526）。

B：《合》20655（《上博》17465.812、《掇一》300）。

---

① 第 931 則選自李愛輝《甲骨拼合第 224、225 則》第 244 則。李文原載 "中國社會科學院歷史研究所先秦史研究室網站"，http：//www.xianqin.org/blog/archives/2967.html，2013 年 05 月 22 日。綴合得到黃天樹師的悉心指導，謹致謝忱。

② 第 932 則選自李愛輝《甲骨拼合第 224、225 則》第 225 則。李文原載 "中國社會科學院歷史研究所先秦史研究室網站"，http：//www.xianqin.org/blog/archives/2967.html，2013 年 05 月 22 日。綴合得到黃天樹師的悉心指導，謹致謝忱。

C：《掇三》763。

釋文：

丙寅卜，𠂤：隹東土其受年。允受年。一

丙寅卜，王：隹㐱正商人，允魯。一

【編按：李愛輝博士在《甲骨拼合第 224、225 則》中的第 225 則裏將 A《合》20274（《上博》17645.498）和 B《合》20655（《上博》17645.812）相綴。葛亮先生調取上海博物館甲骨實物核對之後，認爲 A 和 B 不能直接綴合。其後，李愛輝博士在 A 和 B 兩片之間插入 C 片《掇三》763，這一改綴應該是可信的。其改綴成果參看李愛輝《〈甲骨拼合第 225 則〉補正》（中國社會科學院歷史研究所先秦史研究室網站 2013 年 6 月 26 日）。】

①第 933 則

A：《合》20191（《善》4957、《粹》916）。
B：《合》21229（《鐵》38.3）。

釋文：

辛未卜，王貞：隹匚其受今來戎又（祐）。
癸酉卜，𠂤：叀麀即，令鼓其取宋㞢。二旬癸卯遘☒。
辛☒入☒午☒卜邑☒田☒彝（？）☒。
辛☒。

②第 934 則

A：《合》5431（《上博》21691.212、《歷拓》11533）。
B：《合》21369（《善》4042、《京》1694）。

---

① 第 933 則選自李愛輝《甲骨拼合第 226 則》。李文原載"中國社會科學院歷史研究所先秦史研究室網站"，http：//www.xianqin.org/blog/archives/2971.html，2013 年 05 月 29 日。綴合得到黃天樹師的悉心指導，謹致謝忱。

② 第 934 則選自李愛輝《甲骨拼合第 227、228 則》第 277 則。李文原載"中國社會科學院歷史研究所先秦史研究室網站"，http：//www.xianqin.org/blog/archives/2974.html，2013 年 06 月 01 日。綴合得到黃天樹師的悉心指導，謹致謝忱。

釋文：
　　乙亥卜，王：南告出（？）王，山來兄（祝）：白紲丗（殞），不帚（歸）。一

①第 935 則

A：《合》7022（《摭》85、《善》22636，《南坊》2.21，《京》2966）。
B：《合》20312（《史購》8、《外》420）。
釋文：
　　壬戌卜，王：令弜取鹵。二月。
　　甲子[卜]，王：余☐令☐。

②第 936 則

A：《合》19965（《續存下》593、《歷拓》11390）。
B：《合》21071（《佚》586）。
釋文：
　　乙亥卜，自貞：王曰："㞢孕，妨。"大曰："妨。隹其疾。"一月。一
　　☐☐[卜]，大[貞]：☐母庚用。
　　☐。三

③第 937 則

A：《合》20195（《佚》598）。

---

① 第935則選自李愛輝《甲骨拼合第227、228則》第228則。李文原載"中國社會科學院歷史研究所先秦史研究室網站"，http://www.xianqin.org/blog/archives/2974.html，2013年06月01日。綴合得到黃天樹師的悉心指導，謹致謝忱。
② 第936則選自李愛輝《甲骨拼合第229、230則》第229則。李文原載"中國社會科學院歷史研究所先秦史研究室網站"，http://www.xianqin.org/blog/archives/2984.html，2013年06月26日。綴合得到黃天樹師的悉心指導，謹致謝忱。
③ 第937則選自李愛輝《甲骨拼合第229、230則》第230則。李文原載"中國社會科學院歷史研究所先秦史研究室網站"，http://www.xianqin.org/blog/archives/2984.html，2013年06月26日。綴合得到黃天樹師的悉心指導，謹致謝忱。

B:《掇三》761。

釋文：

☐丑［卜］，☐匚☐出。

丙辰卜，徣：乎（呼）卬（禦）方于㫗。三月。

①**第 938 則**

A:《合》20242（《京人》3138）。
B:《合》20601（《善》18754）。

釋文：

☐㞢生。

庚寅，王令[㕻]。二

丁亥☐。

②**第 939 則**

A:《合》20408（《續存下》304＋329、《鐵零》56＋82、《歷》11465）。
B:《合》20420（《續存上》524）。

釋文：

丁卯卜，自貞：方其圍今日。不。

壬申卜，自貞：方其圍今日。

癸酉卜，自貞：方其圍今日夕。

---

① 第 938 則選自李愛輝《甲骨拼合第 231 則》。李文原載"中國社會科學院歷史研究所先秦史研究室網站"，http：//www.xianqin.org/blog/archives/3048.html，2013 年 07 月 07 日。綴合得到黃天樹師的悉心指導，謹致謝忱。

② 第 939 則選自李愛輝《甲骨拼合第 232、233 則》第 232 則。李文原載"中國社會科學院歷史研究所先秦史研究室網站"，http：//www.xianqin.org/blog/archives/3064.html，2013 年 07 月 10 日。綴合得到黃天樹師的悉心指導，謹致謝忱。

①第 940 則

　　A：《合》20704（《善》2412、《京》3082）。
　　B：《合》21218（《善》2824）。
　　釋文：
　　　　辛巳卜：酒大乙十牛。二
　　　　☐子☐牢。

②第 941 則

　　A：《上博》21691.230（《合補》2479）。
　　B：《上博》21691.193（《合補》6072）。
　　釋文：
　　　　庚寅卜，王貞：不其見印（抑），見執。

③第 942 則

　　A：《上博》2426.1168。
　　B：《上博》21569.203。
　　釋文：
　　　　癸巳卜，㱿貞：今六月我又（有）史（事）。一

---

① 第 940 則選自李愛輝《甲骨拼合第 232、233 則》第 233 則。李文原載"中國社會科學院歷史研究所先秦史研究室網站"，http：//www.xianqin.org/blog/archives/3064.html，2013 年 07 月 10 日。綴合得到黃天樹師的悉心指導，謹致謝忱。

② 第 941 則選自李愛輝《甲骨拼合第 234 則》。李文原載"中國社會科學院歷史研究所先秦史研究室網站"，http：//www.xianqin.org/blog/archives/3082.html，2013 年 07 月 17 日。綴合得到黃天樹師的悉心指導，謹致謝忱。

③ 第 942 則選自李愛輝《甲骨拼合第 235 則》。李文原載"中國社會科學院歷史研究所先秦史研究室網站"，http：//www.xianqin.org/blog/archives/3135.html，2013 年 08 月 01 日。綴合得到黃天樹師的悉心指導，謹致謝忱。

①第 943 則

　　A：《合》18511（《續存上》352）。
　　B：《合》20639（《掇一》256、《續存上》1437、《上博》17645.299）。
　　釋文：

　　　　己卯卜，𠂤：叀沚以羌。十月。一
　　　　己卯卜，𠂤貞：勿叀沚以羌。

②第 944 則

　　A：《合》19867（《歷拓》4322）。
　　B：《合》20318（《佚》954）。
　　釋文：

　　　　□子卜，貞：勿□用□匕（妣）辛□。用。
　　　　丙申卜，王：㞢且（祖）丁窜。一
　　　　丙申卜，〔王〕貞：余□匕亢。
　　　　癸□〔卜〕□王□甲□于□。
　　　　壬□〔卜〕，𠂤〔貞〕：□〔令〕□。

③第 945 則

　　A：《合》2448（《京》1669、《善》661）。
　　B：《合》19866（《京》717、《善》1680）。
　　釋文：

---

①　第 943 則選自李愛輝《甲骨拼合第 236 則》。李文原載"中國社會科學院歷史研究所先秦史研究室網站"，http：//www.xianqin.org/blog/archives/3225.html，2013 年 08 月 19 日。綴合得到黃天樹師的悉心指導，謹致謝忱。
②　第 944 則選自李愛輝《甲骨拼合第 237 則》。李文原載"中國社會科學院歷史研究所先秦史研究室網站"，http：//www.xianqin.org/blog/archives/3248.html，2013 年 09 月 09 日。綴合得到黃天樹師的悉心指導，謹致謝忱。
③　第 945 則選自李愛輝《甲骨拼合第 238 則》。李文原載"中國社會科學院歷史研究所先秦史研究室網站"，http：//www.xianqin.org/blog/archives/3295.html，2013 年 09 月 24 日。綴合得到黃天樹師的悉心指導，謹致謝忱。

□寅卜，王：[子]汏虫升歲且（祖）丁。一
丁酉卜，王：虫亞匕（妣）己。一
丁酉卜，王：虫于女匕（妣）己。一
丁酉☒叀☒學☒。

① **第 946 則**

A：《屯南》3192。
B：《屯南》3233。
釋文：
　　甲申，貞：其告河（?）罘令（?）☒。
　　□□，貞：于河☒。

② **第 947 則**

A：《合》2470 正（《京》795 正、《善》25326 正）。
B：《合》4381（《北大》2085、《契》710）。
釋文：
　　□子卜，爭[貞]：☒旇☒災。
　　貞：礿（禦）☒匕（妣）庚☒酉☒。一

③ **第 948 則**

A：《合》9584（《前》5.42.6、《歷拓》6576）。

---

① 第 946 則選自李愛輝《甲骨拼合第 239 則》。李文原載"中國社會科學院歷史研究所先秦史研究室網站"，http：//www.xianqin.org/blog/archives/3313.html，2013 年 10 月 17 日。綴合得到黃天樹師的悉心指導和林宏明先生的幫助，謹致謝忱。

② 第 947 則選自李愛輝《甲骨拼合第 240、241 則》第 240 則。第 241 則（《合》17134 + 17355）綴合有疑問，暫不收錄。李文原載"中國社會科學院歷史研究所先秦史研究室網站"，http：//www.xianqin.org/blog/archives/3324.html，2013 年 10 月 28 日。綴合得到黃天樹師的悉心指導和趙鵬師姐的幫助，謹致謝忱。

③ 第 948 則選自李愛輝《甲骨拼合第 242 則》。李文原載"中國社會科學院歷史研究所先秦史研究室網站"，http：//www.xianqin.org/blog/archives/3336.html，2013 年 11 月 06 日。綴合得到黃天樹師的悉心指導，謹致謝忱。

B：《合》18837（《歷拓》10927）。

釋文：

　　　　☐賓☐骨☐不☐㞢☐。

　　　　☐☐卜，賓貞：☐獲☐令☐射☐。

　　　　壬☐［卜］，古［貞］：令☐㞢☐𠚤。二

① **第 949 則**

A：《上博》21691.184 正。

B：《上博》21569.157。

釋文：

　　　　☐戠☐亡☐［王］占［曰］☐。一

② **第 950 則**

A：《合》11451（《拾》12.16、《上博》21691.179）。

B：《上博》21569.100（《合》13190）。

釋文：

　　　　☐日☐亥𡉚☐允☐

　　　　☐☐卜：卯☐其易日。

③ **第 951 則**

A：《合》296（《續存下》195、《歷拓》3071）。

B：《合》10048（《甲零》31）。

---

①　第 949 則選自李愛輝《甲骨拼合第 243 則》。李文原載 "中國社會科學院歷史研究所先秦史研究室網站"，http：//www.xianqin.org/blog/archives/3351.html，2013 年 11 月 11 日。綴合得到黃天樹師的悉心指導，謹致謝忱。

②　第 950 則選自李愛輝《甲骨拼合第 244 則》。李文原載 "中國社會科學院歷史研究所先秦史研究室網站"，http：//www.xianqin.org/blog/archives/3372.html，2013 年 11 月 14 日。綴合得到黃天樹師的悉心指導，謹致謝忱。

③　第 951 則選自李愛輝《甲骨拼合第 245 則》。李文原載 "中國社會科學院歷史研究所先秦史研究室網站"，http：//www.xianqin.org/blog/archives/3410.html，2013 年 12 月 02 日。綴合得到黃天樹師的悉心指導，謹致謝忱。

C:《合》7836（《續存下》528、《歷拓》11076）。

A、B是蔡哲茂先生遙綴的，見蔡哲茂《甲骨綴合集》第312組。C是李愛輝加綴的。綴合後釋文如下：

己卯卜，賓貞：今日㱿、㞢令葬我于㞢𠂤，乃収㞢☒。

貞：勿収㞢示，既葬迅來歸。

壬午卜，賓貞：翌丁亥乎☒彈。一

甲申卜，賓貞：其隹☒年受。

乙酉卜，貞：叀㝱令弌（代）㞢。十一月。

丁亥卜，賓貞：取且乙㲋。

貞：勿取且乙㲋。

戊子卜，貞：翌庚寅延印☒。十二月。一

壬辰卜，賓貞：王取且乙㲋。一

癸☒〔卜〕，☒貞：☒。

貞：令㞢以夌☒。

三白羌于☒。

貞☒商☒。

①第952則

A：《合》14592（《掇二》136、《歷拓》4831、《合》14643＋15275）。
B：《合》15269（《京人》394）。

釋文：

☒☒卜，爭〔貞〕：禱☒三牛。二

☒☒卜，爭〔貞〕：禱☒甲☒。七月

戊戌卜，貞：翌甲辰酒河。二

癸丑☒貞：☒令☒。二

庚☒貞：☒令☒。二

---

① 第952則選自李愛輝《甲骨拼合第246則》。李文原載"中國社會科學院歷史研究所先秦史研究室網站"，http：//www.xianqin.org/blog/archives/3427.html，2013年12月05日。綴合得到黃天樹師的悉心指導，謹致謝忱。

①第 953 則

 A：《上博》21691.184。

 B：《上博》21569.157。

 C：《合補》2064。

 A、B 爲李愛輝《甲骨拼合第 243 則》之舊綴【編按：即本書第 949 則】。今加綴 C 片。綴合後釋文如下：

  ☐戜☐亡☐王占［曰］☐戜☐。一

②第 954 則

 A：《合》14372（《前》6.18.4、《歷拓》6400、《通》353、《山東》20）。

 B：《合》14373（《上博》2426.238、《摭續》46）。

 釋文：

  甲寅卜，賓貞：尞［于］夒。

  ［貞］：尞于夒☐宰。十月。

  壬戌☐叀☐酒☐。三

  貞：☐酒☐。三

③第 955 則

 A：《合》2701（《善》5282）。

 B：《合》8251 正（《簠拓》700、《簠游》15、《續》3.36.7）。

---

① 第 953 則選自李愛輝《甲骨拼合第 247 則》。李文原載"中國社會科學院歷史研究所先秦史研究室網站"，http：//www.xianqin.org/blog/archives/3505.html，2013 年 12 月 18 日。綴合得到黃天樹師的悉心指導，謹致謝忱。

② 第 954 則選自李愛輝《甲骨拼合第 248 則》。李文原載"中國社會科學院歷史研究所先秦史研究室網站"，http：//www.xianqin.org/blog/archives/3549.html，2014 年 01 月 05 日。綴合得到黃天樹師的悉心指導，謹致謝忱。

③ 第 955 則選自李愛輝《甲骨拼合第 249 則》。李文原載"中國社會科學院歷史研究所先秦史研究室網站"，http：//www.xianqin.org/blog/archives/3582.html，2014 年 01 月 15 日。綴合得到黃天樹師的悉心指導，謹致謝忱。

正面：

　　王占曰：吉。✲。帚好曰往㡀，女三毓，帚好入☐。

　　貞：㞢☐。

反面：

　　☐羊。

　　王占［曰］：☐今☐。

① **第 956 則**

　　A：《合》25（《前》1.10.2＋6.8.3＋5.8.3）。

　　B：《合》15165（《前》4.23.8、《山東》192＋1511）。

　　C：《合》18003（《前》6.19.4、《山東》649）。

　　D：《合》2551（《前》1.30.2）。

蔣玉斌先生把 A、B、C 三片拼綴（蔣玉斌：《蔣玉斌甲骨綴合總表》第 176 組，中國社會科學院歷史研究所先秦史研究室網站，http://www.xianqin.org/blog/archives/2305.html，2011 年 3 月 20 日）。李愛輝加綴 C 片。綴合後釋文如下：

　　☐寅☐于☐辰☐尸。

　　丁亥卜，貞：王賓祼，亡𡆧（害）。

　　癸巳卜，貞：㞢于母庚。

　　丁卯卜，貞：望✲多方示㞢乍大☐。七月。二

　　戊寅卜，貞：彈征（延）尸。七月。二

　　己卯卜，貞：令沚𢦚步。七月。二

　　辛巳卜，貞：令眾御事。二

　　癸未卜，貞：今日令𢦚步。二

　　壬辰卜，貞：車✲畀。二

　　☐𢦚步。

---

① 第 956 則選自李愛輝《甲骨拼合第 250 則》。李文原載"中國社會科學院歷史研究所先秦史研究室網站"，http://www.xianqin.org/blog/archives/3620.html，2014 年 01 月 21 日。綴合得到黃天樹師的悉心指導，謹致謝忱。

甲申卜，貞：翌乙酉虫于且（祖）乙牢虫一牛虫青。二

貞：翌丁亥易日。

貞：翌癸未令䖒弜令征（延）尸。二

①第 957 則

A：《合》439（《北圖》2400、《前》8.13.3）。

B：《合》21791（《後下》42.13）。

C：《合》434（《京人》77）。

A、B 爲黄天樹所綴（見黄天樹主編：《甲骨拼合集》第 48 則，學苑出版社，2010 年）。李愛輝加綴 C 片。綴合後釋文如下：

□□卜，賓貞：□兄丁羌□用。

□不用□兄丁羌□㘴□。

癸卯卜，貞：不每，得。一

貞：不每，不其得。

乙□貞□丁□。一

②第 958 則

A：《合》17033（《六清》120、《覺玄》30、《外》352）。

B：《冬》142。

釋文：

□虫（有）虫（害）。六日□允□。

---

① 第 957 則選自李愛輝《甲骨拼合第 251 則》。李文原載 "中國社會科學院歷史研究所先秦史研究室網站"，http：//www.xianqin.org/blog/archives/3668.html，2014 年 02 月 22 日。綴合得到黄天樹師的悉心指導，謹致謝忱。

② 第 958 則選自李愛輝《甲骨拼合第 252 則》。李文原載 "中國社會科學院歷史研究所先秦史研究室網站"，http：//www.xianqin.org/blog/archives/3671.html，2014 年 02 月 22 日。綴合得到黄天樹師的悉心指導，謹致謝忱。

① 第 959 則

　　A:《合》15701（《龜》1.10.10、《合補》2707、《東大》34）。

　　B:《合》19166（《龜》1.25.9）。

　　釋文：

　　　　☐癸☐

　　　　庚辰卜，賓貞：翌丁亥日酒于丁寨（叔）三十羌，卯三宰。

② 第 960 則

　　A:《合》2262（《前》1.24.5）。

　　B:《合》2630（《續存下》454、《旅博》1118）。

　　釋文：

　　　　己卯卜，殼貞：勿鼎帚好不妨卲（禦）于父乙十宰。二

③ 第 961 則

　　A:《北大》2591（倒）。

　　B:《北圖》900。

　　釋文：

　　　　☐辰卜☐。

---

① 第 959 則選自李愛輝《甲骨拼合第 253 則》。李文原載"中國社會科學院歷史研究所先秦史研究室網站"，http://www.xianqin.org/blog/archives/3677.html，2014 年 02 月 22 日。綴合得到黃天樹師的悉心指導，謹致謝忱。

② 第 960 則選自李愛輝《甲骨拼合第 254 則》。李文原載"中國社會科學院歷史研究所先秦史研究室網站"，http://www.xianqin.org/blog/archives/3723.html，2014 年 02 月 26 日。綴合得到黃天樹師的悉心指導，謹致謝忱。

③ 第 961 則選自李愛輝《甲骨拼合第 255 則》。李文原載"中國社會科學院歷史研究所先秦史研究室網站"，http://www.xianqin.org/blog/archives/3870.html，2014 年 04 月 09 日。綴合得到黃天樹師的悉心指導，謹致謝忱。

①第 962 則

　　A：《合》3321（《歷拓》10555）。
　　B：《合》6751（《京》1213、《善》5605）。
　　釋文：
　　　　庚午卜：崔侯其獲圍方。四

②第 963 則

　　A：《合》32769（《甲》918）。
　　B：《合》35319（《甲》684）。
　　釋文：
　　　　叀☐令☐。
　　　　叀壬辰步。
　　　　弜羊多兄。一

③第 964 則

　　A：《屯南》304。
　　B：《屯南》735。
　　釋文：
　　　　甲寅，貞：其九。
　　　　甲寅，貞：其十又五。
　　　　甲寅，貞：其三十。

---

① 第 962 則選自李愛輝《甲骨拼合第 256 則》。李文原載 "中國社會科學院歷史研究所先秦史研究室網站"，http：//www.xianqin.org/blog/archives/3874.html，2014 年 04 月 11 日。綴合得到黃天樹師的悉心指導，謹致謝忱。

② 第 963 則選自李愛輝《甲骨拼合第 257 則》。李文原載 "中國社會科學院歷史研究所先秦史研究室網站"，http：//www.xianqin.org/blog/archives/4155.html，2014 年 07 月 06 日。綴合得到黃天樹師的悉心指導，謹致謝忱。

③ 第 964 則選自李愛輝《甲骨拼合第 258～259 則》第 258 則。李文原載 "中國社會科學院歷史研究所先秦史研究室網站"，http：//www.xianqin.org/blog/archives/4216.html，2014 年 08 月 02 日。綴合得到黃天樹師的悉心指導，謹致謝忱。

丁巳，貞：其九。

丁巳，貞：其十又五。

丁巳，貞：其三十。

辛酉，貞：叀甲子酒。

辛酉，貞：于來甲申酒。一

癸亥，貞：其钔（禦）于父丁。一

①第 965 則

A：《屯南》1304。

B：《屯南》1531。

釋文：

☐告自上甲。

②第 966 則

A：《合補》4005（《上博》17645.35、《掇一》527、《續存上》829）。

B：《合》13909（湖南博 5）。

C：《合》4353（歷拓 6672）。

A、B 爲李延彥所綴，見黄天樹主編《甲骨拼合續集》557 則（學苑出版社，2011 年）。李愛輝加綴 C 片。綴合後釋文如下：

☐㞢☐。一月。

貞：疫其［肩］興有疾。一 二

---

① 第 965 則選自李愛輝《甲骨拼合第 258～259 則》第 259 則。李文原載"中國社會科學院歷史研究所先秦史研究室網站"，http：//www.xianqin.org/blog/archives/4216.html，2014 年 08 月 02 日。綴合得到黄天樹師的悉心指導，謹致謝忱。

② 第 966 則選自李愛輝《甲骨拼合第 260、261 則》第 260 則。李文原載"中國社會科學院歷史研究所先秦史研究室網站"，http：//www.xianqin.org/blog/archives/4329.html，2014 年 09 月 15 日。

①第 967 則

　　A：《屯南》269。

　　B：《屯南》330。

　　釋文：

　　　　□□，貞：其☒。

　　　　☒歲☒。

②第 968 則

　　A：《英藏》1766。

　　B：《英藏》1775。

　　釋文：

　　　　丙午卜，王：于兄戊屮。一

　　　　叀犬兄戊。

　　　　□□卜，自☒若☒屮曰☒。

③第 969 則

　　A：《屯南》2883。

　　B：《屯南》3042。

　　釋文：

　　　　☒于父丁歲五牢用。

---

① 第 967 則選自李愛輝《甲骨拼合第 260、261 則》第 261 則。李文原載"中國社會科學院歷史研究所先秦史研究室網站"，http：//www.xianqin.org/blog/archives/4329.html，2014 年 09 月 15 日。

② 第 968 則選自李愛輝《甲骨拼合第 262～264 則》第 262 則。李文原載"中國社會科學院歷史研究所先秦史研究室網站"，http：//www.xianqin.org/blog/archives/4398.html，2014 年 10 月 02 日。綴合得到趙鵬師姐的幫助，謹致謝忱。

③ 第 969 則選自李愛輝《甲骨拼合第 262～264 則》第 263 則。李文原載"中國社會科學院歷史研究所先秦史研究室網站"，http：//www.xianqin.org/blog/archives/4398.html，2014 年 10 月 02 日。綴合得到趙鵬師姐的幫助，謹致謝忱。

① 第 970 則

　　A：《屯南》3746。

　　B：《屯南》4503。

　　釋文：

　　　　☐丑，貞：又升☐。

② 第 971 則

　　A：《合》11355（《中歷藏》1044 正）。

　　B：《山東》802（《合》18681、《前》6.46.6）。

　　釋文：

　　　　貞：钔（禦）王于匕（妣）庚盍羊，曾宰。三

　　　　乙亥☐貞：☐𦥑（學），不☐。一

③ 第 972 則

　　A：《合補》4237 正反。

　　B：《合補》6047 正反。

　　正面：

　　　　☐不隹☐屮☐。

　　反面：

　　　　☐風☐亡其☐。

　　　　貞☐。

---

① 第 970 則選自李愛輝《甲骨拼合第 262~264 則》第 264 則。李文原載 "中國社會科學院歷史研究所先秦史研究室網站"，http：//www.xianqin.org/blog/archives/4398.html，2014 年 10 月 02 日。綴合得到趙鵬師姐的幫助，謹致謝忱。

② 第 971 則選自李愛輝《甲骨拼合第 265 則》。李文原載 "中國社會科學院歷史研究所先秦史研究室網站"，http：//www.xianqin.org/blog/archives/4419.html，2014 年 10 月 13 日。

③ 第 972 則選自李愛輝《甲骨拼合第 266 則》。李文原載 "中國社會科學院歷史研究所先秦史研究室網站"，http：//www.xianqin.org/blog/archives/4675.html，2014 年 11 月 16 日。

①第 973 則

　　A：《上博》48730.28（《掇二》278）。

　　B：《明後》543。

　　釋文：

　　　　☐貞☐肩☐疾。王占曰☐。

②第 974 則

　　A：《合集》17729 正反。

　　B：《合補》5287 正反。

　　正面：

　　　　☐☐〔卜〕，爭貞☐今夕☐。一 二 三

　　　　一 二告

　　反面：

　　　　己未卜，韋。

　　　　王〔占〕曰：其☐。

　　　　☐疾☐王〔占〕曰☐王。

③第 975 則

　　A：《合補》5558 正反（《中歷藏》803 正反）。

　　B：《史購》64 正反。

　　正面：

　　　　☐光☐王占〔曰〕☐隹甲。甲☐酉光☐羌係☐。

---

　　① 第 973 則選自李愛輝《甲骨拼合第 267 則》。李文原載"中國社會科學院歷史研究所先秦史研究室網站"，http：//www.xianqin.org/blog/archives/4702.html，2014 年 11 月 27 日。

　　② 第 974 則選自李愛輝《甲骨拼合第 268 則》。李文原載"中國社會科學院歷史研究所先秦史研究室網站"，http：//www.xianqin.org/blog/archives/4743.html，2014 年 12 月 09 日。

　　③ 第 975 則選自李愛輝《甲骨拼合第 269～271 則》第 269 則。李文原載"中國社會科學院歷史研究所先秦史研究室網站"，http：//www.xianqin.org/blog/archives/4905.html，2014 年 12 月 25 日。綴合得到趙鵬師姐的幫助，謹致謝忱。

反面：

　　☑夕帝［令］雨。

　　☑夕帝［令］雨。

①第 976 則

　　A：《中歷藏》83。
　　B：《中歷藏》1244（《存補》5.369.4）。
　　　　☑弜令子☑。
　　　　☑令（？）☑。

②第 977 則

　　A：《合》9198 正反（《上博》17645.212）。
　　B：《合補》6096 正反。
　　正面：
　　　　壬戌卜，殼貞☑。
　　反面：
　　　　［王］占曰：扎☑丙☑。
　　　　畫來☑。

③第 978 則

　　A：《旅藏》306。
　　B：《旅藏》506。

---

　　① 第 976 則選自李愛輝《甲骨拼合第 269~271 則》第 270 則。李文原載"中國社會科學院歷史研究所先秦史研究室網站"，http://www.xianqin.org/blog/archives/4905.html，2014 年 12 月 25 日。綴合得到趙鵬師姐的幫助，謹致謝忱。
　　② 第 977 則選自李愛輝《甲骨拼合第 269~271 則》第 271 則。李文原載"中國社會科學院歷史研究所先秦史研究室網站"，http://www.xianqin.org/blog/archives/4905.html，2014 年 12 月 25 日。綴合得到趙鵬師姐的幫助，謹致謝忱。
　　③ 第 978 則選自李愛輝《甲骨拼合第 272~276 則》第 272 則。李文原載"中國社會科學院歷史研究所先秦史研究室網站"，http://www.xianqin.org/blog/archives/4916.html，2014 年 12 月 25 日。綴合得到宋鎮豪老師、黃天樹老師和趙鵬師姐的幫助，謹致謝忱。

正面：
　　　　□□卜，□［貞］：射□獲羌。
反面：
　　　　王占曰□。
　　　　□爭。

① **第 979 則**

A：《合》2682（《甲》3485）。

B：《史購》148。

C：《旅藏》180。

A、B 爲蔡哲茂先生所遙綴（蔡哲茂：《〈史語所購藏甲骨集〉新綴第二則》。http：//www. xianqin. org/blog/archives/1942. 中國社會科學院歷史研究所先秦史研究室網站 2010 年 6 月 9 日）。李愛輝加綴 C 片。綴合後釋文如下：

正面：
　　　　壬子卜，爭［貞］：婦好不其［娩］。不㞢黽。二
　　　　壬子卜，［貞］：婦□娩。
　　　　□娩子⍰王。二
　　　　□婦好□㞢一日□。
反面：
　　　　王固曰：㞢（有）求（咎）。
　　　　貞：隹若□。二
　　　　□⍰㞢□。

---

①　第 979 則選自李愛輝《甲骨拼合第 272～276 則》第 273 則。李文原載"中國社會科學院歷史研究所先秦史研究室網站"，http：//www. xianqin. org/blog/archives/4916. html，2014 年 12 月 25 日。綴合得到宋鎮豪老師、黃天樹老師和趙鵬師姐的幫助，謹致謝忱。

①第 980 則

　　A:《旅藏》1193。

　　B:《旅藏》1359。

　　釋文：

　　　　□□卜：㞢（侑）于且（祖）丁。二月。

②第 981 則

　　A:《旅藏》940。

　　B:《旅藏》956。

　　釋文：

　　　　□□卜，賓貞：王勿☒。

③第 982 則

　　A:《旅藏》434。

　　B:《旅藏》787。

　　正面：

　　　　不爯龜。

　　　　不爯龜。一

　　　　不爯龜。一

　　　　一

　　　　二

───────────

　　① 第 980 則選自李愛輝《甲骨拼合第 272～276 則》第 274 則。李文原載"中國社會科學院歷史研究所先秦史研究室網站"，http://www.xianqin.org/blog/archives/4916.html，2014 年 12 月 25 日。綴合得到宋鎮豪老師、黃天樹老師和趙鵬師姐的幫助，謹致謝忱。

　　② 第 981 則選自李愛輝《甲骨拼合第 272～276 則》第 275 則。李文原載"中國社會科學院歷史研究所先秦史研究室網站"，http://www.xianqin.org/blog/archives/4916.html，2014 年 12 月 25 日。綴合得到宋鎮豪老師、黃天樹老師和趙鵬師姐的幫助，謹致謝忱。

　　③ 第 982 則選自李愛輝《甲骨拼合第 272～276 則》第 276 則。李文原載"中國社會科學院歷史研究所先秦史研究室網站"，http://www.xianqin.org/blog/archives/4916.html，2014 年 12 月 25 日。綴合得到宋鎮豪老師、黃天樹老師和趙鵬師姐的幫助，謹致謝忱。

一

反面：

☐卯（禦）☐于母☐☐。

☐于母丙。

貞：勿祼于☐。

☐勿☐。

①**第 983 則**

A：《合》7671（《珠》963、《合補》2247、《東文研》1011）。

B：《合補》1993（《合補》2775）。

釋文：

☐今日乎☐敦☐芻。三

壬戌［卜］☐翌［癸］亥雀☐卤邑，芻。一

②**第 984 則**

A：《合》22871（《珠》39）。

B：《合》22850（《虛》1255、南博拓 85）。

綴合說明：

A、B 兩版均為龜腹甲，字體均為出組二類。綴合後"卯"字右邊一豎殘筆可以補足，辭例通暢，並且斷邊密合，故應為一版之折。《釋文》22850 第二條把窆字右側的■隸定為"戀"，《校釋》隸定為"燅"，《摹釋》缺釋此字。《合集》26631 中隸定為"戀"字的原形■較為清晰，摹為■，而■與《合集》22850 中■應為不同的字形。參照《虛》1255 的摹本，我們釋■為"奭"。釋文如下：

---

① 第 983 則選自李愛輝《甲骨拼合第 277 則》。李文原載"中國社會科學院歷史研究所先秦史研究室網站"，http：//www.xianqin.org/blog/archives/4923.html，2014 年 12 月 29 日。

② 第 984 則選自王紅《甲骨綴合第十九、二十則》第 19 則。王文原載"中國社會科學研究所先秦史研究室網站"，http：//www.xianqin.org/blog/archives/2972.html，2013 年 06 月 01 日。綴合得到黃天樹師的悉心指導，謹致謝忱。

1. 壬戌［卜］，囗貞：☒大戊［奭］匕（妣）壬☒。
2. 癸卯卜，尹貞：王賓中丁奭匕（妣）癸翌，［亡］尤。
3. 囗囗［卜］，尹［貞：王］賓☒叙，［亡尤］。

①第 985 則

A：《合》23318（《續存上》1514）。

B：《合》23314 下（《後上》3.4、《通》172）。

《釋文》23314 第 3 條釋文後括注說明："此版拼合有誤，上三辭為一版。下六辭為另一版。"本綴合 A、B 兩版均為骨條殘片，字體刻寫風格一致，均為出組二類，當出自同一刻手。兩版綴合後斷邊密合，寬度相等，貞人相同，"王"字殘畫上下對接，構成完整字形，並且補足一條完整的卜辭，故我們認為是一版之折。釋文如下：

1. 甲囗［卜，行］貞：［王賓］祖辛☒。
2. 己巳卜，行貞：王賓祖乙奭匕（妣）己䏍，［亡尤］。
3. 癸囗卜，行貞：王賓叙，亡尤。
4. ［癸］囗卜，行［貞］：王賓中丁奭匕（妣）癸［䏍］，亡尤。

②第 986 則

A：《合》3410（《京津》2064、《北圖》4544、歷拓 2432）。

B：《合》11051（《北珍》2204、歷拓 5475）。

筆者在研讀卜辭時，發現《合》11051 可拼於《合》3410 之下，綴合後右首甲與右前甲對接，斷邊密合，同時"王"字、"癸"字殘斷筆畫相連，補全字形，辭例通暢。釋文如下[③]：

---

① 第 985 則選自王紅《甲骨綴合第十九、二十則》第 20 則。王文原載"中國社會科學院歷史研究所先秦史研究室網站"，http://www.xianqin.org/blog/archives/2972.html，2013 年 06 月 01 日。綴合得到黃天樹師的悉心指導，謹致謝忱。

② 第 986 則選自王紅《甲骨綴合第二十一則》。王文原載"中國社會科學院歷史研究所先秦史研究室網站"，http://www.xianqin.org/blog/archives/3542.html，2014 年 01 月 01 日。綴合得到黃天樹師的悉心指導，謹致謝忱。

③ 對這則綴合的闡釋請參閱王紅：《殷人重視白馬補證》，《首都師範大學學報》，2015 年第 1 期。

丁亥卜，王：騎子白。癸酉毓（育），不白。

①第 987 則

A：《安明》1574。

B：《愛》78。

釋文如下：

　　庚辰卜，王。

　　庚辰卜，王。

　　□□卜，王。

②第 988 則

A：《愛》91 正。

B：《合補》8516（《天理》411）。

C：《愛》92 正。

說明：《俄羅斯國立愛米塔什博物館藏殷墟甲骨》著錄表中 91 號備註指出，91 號與 92 號為一骨之折，中有缺③。

釋文如下：

　　（1）己未［卜，王］。

　　（2）己未卜，王。

　　（3）己未卜，王。

　　（4）己未卜，王。

　　（5）己未卜，王。

　　（6）己未卜，王。

---

① 第 987 則選自王紅《甲骨綴合第二十二則》。王文原載"中國社會科學院歷史研究所先秦史研究室網站"，http://www.xianqin.org/blog/archives/3674.html，2014 年 02 月 22 日。綴合得到黃天樹師的悉心指導，謹致謝忱。

② 第 988 則選自王紅《甲骨綴合第二十三則》。王文原載"中國社會科學院歷史研究所先秦史研究室網站"，http://www.xianqin.org/blog/archives/3680.html，2014 年 02 月 23 日。綴合得到黃天樹師的悉心指導，謹致謝忱。

③ 《俄羅斯國立愛米塔什博物館藏殷墟甲骨》，第 176 頁。

(7)〔己〕未卜，王。

① 第 989 則

A：《安明》1084。

B：《安明》177。

綴合理由及說明：

A、B 兩版皆爲典賓類左前甲，拼合後，能夠補足"勿"字。A、B 兩版現藏加拿大皇家安大略博物館，懇請相關工作人員幫助核查甲骨實物。

卜辭隸定如下：

貞：勿燎于☑。

② 第 990 則

A：《安明》1239。

B：《安明》1224（《合》25061）。

C：《安明》1585。

綴合理由及說明：

A、B 兩版爲劉影先生所綴③，筆者加綴 C 版。這三版字體相同，且皆爲右前甲殘片。拼合後，斷邊密合，能夠補足"庚"和"旅"兩字。

卜辭隸定如下：

(1) □□卜，大☑丑☑。

(2) 乙丑〔卜，旅〕貞：其又（侑）〔于〕祖乙牢。

(3) 庚午卜，旅貞：其又（侑）于兄庚。五月。

---

① 第 989 則選自李延彦《甲骨新綴第 114 則》。李文原載"中國社會科學院歷史研究所先秦史研究室網站"，http://www.xianqin.org/blog/archives/2860.html，2012 年 12 月 04 日。綴合得到黃天樹師的悉心指導，謹致謝忱。

② 第 990 則選自李延彦《甲骨新綴第 115 則》。李文原載"中國社會科學院歷史研究所先秦史研究室網站"，http://www.xianqin.org/blog/archives/2870.html，2012 年 12 月 19 日。綴合得到黃天樹師的悉心指導，謹致謝忱。

③ 劉影綴合，見黃天樹主編《甲骨拼合三集》第 624 則。

① 第 991 則

　A：《合》24025（《運臺》摹 1.0520、《運臺》拓 1.0519）。
　B：《運臺》拓 1.0578。
　卜辭隸定如下：
　　　甲〔辰卜〕，王。
　　　甲辰卜，王。二　四
　　　癸卯卜，王。二

② 第 992 則

　A：《合》20444（《運臺》拓 1.0765）。
　B：《合》20660（《運臺》拓 1.0055）。
　綴合理由及説明：
　A、B 兩版字體均為自組小字類，拼合後，能夠補足"亡"字，左肱胸溝能夠貫通。
　卜辭隸釋如下：
　　　（1）壬寅卜，由貞：㧥（委）于亡（無）水圍方，𢦏（捷）。二月。
　　　（2）貞：委步丙午，若（？）。
　黄天樹先生認為，辭（1）中的委是人名，"于亡水圍方，捷"，意謂於枯水季節去圍攻敵方，是否能夠取勝。③

④ 第 993 則

　A：《合集》23867（歷拓 10343）。

---

① 第 991 則選自李延彦《甲骨新綴第 116 則》。李文原載"中國社會科學院歷史研究所先秦史研究室網站"，http：//www.xianqin.org/blog/archives/2894.html，2013 年 01 月 12 日。綴合得到黄天樹師的悉心指導，謹致謝忱。
② 第 992 則選自李延彦《甲骨新綴第 117、118 則》第 117 則。李文原載"中國社會科學院歷史研究所先秦史研究室網站"，http：//www.xianqin.org/blog/archives/2891.html，2013 年 01 月 19 日。綴合得到黄天樹師的悉心指導，謹致謝忱。
③ 黄天樹：《〈甲骨拼合三集〉序》，學苑出版社，2013 年 4 月。
④ 第 993 則選自李延彦《甲骨新綴第 117、118 則》第 118 則。李文原載"中國社會科學院歷史研究所先秦史研究室網站"，http：//www.xianqin.org/blog/archives/2891.html，2013 年 01 月 19 日。綴合得到黄天樹師的悉心指導，謹致謝忱。

B：《旅藏》1380（原藏號9.99）。

C：《旅藏》1400（原藏號9.234）。

D：《旅藏》1381（原藏號9.220）。

綴合理由及說明：

A、B、C、D四版皆為出組二類卜王龜腹甲殘片。A、B兩版為莫伯峰先生所綴【編按：即本書第900則】，後來，林宏明先生加綴C版①，今筆者加綴D版。拼合後，斷邊密合，卜辭"乙亥卜王"辭例通暢。卜辭隸定如下：

  （1）乙亥卜，王。

  （2）乙亥卜，王。

  （3）乙亥卜，王。

  （4）乙亥卜，王。

  （5）丙子［卜］，王。

  （6）丙［子卜］，王。

②第994則

A：《合》24025（《運臺》摹1.0520、《運臺》拓1.0519）。

B：《運臺》拓1.0578。

C：《運臺》摹1.1223。

綴合理由及說明：

A、B兩版為筆者所綴【編按：即本書第991則】，後加綴C版。

卜辭隸定如下：

  甲辰卜，王。

  甲辰卜，王。二 四

  癸卯卜，王。二

---

① 林宏明《甲骨新綴第538—539例》第539組。林文原載"中國社會科學院歷史研究所先秦史研究室網站"，2014年10月22日。

② 第994則選自李延彥《甲骨新綴第116則》。李文原載"中國社會科學院歷史研究所先秦史研究室網站"，http：//www.xianqin.org/blog/archives/2894.html，2013年01月25日。綴合得到黃天樹師的悉心指導，謹致謝忱。

①第 995 則

　　A：《合》6005（《續存上》835、善 5469）。

　　B：《合》14998（《京人》635）。

　　綴合理由及說明：

　　這是一版龜背甲左脊甲的綴合。A 版是左背甲第五脊甲，現藏國家圖書館，B 版是左背甲第四脊甲，現藏京都大學人文科學研究所。拼合後，能夠補足"卜"和"兀②（刖）"字。

　　卜辭隸定如下：

　　　　辛丑卜，㱿貞：其㞢兀（刖），其𢦏（殟）。

③第 996 則

　　A：《合集》19345（故宮 223、《明後》599）。

　　B：《合集》10360（《佚》930）。

　　C：《合補》5817（歷藏 15506）。

　　綴合理由及說明：

　　這是一版關於田獵的賓三類背甲。A、B 兩版為李愛輝先生所綴④，筆者加綴 C 版。拼合後，能夠補足"戊"和"㞢"字，齒縫密合無間。《合集》19345 又著錄於《明後》599，該版脊甲的四條齒邊在《合集》中不清

---

　　① 第 995 則選自李延彥《甲骨新綴第 120、121 則》第 120 則。李文原載"中國社會科學院歷史研究所先秦史研究室網站"，http：//www.xianqin.org/blog/archives/2975.html，2013 年 06 月 01 日。綴合得到黃天樹師的悉心指導，謹致謝忱。

　　② 裘錫圭先生說："甲骨文兀字由刖足人形和在'刀'上加橫畫的鋸形組成。'兀'是刖足人形的訛體，在'刀'上加橫畫的鋸形也很容易簡化或訛變成'刀'字。所以我們可以把兀字釋作'刖'。從文字演變的通例來看，'刖'應該是斷足之形的初文，'刖'是它的後起形聲字。"（《裘錫圭學術文集》第 1 卷第 3 頁）。

　　③ 第 996 則選自李延彥《甲骨新綴第 120、121 則》第 121 則。李文原載"中國社會科學院歷史研究所先秦史研究室網站"，http：//www.xianqin.org/blog/archives/2975.html，2013 年 06 月 01 日。綴合得到黃天樹師的悉心指導，謹致謝忱。

　　④ 李愛輝：《甲骨拼合第 108～109 則——附校重一則》第 108 則，中國社會科學院先秦史研究室網站，http：//www.xianqin.org/blog/archives/2394.html，2011 年 6 月 27 日；後收入《甲骨拼合續集》第 535 則，又見於《田獵卜辭新綴五則》，《故宮博物院院刊》2012 年第 4 期。

晰，《明後》拓本清晰可見。由此可知，拓本著錄對形態研究有一定影響。

卜辭隸定如下：

(1) 戊戌卜，賓［貞］：㞢災。之日，王☐則射麋☐麋☐。

(2) ☐辰卜，貞：☐辛☐。

①**第 997 則**

A：《英藏》293（《庫方》250、RSM250）。

B：《英藏》530（《庫方》226、《合》39836、RSM226）。

綴合理由及説明：

A、B 兩版皆為脊甲殘片與肋甲殘片的組合，字體均為典賓類。拼合後，斷邊密合無間，且能夠補足"勿"字。《合集》39836 將"勿"字殘筆摹寫為"𠂊"，從綴合拓本來看，是不妥的。

卜辭隸定如下：

☐☐［卜］，亘貞：勿乎（呼）木出射。

②**第 998 則**

A：《合集》5348（南文會 3）。

B：《合集》5347（《鐵》84.4）。

A、B 兩版字體皆為自賓間類。A 版為左前甲，B 版為右前甲，辭例相關，疑為同版之折。卜辭隸定如下：

(1) 癸亥卜，王：☐其興隹☐。

(2) ☐☐卜，王：☐興隹☐。

---

① 第 997 則選自李延彥《甲骨新綴第 122~124 則》第 122 則。李文原載"中國社會科學院歷史研究所先秦史研究室網站"，http://www.xianqin.org/blog/archives/3026.html，2013 年 06 月 27 日。綴合得到黃天樹師的悉心指導，謹致謝忱。

② 第 998 則選自李延彥《甲骨新綴第 122~124 則》第 123 則。李文原載"中國社會科學院歷史研究所先秦史研究室網站"，http://www.xianqin.org/blog/archives/3026.html，2013 年 06 月 27 日。綴合得到黃天樹師的悉心指導，謹致謝忱。

①第 999 則

A：《合》10609（北圖 316 正、《存上》732、沐 355）。

B：《合》10608 正（《簠游》124〈正〉,《簠拓》729〈正〉、《續》1.46.3〈正〉）；

《合集》10608 反（《簠游》124〈正〉,《簠拓》730〈反〉）。

綴合理由及説明：

A、B 兩版字體均為典賓類。A 版是左後甲，B 版是右後甲。辭例相關，疑為同版之折。卜辭隸定如下：

(1) 辛卯卜，爭貞：我狩，下乙弗若。二告

(2) □狩，下乙□。（以上正面）

(3) □二十。殻。（以上反面）

②第 1000 則

A：《合》9793（《粹》883、善 9123、《京》543）。

B：《山東》171。

綴合理由及説明：

A、B 兩版皆為典賓類左前甲。拼合後斷邊密合，能夠補足"酉"和"敢③"字，且辭例通暢。同文卜辭可以參看《合集》9794。卜辭隸定如下：

(1) 辛酉卜，貞：犬延受年。十一月

---

① 第 999 則選自李延彥《甲骨新綴第 122～124 則》第 124 則。李文原載"中國社會科學院歷史研究所先秦史研究室網站"，http：//www.xianqin.org/blog/archives/3026.html，2013 年 06 月 27 日。綴合得到黃天樹師的悉心指導，謹致謝忱。

② 第 1000 則選自李延彥《甲骨新綴第 125 則》。李文原載"中國社會科學院歷史研究所先秦史研究室網站"，http：//www.xianqin.org/blog/archives/3059.html，2013 年 07 月 10 日。綴合得到黃天樹師的悉心指導，謹致謝忱。

③ 此字甲骨文原字形象"以畢撲豖（倒豖形）"之形，學者釋"敢"，可從。"敢"字的考釋，參看徐中舒主編：《漢語古文字字形表》，第 155 頁眉批，成都：四川辭書出版社，1981 年；徐中舒：《怎樣研究中國古代文字》，《古文字研究》第 15 輯，第 4 頁，北京：中華書局，1986 年；丁騺：《讀契記》之六"敢字"，《中國文字》新 10 期，第 75 頁，台北：藝文印書館，1985 年；陳絜：《說"敢"》，《史海偵迹——慶祝孟世凱先生七十歲文集》第 19 頁，香港新世紀出版社，2006 年。

（2）戊☐貞：☐敢☐。

①第 1001 則

A：《合補》1060（歷藏 18873）。

B：《天理》154。

C：《上博》2426.683。

A、B 兩版為宋雅萍先生所綴②，筆者加綴 C 版。這三版均為左背甲殘片，拼合後，能夠補足"求"字。卜辭隸定如下：

（1）☐子卜，古貞：乎（呼）求☐。一
（2）貞：☐。

③第 1002 則

A：《合補》6442 正（歷藏 21207 正反）。

B：復旦大學文化人類學博物館 R1475－1（《六束》4～5）。

理由及說明：

A、B 兩版皆為典賓類左背甲殘片，拼合後，能夠補足"貞"和"害"字。

卜辭隸定如下：

貞：母☐害☐。

---

① 第 1001 則選自李延彥《甲骨新綴第 126 則》。李文原載"中國社會科學院歷史研究所先秦史研究室網站"，http：//www.xianqin.org/blog/archives/4772.html，2013 年 10 月 28 日。綴合得到黃天樹師的悉心指導，謹致謝忱。

② 宋雅萍：《背甲新綴四十七、四十八則》第四十七則，中國社會科學院歷史研究所先秦史研究室網站 http：//www.xianqin.org/blog/archives/2905.html，2013 年 2 月 7 日。

③ 第 1002 則選自李延彥《甲骨新綴第 127 則》。李文原載"中國社會科學院歷史研究所先秦史研究室網站"，http：//www.xianqin.org/blog/archives/3380.html，2013 年 11 月 18 日。綴合得到黃天樹師的悉心指導，謹致謝忱。

①第 1003 則

　　A：《旅藏》120 正反（原藏號 9.569 正反）。

　　B：《旅藏》402 正反（原藏號 9.1416 正反、《合》19337 正反）。

　　綴合理由及說明：

　　A、B 兩版皆為典賓類左前甲。拼合後，斷邊密合，正面能夠補足"卒"和"勿"字，反面可拼合出完整的█字。卜辭隸定如下：

　　　　（1）貞：卒彡王勿出。（以上正面）

　　　　（2）█白☐。（以上反面）。

②第 1004 則

　　A：《愛米塔什》31。

　　B：《合》23017（善 4693、《合》41287）。

　　綴合理由及說明：

　　A、B 兩版皆為出組二類左前甲。拼合後，能夠補足殘字"祖辛"。卜辭隸定如下：

　　　　（1）貞：于祖辛又（侑）。八月。一

　　　　（2）貞：弜祉（延）。八月。

　　　　（3）貞：☐自☐。八月。

---

① 第 1003 則選自李延彥《甲骨新綴第 118 則（替換）、125 則（替換）、128 則（替換）》。李文原載"中國社會科學院歷史研究所先秦史研究室網站"，http://www.xianqin.org/blog/archives/5146.html，2015 年 04 月 27 日。綴合得到黃天樹師的悉心指導，謹致謝忱。

② 第 1004 則選自李延彥《甲骨新綴第 129 則（替換）》。李文原載"中國社會科學院歷史研究所先秦史研究室網站"，http://www.xianqin.org/blog/archives/3720.html，2014 年 02 月 25 日。綴合得到黃天樹師的悉心指導，謹致謝忱。

①第 1005 則

    A：《運臺》拓 1.0406。

    B：《運臺》拓 1.0537。

    綴合理由及說明：

    A、B 兩版皆為出組二類右前甲殘片。類似辭例可參看《合補》8539、《合集》23820。卜辭隸定如下：

    （1）甲子卜，王。四（?）五
    （2）丙寅卜，王。
    （3）丙寅卜，王。

②第 1006 則

    A：《旅藏》733 正（原藏號 9.37 正、《合》40608 正、《存下》423 正）；

    《旅藏》733 反（原藏號 9.37 反）。

    B：《旅藏》735 正反（原藏號 9.89 正反）。

    綴合理由及說明：

    A、B 兩版皆為典賓類骨條，正面左側為原邊。拼合後，正面能夠補足"爭"和"囚"字，反面能夠補足"其"字，且辭例通暢。卜辭隸定如下：

    （1）癸囗［卜］，爭［貞］：旬亡［囚］。
    （2）癸巳卜，爭貞：旬亡囚。
    （3）癸卯。
    （4）［癸］丑。（以上正面）
    （5）王［占］囗。

---

    ① 第 1005 則選自李延彥《甲骨新綴第 129、130 則》第 130 則。李文原載"中國社會科學院歷史研究所先秦史研究室網站"，http：//www.xianqin.org/blog/archives/3447.html，2013 年 12 月 10 日。綴合得到黃天樹師的悉心指導，謹致謝忱。

    ② 第 1006 則選自李延彥《甲骨新綴第 118 則（替換）、125 則（替換）、128 則（替換）》第 118 則。李文原載"中國社會科學院歷史研究所先秦史研究室網站"，http：//www.xianqin.org/blog/archives/4772.html，2015 年 4 月 27 日。綴合得到黃天樹師的悉心指導，謹致謝忱。

（6）王占曰：亞其㞢（有）舌。

（7）☐來艱☐吉。（以上反面）

①第 1007 則

A：《合補》9539（《合》27861 + 《合》27862 + 《合》27863 + 《合》27864）。

B：《合》27867（《佚》864）。

C：《合》27856（《龜》2.9.10）。

D：《合》27866（《前》4.51.1 不全、《龜》1.30.14）。

說明：A 為蔡哲茂先生綴合，見於《甲骨綴合集》第 32 則，又收錄於《合補》9539 號，後孫亞冰女士加綴 B 版②，宋雅萍女士加綴 C 版③。現我們試著加綴 D 版。

釋文：

1. ☐☐卜，何貞：［王燕*叀（惠）］吉，不［冓（遘）］雨。四月。

2. 丙寅卜，㱿貞：王往，于夕祼，不冓（遘）雨。燕*叀（惠）吉。一

3. ☐燕*叀（惠）吉，王往，于夕祼，允不冓（遘）雨。四月。一

4. 丁卯卜，何貞：王往，于夕祼，不冓（遘）雨。允卒不冓（遘）。一

5. 丁卯卜，㱿貞：王往，于升*，不冓（遘）雨。一

6. 丁卯卜，何貞：王燕*叀（惠）吉，不冓（遘）雨。一

---

① 第 1007 則選自連佳鵬《甲骨試綴第三則》。李文原載"中國社會科學院歷史研究所先秦史研究室網站"，http：//www. xianqin. org/blog/archives/3330. html，2013 年 11 月 05 日。綴合得到黃天樹師的悉心指導，同窗李延彥也給予了很大的幫助，在此一併表示感謝。

② 孫亞冰：《〈合集〉新綴第一例》，發表於"中國社會科學院歷史研究所先秦史研究室網站"http：//www. xianqin. org/blog/archives/1961. html。A + B 版又收錄於《甲骨綴合彙編》第 899 組，參見《甲骨綴合彙編》"圖版編"（臺北：花木蘭出版社，2011 年 3 月）第 707 頁。

③ 宋雅萍：《背甲新綴第三十五則～附錄：乙編新綴一則》，發表於"中國社會科學院歷史研究所先秦史研究室網站"http：//www. xianqin. org/blog/archives/2728. html。

7. 丁卯卜，㱿［貞］：☒。

8. 貞：王往，于夕祼，不冓（遘）雨，燕*叀（惠）吉。二

9. 己巳卜，何貞：王往，于日，不冓（遘）雨，燕*叀（惠）吉。允雨不冓（遘）。四月。二

10. ☒允不冓（遘）雨。四月。

11. 庚午卜，何貞：王往，于日，不冓（遘）雨。燕*叀（惠）吉，王往，于日，允☒。

12. ☒貞☒。

13. □□［卜］，何貞：［王］往，于夕［祼，不］冓（遘）雨。

14. ☒不冓（遘）雨，往，于夕祼，允不冓（遘）雨。四月。一

①**第 1008 則**

A：《合補》9539。

B：《合》27867。

C：《合》27856。

D：《合》27866。

E：《合》29718。

說明：A 為蔡哲茂先生綴合，見於《甲骨綴合集》第 32 則，又收錄於《合補》9539 號，後孫亞冰女士加綴 B 版，宋雅萍女士加綴 C 版。D 版為筆者以前所加綴【編按：即本書第 1007 則。蔡哲茂、孫亞冰、宋雅萍和連佳鵬綴合成果，請參看本書第 1007 則之頁下注，茲不贅述】。現我們試著加綴 E 版。綴合後，盾紋銜接，E 版上的回紋溝與 A 版上的回紋溝遙相呼應。

1. □□卜，何貞：☒自日☒冓（遘）雨。四月。

2. □□卜，何貞：［王燕*叀（惠）］吉，不［冓（遘）］雨。四月。

---

① 第 1008 則選自連佳鵬《甲骨試綴第四則》。李文原載 "中國社會科學院歷史研究所先秦史研究室網站"，http：//www.xianqin.org/blog/archives/3375.html，2013 年 11 月 14 日。綴合得到黃天樹師的悉心指導，謹致謝忱。

3. 丙寅卜，㱿貞：王往，于夕祼，不冓（遘）雨。燕*叀（惠）吉。一

4. ☑燕*叀（惠）吉，王往，于夕祼，允不冓（遘）雨。四月。一

5. 丁卯卜，何貞：王往，于夕祼，不冓（遘）雨。允卒不冓（遘）。一

6. 丁卯卜，㱿貞：王往，于升*，不冓（遘）雨。一

7. 丁卯卜，何貞：王燕*叀（惠）吉，不冓（遘）雨。一

8. 丁卯卜，㱿［貞］：☑。

9. 貞：王往，于夕祼，不冓（遘）雨，燕*叀（惠）吉。二

10. 己巳卜，何貞：王往，于日，不冓（遘）雨，燕*叀（惠）吉。允雨不冓（遘）。四月。二

11. ☑允不冓（遘）雨。四月。

12. 庚午卜，何貞：王往，于日，不冓（遘）雨。燕*叀（惠）吉，王往，于日，允☑。

13. ☑貞☑。

14. □□［卜］，何貞：［王］往，于夕［祼，不］冓（遘）雨。

15. ☑不冓（遘）雨，往，于夕祼，允不冓（遘）雨。四月。一

①第 1009 則

A：《合》7266（歷拓 11019）。

B：《合》7265（歷拓 12241）。

　　□寅卜，王貞：勿卒值戎，哉（待）。

　　貞：勿卒值戎，哉（待）。

---

① 第 1009 則選自張志強《甲骨試綴一則》。張文原載"中國社會科學院歷史研究所先秦史研究室網站"，http：//www.xianqin.org/blog/archives/3306.html，2013 年 10 月 15 日。綴合得到黃天樹師的悉心指導和幫助，在此深表感謝！同時也感謝何會師姐、李延彥師姐的幫助。

① 第 1010 則

A：《上博》2426. 1399（第 218 頁）。
B：《合》18612（《前》4. 31. 2、歷藏 6873）。
綴合說明：
A、B 兩版字體風格均屬賓組三類，綴合後卜辭完整，行款整齊，且有《懷特》382（《合補》1989）與之同文【編按：參看本書第 883 則圖版】，綴合當無誤。釋文如下：

　　　　乙卯卜，㘱貞：𢦔及㕣方于窒。
　　　　☐☐☒

② 第 1011 則

A：《合》4884（歷藏 4733）。
B：《合》3240（歷藏 7836）。
C：《輯佚》353。
綴合說明：
A 與 B 為黃天樹師遙綴，見於《甲骨拼合集》第 42 則，筆者加綴 C。釋文如下：

　　　　甲午卜，［賓］貞：惠周令乞牛于多子。一
　　　　甲午卜，賓貞：令周乞牛多［子］。一

③ 第 1012 則

A：《上博》11175（第 572 頁）（《合》19511）。

---

① 第 1010 則選自吳麗婉《甲骨拼合一則》。吳文原載"中國社會科學院歷史研究所先秦史研究室網站"，http：//www.xianqin.org/blog/archives/4699.html，2014 年 11 月 26 日。綴合得到黃天樹師的悉心指導莫伯峰師兄的幫助，萬分感謝。

② 第 1011 則選自吳麗婉《甲骨拼合第 2～4 則》第 2 則。吳文原載"中國社會科學院歷史研究所先秦史研究室網站"，http：//www.xianqin.org/blog/archives/4737.html，2014 年 12 月 08 日。綴合得到黃天樹師的悉心指導，謹致謝忱。

③ 第 1012 則選自吳麗婉《甲骨拼合第 2～4 則》第 3 則。吳文原載"中國社會科學院歷史研究所先秦史研究室網站"，http：//www.xianqin.org/blog/archives/4737.html，2014 年 12 月 08 日。綴合得到黃天樹師的悉心指導，謹致謝忱。

B:《上博》17645.359（第 286 頁）（《合》15479、《續存》上 354、《鐵》271.4）。

綴合說明：

A 位於左前甲上端，B 位於右前甲下端，兩者非處在對稱的部位，之所以將其遙綴，主要基於以下兩點：一，字體風格均屬師賓間類；二，內容密切相關，圍繞一事而卜，一事多卜的卜辭刻於甲骨的不同部位亦屬常見。釋文如下：

　　［丙］午卜：乎（呼）☐歸，歲于子妥。二
　　丙［午卜］：乎（呼）［雀歸］，歲于［子］妥。
　　☑歲☑。
　　☑［唐］☑。

①第 1013 則

A:《合》7563（考邵 10）。

B:《存補》5.143.2。

綴合說明：

A 為左後甲，B 似為右後甲，均占卜㑥所衛之地，屬賓三類字體，有可能是同一版龜腹甲。

《合集》13 經蔡哲茂先生綴合以後見於《甲骨綴合集》第 350 組，其中有一條卜辭是"己丑卜，賓貞：令射㑥衛。一月"，與 A 均占卜"㑥衛"之事，時間均為"一月"，兩辭當存在某種關係，雖同為龜腹甲左邊，但不確定是否同一龜版。《合集》12 與《合集》13 分別為成套卜辭之二、三，可推最少有三版龜版卜問之"㑥衛"事，B 由於殘缺，不見兆序，不知為成套卜辭之幾，暫且將其與 A 遙綴。釋文如下：

　　☐丑卜，賓貞：㑥于丂衛。
　　貞：㑥于穆（？）衛。一月。

---

① 第 1013 則選自吳麗婉《甲骨拼合第 2~4 則》第 4 則。吳文原載"中國社會科學院歷史研究所先秦史研究室網站"，http://www.xianqin.org/blog/archives/4737.html，2014 年 12 月 08 日。綴合得到黃天樹師的悉心指導，謹致謝忱。

☐貞：侑于☐。

☐二月。三。

☐用☐。

① 第 1014 則

A 正：《合》14647 正（《簠地》40、《簠拓》69、《續》5. 15. 3 + 《續》1. 38. 1 正）。

A 反：《合》14647 反（《簠拓》70）。

B 正：《合》8968 正（《前》1. 29. 1、《北圖》2180 正、《通》131）。

B 反：《合》8968 反（《北圖》2180 反）。

C：《合補》1346 正反（歷藏 24293 正、反、《京》606）。

綴合說明：

A、B 為劉影師姐所綴，見於《甲骨拼合續集》第 355 則，今加綴 C。綴合後，斷邊基本密合，文例通暢，"于"字可補足，背面鑽鑿亦可拼合。釋文如下：

[辛]未卜，韋貞：乎祱視[于]河，以啟。王占[曰]："[亡]其來。"之日王令[祱]往視于河，[允]亡來。

貞：侑于母庚二牛。

貞：于祖丁禦。

貞：以牛五十。（以上正面）

貞：☐若。

王占曰："亡其來。"（以上反面）

② 第 1015 則

A：《合》186（《六清》105、覺玄 137、《外》360）。

---

① 第 1014 則選自吳麗婉《甲骨拼合第 5 則》。吳文原載"中國社會科學院歷史研究所先秦史研究室網站"，http://www.xianqin.org/blog/archives/4824.html，2014 年 12 月 23 日。綴合得到黃天樹師的悉心指導，萬分感謝。蔣玉斌先生在此之前做過同樣的綴合，但未正式發表。

② 第 1015 則選自吳麗婉《甲骨拼合第 5 則（替換原第 5 則）》。吳文原載"中國社會科學院歷史研究所先秦史研究室網站"，http://www.xianqin.org/blog/archives/4890.html，2014 年 12 月 25 日。綴合得到黃天樹師的悉心指導，萬分感謝。

B：《合補》6（歷藏6824）。

C：《上博》20889.46（第626頁）。

綴合說明：

A、B為蔡哲茂先生所綴，見於《甲骨綴合續集》第507組，筆者加綴C。三者字體均為師賓間類，綴合後，殘字可補足，斷邊密合，卜辭完整，左右兩辭對貞。釋文如下：

　　庚申卜，王：弜獲羌。

　　庚申卜，王：弜不其獲羌。

　　☐丁卯☐。

附錄

附錄一

《甲骨拼合四集》索引表

拼合號碼				綴合者	序列號
合 25	合 15165	合 18003	合 2551	李愛輝	本書第 956 則
合 186	合補 6	上博 20889.46		吳麗婉	本書第 1015 則
合 296	合 10048	合 7836		李愛輝	本書第 951 則
合 434	合 439	合 21791		李愛輝	本書第 957 則
合 439	合 21791	合 434		李愛輝	本書第 957 則
合 1363	合 6576			何會	本書第 908 則
合 1539	北珍 1739			劉影	本書第 885 則
合 1590	合 19152 正			何會	本書第 911 則
合 2262	合 2630			李愛輝	本書第 960 則
合 2448	合 19866			李愛輝	本書第 945 則
合 2551	合 25	合 15165	合 18003	李愛輝	本書第 956 則
合 2630	合 2262			李愛輝	本書第 960 則
合 2682	史購 148	旅藏 180		李愛輝	本書第 979 則
合 2701	合 8251 正			李愛輝	本書第 955 則
合 2729	合 6584			李愛輝	本書第 913 則
合 3240	合 4884	輯佚 353		吳麗婉	本書第 1011 則
合 3321	合 6751			李愛輝	本書第 962 則
合 3410	合 11051			王紅	本書第 986 則
合 4353	合 13909	合補 4005		李愛輝	本書第 966 則
合 4381	合 2470 正			李愛輝	本書第 947 則

拼合號碼				綴合者	序列號
合 4607	合 40220			劉影	本書第 880 則
合 4660	上博 2426.421			劉影	本書第 872 則
合 4884	合 03240	輯佚 353		吳麗婉	本書第 1011 則
合 4984	合 19047			劉影	本書第 884 則
合 5347	合 05348			李延彥	本書第 998 則
合 5348	合 5347			李延彥	本書第 998 則
合 5379	契合 207			黃天樹	本書第 815 則
合 5384	合補 07044			劉影	本書第 886 則
合 5674 正、反	合 10896 正、反	輯佚 131 正、反		劉影	本書第 865 則
合 6005	合 14998			李延彥	本書第 995 則
合 6576	合 1363			何會	本書第 908 則
合 6584	合 2729			李愛輝	本書第 913 則
合 6706	旅藏 554	旅藏 996		劉影	本書第 876 則
合 6751	合 03321			李愛輝	本書第 962 則
合 7022	合 20312			李愛輝	本書第 935 則
合 7265	合 7266			張志強	本書第 1009 則
合 7266	合 7265			張志強	本書第 1009 則
合 7563	存補 5.143.2			吳麗婉	本書第 1013 則
合 7671	合補 1993			李愛輝	本書第 983 則
合 7785	旅藏 139			劉影	本書第 877 則
合 7836	合 10048	合 296		李愛輝	本書第 951 則
合 8251 正	合 2701			李愛輝	本書第 955 則
合 8650	旅藏 1065			劉影	本書第 878 則
合 8825	合 17988			何會	本書第 907 則

拼合號碼					綴合者	序列號
合 8968 正反	合 14647 正反	合補 1346			吳麗婉	本書第 1014 則
合 9198 正反	合補 6096 正反				李愛輝	本書第 977 則
合 9584	合 18837				李愛輝	本書第 948 則
合 9793	山東 171				李延彥	本書第 1000 則
合 10048	合 296	合 7836			李愛輝	本書第 951 則
合 10068	合補 1989				劉影	本書第 883 則
合 10360	合 19345	合補 5817			李延彥	本書第 996 則
合 10608 正	合 10609				李延彥	本書第 999 則
合 10609	合 10608 正				李延彥	本書第 999 則
合 10896 正、反	合 5674 正、反	輯佚 131 正、反			劉影	本書第 865 則
合 11051	合 3410				王紅	本書第 986 則
合 11348	合 22567				何會	本書第 909 則
合 11355	山東 802				李愛輝	本書第 971 則
合 11451	上博 21569.100				李愛輝	本書第 950 則
合 11867	合 12752				李愛輝	本書第 912 則
合 12225	合 12283 反				何會	本書第 910 則
合 12283 反	合 12225				何會	本書第 910 則
合 12752	合 11867				李愛輝	本書第 912 則
合 13560	英藏 1976				劉影	本書第 882 則
合 13561	合 23579	合 23525	英藏 2187		劉影	本書第 881 則
合 13909	合補 04005	合 4353			李愛輝	本書第 966 則
合 14365	合 19363				李愛輝	本書第 931 則
合 14372	合 14373				李愛輝	本書第 954 則
合 14373	合 14372				李愛輝	本書第 954 則
合 14592	合 15269				李愛輝	本書第 952 則

拼合號碼				綴合者	序列號
合 14647 正反	合 8968 正反	合補 1346		吳麗婉	本書第 1014 則
合 14998	合 6005			李延彥	本書第 995 則
合 15165	合 25	合 18003	合 2551	李愛輝	本書第 956 則
合 15269	合 14592			李愛輝	本書第 952 則
合 15701	合 19166			李愛輝	本書第 959 則
合 15760	合 24941			劉影	本書第 870 則
合 17033	冬 142			李愛輝	本書第 958 則
合 17097	合 23599			劉影	本書第 840 則
合 17149 正	中歷藏 996			劉影	本書第 864 則
合 17729 正反	合補 5287 正反			李愛輝	本書第 974 則
合 17988	合 08825			何會	本書第 907 則
合 18003	合 25	合 15165	合 2551	李愛輝	本書第 956 則
合 18217	合 23611	合 23432		劉影	本書第 838 則
合 18504	英藏 337			方稚松	本書第 831 則
合 18511	合 20639			李愛輝	本書第 943 則
合 18612	上博 2426.1399			吳麗婉	本書第 1010 則
合 18837	合 9584			李愛輝	本書第 948 則
合 19047	合 4984			劉影	本書第 884 則
合 19152 正	合 1590			何會	本書第 911 則
合 19166	合 15701			李愛輝	本書第 959 則
合 19345	合 10360	合補 5817		李延彥	本書第 996 則
合 19363	合 14365			李愛輝	本書第 931 則
合 19789	合 20064			李愛輝	本書第 926 則
合 19866	合 2448			李愛輝	本書第 945 則
合 19867	合 20318			李愛輝	本書第 944 則
合 19965	合 21071			李愛輝	本書第 936 則

拼合號碼					綴合者	序列號
合 20012	合 20664	合補 6736			李愛輝	本書第 928 則
合 20064	合 19789				李愛輝	本書第 926 則
合 20125	合 21540				李愛輝	本書第 924 則
合 20160	合 21357				李愛輝	本書第 929 則
合 20191	合 21229				李愛輝	本書第 933 則
合 20195	掇三 761				李愛輝	本書第 937 則
合 20242	合 20601				李愛輝	本書第 938 則
合 20274	合 20655	掇三 763			李愛輝	本書第 932 則
合 20312	合 7022				李愛輝	本書第 935 則
合 20318	合 19867				李愛輝	本書第 944 則
合 20408	合 20420				李愛輝	本書第 939 則
合 20420	合 20408				李愛輝	本書第 939 則
合 20444	合 20660				李延彥	本書第 992 則
合 20601	合 20242				李愛輝	本書第 938 則
合 20639	合 18511				李愛輝	本書第 943 則
合 20655	合 20274	掇三 763			李愛輝	本書第 932 則
合 20660	合 20444				李延彥	本書第 992 則
合 20664	合 20012	合補 6736			李愛輝	本書第 928 則
合 20704	合 21218				李愛輝	本書第 940 則
合 21059	合 21133				李愛輝	本書第 925 則
合 21071	合 19965				李愛輝	本書第 936 則
合 21133	合 21059				李愛輝	本書第 925 則
合 21218	合 20704				李愛輝	本書第 940 則
合 21229	合 20191				李愛輝	本書第 933 則
合 21357	合 20160				李愛輝	本書第 929 則
合 21369	合 5431				李愛輝	本書第 934 則
合 21540	合 20125				李愛輝	本書第 924 則

拼合號碼				綴合者	序列號
合 21791	合 439	合 434		李愛輝	本書第 957 則
合 22299	合 22473			李愛輝	本書第 930 則
合 22473	合 22299			李愛輝	本書第 930 則
合 22567	合 11348			何會	本書第 909 則
合 22850	合 22871			王紅	本書第 984 則
合 22871	合 22850			王紅	本書第 984 則
合 22928	英藏 1945			劉影	本書第 839 則
合 23017	愛 31			李延彥	本書第 1004 則
合 23031	合 25642	合補 07811	合 25341	劉影	本書第 834 則
合 23152	合補 07768			劉影	本書第 841 則
合 23314 下	合 23318			王紅	本書第 985 則
合 23318	合 23314 下			王紅	本書第 985 則
合 23432	合 18217	合 23611		劉影	本書第 838 則
合 23511	合 26371			劉影	本書第 835 則
合 23525	合 23579	英藏 2187	合 13561	劉影	本書第 881 則
合 23579	合 23525	英藏 2187	合 13561	劉影	本書第 881 則
合 23599	合 17097			劉影	本書第 840 則
合 23611	合 18217	合 23432		劉影	本書第 838 則
合 23721	合 27237			劉影	本書第 874 則
合 23867	旅藏 1380			莫伯峰	本書第 900 則
合 23867	旅藏 1380	旅藏 1400	旅藏 1381	李延彥	本書第 993 則
合 24025	運臺拓 1.0578			李延彥	本書第 991 則
合 24025	運臺拓 1.0578	運臺摹 1.1223		李延彥	本書第 994 則
合 2470 正	合 4381			李愛輝	本書第 947 則
合 24941	合 15760			劉影	本書第 870 則
合 25341	合補 07811	合 25642	合 23031	劉影	本書第 834 則

拼合號碼					綴合者	序列號
合 25642	合補 7811	合 25341	合 23031		劉影	本書第 834 則
合 25920	安明 1215				劉影	本書第 832 則
合 25925	運臺 1.0122				劉影	本書第 837 則
合 26371	合 23511				劉影	本書第 835 則
合 26653	旅藏 1619				莫伯峰	本書第 904 則
合 26748	合 26755				劉影	本書第 836 則
合 26755	合 26748				劉影	本書第 836 則
合 26956	合 27093				李愛輝	本書第 919 則
合 26990	合 31169				劉影	本書第 853 則
合 27093	合 26956				李愛輝	本書第 919 則
合 27237	合 23721				劉影	本書第 874 則
合 27342	合補 09359				劉影	本書第 844 則
合 27427	合 31168				劉影	本書第 842 則
合 27428	合補 09712				劉影	本書第 846 則
合 27450	合 30496				劉影	本書第 847 則
合 27456 正	合補 10222 正				劉影	本書第 875 則
合 27635	上博 21691.232				劉影	本書第 860 則
合 27820	合 28786				莫伯峰	本書第 896 則
合 27856	合補 9539	合 27867	合 27866		連佳鵬	本書第 1007 則
合 27856	合補 9539	合 27867	合 27866	合 29718	連佳鵬	本書第 1008 則
合 27866	合補 9539	合 27867	合 27856		連佳鵬	本書第 1007 則
合 27866	合補 9539	合 27867	合 27856	合 29718	連佳鵬	本書第 1008 則
合 27867	合補 9539	合 27856	合 27866		連佳鵬	本書第 1007 則
合 27867	合補 9539	合 27856	合 27866	合 29718	連佳鵬	本書第 1008 則
合 28114	合補 4439				劉影	本書第 871 則
合 28176	合 28185				莫伯峰	本書第 899 則

拼合號碼					綴合者	序列號
合 28185	合 28176				莫伯峰	本書第 899 則
合 28331	合 28823				劉影	本書第 858 則
合 28401	合補 09261				劉影	本書第 852 則
合 28547	合 28973	上博 17647.120			劉影	本書第 862 則
合 28562	合 28712				劉影	本書第 851 則
合 28712	合 28562				劉影	本書第 851 則
合 28740	合補 9087				劉影	本書第 873 則
合 28786	合 27820				莫伯峰	本書第 896 則
合 28803	合補 09254				劉影	本書第 857 則
合 28823	合 28331				劉影	本書第 858 則
合 28936	合 29158				劉影	本書第 859 則
合 28938	合補 09852				劉影	本書第 843 則
合 28943	合 29140				莫伯峰	本書第 894 則
合 28969	合 29065				劉影	本書第 854 則
合 28973	上博 17647.120	合 28547			劉影	本書第 862 則
合 29065	合 28969				劉影	本書第 854 則
合 29140	合 28943				莫伯峰	本書第 894 則
合 29148	合 30074				劉影	本書第 861 則
合 29158	合 28936				劉影	本書第 859 則
合 29165	合補 09541				莫伯峰	本書第 893 則
合 29223	合 31252				莫伯峰	本書第 888 則
合 29289	合 29370				李愛輝	本書第 917 則
合 29316	合補 09042				劉影	本書第 856 則
合 29370	合 29289				李愛輝	本書第 917 則
合 29382	合 29856				莫伯峰	本書第 897 則
合 29605	合 31214				莫伯峰	本書第 898 則
合 29699	合 30821				莫伯峰	本書第 889 則

拼合號碼					綴合者	序列號
合 29718	合補 9539	合 27867	合 27856	合 27866	連佳鵬	本書第 1008 則
合 29856	合 29382				莫伯峰	本書第 897 則
合 29865	合 30081				莫伯峰	本書第 890 則
合 29990	合 30174	合 30130			莫伯峰	本書第 891 則
合 30074	合 29148				劉影	本書第 861 則
合 30081	合 29865				莫伯峰	本書第 890 則
合 30130	合 30174	合 29990			莫伯峰	本書第 891 則
合 30174	合 29990	合 30130			莫伯峰	本書第 891 則
合 30300	安明 2252				莫伯峰	本書第 892 則
合 30496	合 27450				劉影	本書第 847 則
合 30821	合 29699				莫伯峰	本書第 889 則
合 30967	契合 170				劉影	本書第 867 則
合 31100	合 31106				李愛輝	本書第 916 則
合 31106	合 31100				李愛輝	本書第 916 則
合 31144	合補 09445				劉影	本書第 845 則
合 31168	合 27427				劉影	本書第 842 則
合 31169	合 26990				劉影	本書第 853 則
合 31214	合 29605				莫伯峰	本書第 898 則
合 31252	合 29223				莫伯峰	本書第 888 則
合 31287	合補 09710				劉影	本書第 850 則
合 32114	屯南 3673	屯南 3723			莫伯峰	本書第 887 則
合 32769	合 35319				李愛輝	本書第 963 則
合 33008	合補 09309				劉影	本書第 855 則
合 33558	合補 9173	日天 560			莫伯峰	本書第 895 則
合 33691	合補 09605				劉影	本書第 848 則
合 34421	合補 10294				劉影	本書第 849 則
合 35319	合 32769				李愛輝	本書第 963 則

拼合號碼					綴合者	序列號
合 36127	合補 13157	合補 13134			李愛輝	本書第 923 則
合 36826	旅藏 1927				門藝	本書第 905 則
合 37543	合補 11298				李愛輝	本書第 921 則
合 37950	合補 12355	合補 12699	合補 13034		李愛輝	本書第 918 則
合 40220	合 4607				劉影	本書第 880 則
合 5431	合 21369				李愛輝	本書第 934 則
合補 6	合 186	上博 20889.46			吳麗婉	本書第 1015 則
合補 1060	天理 154	上博 2426.683			李延彥	本書第 1001 則
合補 1346	合 14647 正反	合 8968 正反			吳麗婉	本書第 1014 則
合補 1989	合 10068				劉影	本書第 883 則
合補 1993	合 7671				李愛輝	本書第 983 則
合補 2064	上博 21691.184	上博 21569.187			李愛輝	本書第 953 則
合補 4005	合 13909	合 04353			李愛輝	本書第 966 則
合補 4237 正反	合補 6047 正反				李愛輝	本書第 972 則
合補 4439	合 28114				劉影	本書第 871 則
合補 5287 正反	合 17729 正反				李愛輝	本書第 974 則
合補 5558 正反	史購 64 正反				李愛輝	本書第 975 則
合補 5817	合 10360	合 19345			李延彥	本書第 996 則
合補 6047 正反	合補 4237 正反				李愛輝	本書第 972 則
合補 6096 正反	合 9198 正反				李愛輝	本書第 977 則
合補 6442 正	復旦博物館 R1475-1				李延彥	本書第 1002 則
合補 6736	合 20012	合 20664			李愛輝	本書第 928 則
合補 7044	合 5384				劉影	本書第 886 則

拼合號碼				綴合者	序列號
合補 7728	合補 7762			劉影	本書第 833 則
合補 7762	合補 7728			劉影	本書第 833 則
合補 7768	合 23152			劉影	本書第 841 則
合補 7811	合 25341	合 25642	合 23031	劉影	本書第 834 則
合補 8364	旅藏 1377			莫伯峰	本書第 903 則
合補 8516	愛 91 正	愛 92 正		王紅	本書第 988 則
合補 9042	合 29316			劉影	本書第 856 則
合補 9087	合 28740			劉影	本書第 873 則
合補 9173	合 33558	日天 560		莫伯峰	本書第 895 則
合補 9254	合 28803			劉影	本書第 857 則
合補 9261	合 28401			劉影	本書第 852 則
合補 9309	合 33008			劉影	本書第 855 則
合補 9359	合 27342			劉影	本書第 844 則
合補 9445	合 31144			劉影	本書第 845 則
合補 9539	合 27867	合 27856	合 27866	連佳鵬	本書第 1007 則
合補 9539	合 27867	合 27856	合 27866 合 29718	連佳鵬	本書第 1008 則
合補 9541	合 29165			莫伯峰	本書第 893 則
合補 9605	合 33691			劉影	本書第 848 則
合補 9710	合 31287			劉影	本書第 850 則
合補 9712	合 27428			劉影	本書第 846 則
合補 9852	合 28938			劉影	本書第 843 則
合補 10222 正	合 27456 正			劉影	本書第 875 則
合補 10294	合 34421			劉影	本書第 849 則
合補 11298	合 37543			李愛輝	本書第 921 則
合補 12355	合 37950	合補 12699	合補 13034	李愛輝	本書第 918 則
合補 12699	合補 12355	合 37950	合補 13034	李愛輝	本書第 918 則
合補 13034	合 37950	合補 12355	合補 12699	李愛輝	本書第 918 則

拼合號碼					綴合者	序列號
合補 13134	合 36127	合補 13157			李愛輝	本書第 923 則
合補 13157	合 36127	合補 13134			李愛輝	本書第 923 則
愛 31	合 23017				李延彥	本書第 1004 則
愛 78	安明 1574				王紅	本書第 987 則
愛 91 正	合補 8516	愛 92 正			王紅	本書第 988 則
愛 92 正	愛 91 正	合補 8516			王紅	本書第 988 則
安明 177	安明 1084				李延彥	本書第 989 則
安明 1084	安明 177				李延彥	本書第 989 則
安明 1215	合 25920				劉影	本書第 832 則
安明 1224	安明 1239	安明 1585			李延彥	本書第 990 則
安明 1239	安明 1224	安明 1585			李延彥	本書第 990 則
安明 1574	愛 78				王紅	本書第 987 則
安明 1585	安明 1239	安明 1224			李延彥	本書第 990 則
安明 2252	合 30300				莫伯峰	本書第 892 則
北大 2591 倒	北圖 900				李愛輝	本書第 961 則
北圖 900	北大 02591 倒				李愛輝	本書第 961 則
北珍 1104	拼續 479				劉影	本書第 869 則
北珍 1717	拼合 323				劉影	本書第 868 則
北珍 1739	合 1539				劉影	本書第 885 則
村中南 316	村中南 353				李愛輝	本書第 927 則
村中南 353	村中南 316				李愛輝	本書第 927 則
存補 5.143.2	合 7563				吳麗婉	本書第 1013 則
冬 142	合 17033				李愛輝	本書第 958 則
東大 1025	笏 148				趙鵬	本書第 819 則
掇三 761	合 20195				李愛輝	本書第 937 則
掇三 763	合 20274	合 20655			李愛輝	本書第 932 則

拼合號碼					綴合者	序列號
復旦博物館 R1475–1	合補 6442 正				李延彥	本書第 1002 則
笏 62	笏 107				趙鵬	本書第 816 則
笏 94	笏 1689				趙鵬	本書第 817 則
笏 107	笏 62				趙鵬	本書第 816 則
笏 132	笏 236				趙鵬	本書第 818 則
笏 148	東大 1025				趙鵬	本書第 819 則
笏 236	笏 132				趙鵬	本書第 818 則
笏 366	笏 487				趙鵬	本書第 820 則
笏 487	笏 366				趙鵬	本書第 820 則
笏 917	笏 1286				趙鵬	本書第 821 則
笏 939	笏 1333				趙鵬	本書第 822 則
笏 1021	笏 1571				趙鵬	本書第 823 則
笏 1055	笏 1317				趙鵬	本書第 824 則
笏 1118	笏 1136				趙鵬	本書第 825 則
笏 1136	笏 1118				趙鵬	本書第 825 則
笏 1209	笏 1400				趙鵬	本書第 826 則
笏 1286	笏 917				趙鵬	本書第 821 則
笏 1317	笏 1055				趙鵬	本書第 824 則
笏 1333	笏 939				趙鵬	本書第 822 則
笏 1400	笏 1209				趙鵬	本書第 826 則
笏 1571	笏 1021				趙鵬	本書第 823 則
笏 1577	笏 1578				趙鵬	本書第 827 則
笏 1578	笏 1577				趙鵬	本書第 827 則
笏 1582	笏 1594				趙鵬	本書第 828 則
笏 1594	笏 1582				趙鵬	本書第 828 則
笏 1689	笏 94				趙鵬	本書第 817 則

拼合號碼					綴合者	序列號
輯佚 131 正、反	合 5674 正、反	合 10896 正、反			劉影	本書第 865 則
輯佚 353	合 4884	合 3240			吳麗婉	本書第 1011 則
旅藏 56	旅藏 1067				劉影	本書第 879 則
旅藏 120	旅藏 402				李延彥	本書第 1003 則
旅藏 139	合 7785				劉影	本書第 877 則
旅藏 180	合 2682	史購 148			李愛輝	本書第 979 則
旅藏 280（9.1033 + 9.1044）					趙鵬	本書第 829 則
旅藏 306	旅藏 506				李愛輝	本書第 978 則
旅藏 402	旅藏 120				李延彥	本書第 1003 則
旅藏 434	旅藏 787				李愛輝	本書第 982 則
旅藏 506	旅藏 306				李愛輝	本書第 978 則
旅藏 554	合 6706	旅藏 996			劉影	本書第 876 則
旅藏 596	旅藏 618				門藝	本書第 906 則
旅藏 618	旅藏 596				門藝	本書第 906 則
旅藏 733	旅藏 735				李延彥	本書第 1006 則
旅藏 735	旅藏 733				李延彥	本書第 1006 則
旅藏 787	旅藏 434				李愛輝	本書第 982 則
旅藏 940	旅藏 956				李愛輝	本書第 981 則
旅藏 956	旅藏 940				李愛輝	本書第 981 則
旅藏 996	合 6706	旅藏 554			劉影	本書第 876 則
旅藏 1065	合 8650				劉影	本書第 878 則
旅藏 1067	旅藏 56				劉影	本書第 879 則

拼合號碼					綴合者	序列號
旅藏 1193	旅藏 1359				李愛輝	本書第 980 則
旅藏 1359	旅藏 1193				李愛輝	本書第 980 則
旅藏 1377	合補 08364				莫伯峰	本書第 903 則
旅藏 1380	合 23867				莫伯峰	本書第 900 則
旅藏 1380	合 23867	旅藏 1400	旅藏 1381		李延彥	本書第 993 則
旅藏 1381	旅藏 1400	旅藏 1380	合 23867		李延彥	本書第 993 則
旅藏 1400	旅藏 1380	合 23867	旅藏 1381		李延彥	本書第 993 則
旅藏 1566	旅藏 1843				莫伯峰	本書第 902 則
旅藏 1619	合 26653				莫伯峰	本書第 904 則
旅藏 1843	旅藏 1566				莫伯峰	本書第 902 則
旅藏 1925	旅藏 2035				趙鵬	本書第 830 則
旅藏 1927	合 36826				門藝	本書第 905 則
旅藏 2035	旅藏 1925				趙鵬	本書第 830 則
旅藏僞 5	旅藏僞 6				莫伯峰	本書第 901 則
旅藏僞 6	旅藏僞 5				莫伯峰	本書第 901 則
明後 543	上博 48730.28				李愛輝	本書第 973 則
拼合 323	北珍 1717				劉影	本書第 868 則
拼續 386	契合 183				劉影	本書第 866 則
拼續 479	北珍 1104				劉影	本書第 869 則
契合 170	合 30967				劉影	本書第 867 則
契合 183	拼續 386				劉影	本書第 866 則
契合 207	合 5379				黃天樹	本書第 815 則
日天 560	合補 9173	合 33558			莫伯峰	本書第 895 則
山東 171	合 9793				李延彥	本書第 1000 則
山東 802	合 11355				李愛輝	本書第 971 則
上博 11175	上博 17645.359				吳麗婉	本書第 1012 則
上博 17645.359	上博 11175				吳麗婉	本書第 1012 則

拼合號碼					綴合者	序列號
上博 17647.120	合 28973	合 28547			劉影	本書第 862 則
上博 20889.46	合 186	合補 6			吳麗婉	本書第 1015 則
上博 21569.100	合 11451				李愛輝	本書第 950 則
上博 21569.157	上博 21691.184 正				李愛輝	本書第 949 則
上博 21569.187	上博 21691.184	合補 2064			李愛輝	本書第 953 則
上博 21569.203	上博 2426.1168				李愛輝	本書第 942 則
上博 21691.184 正	上博 21569.157				李愛輝	本書第 949 則
上博 21691.193	上博 21691.230				李愛輝	本書第 941 則
上博 21691.230	上博 21691.193				李愛輝	本書第 941 則
上博 21691.232	合 27635				劉影	本書第 860 則
上博 21691.184	上博 21569.187	合補 2064			李愛輝	本書第 953 則
上博 2426.1168	上博 21569.203				李愛輝	本書第 942 則
上博 2426.1399	合 18612				吳麗婉	本書第 1010 則
上博 2426.421	合 4660				劉影	本書第 872 則
上博 2426.683	合補 1060	天理 154			李延彥	本書第 1001 則
上博 48730.28	明後 543				李愛輝	本書第 973 則
上博 49003.117	上博 49003.179				李愛輝	本書第 915 則

拼合號碼					綴合者	序列號
上博 49003.179	上博 49003.117				李愛輝	本書第 915 則
史購 148	合 2682	旅藏 180			李愛輝	本書第 979 則
史購 64 正反	合補 5558 正反				李愛輝	本書第 975 則
天理 154	合補 1060	上博 2426.683			李延彥	本書第 1001 則
屯南 269	屯南 330				李愛輝	本書第 967 則
屯南 304	屯南 735				李愛輝	本書第 964 則
屯南 330	屯南 269				李愛輝	本書第 967 則
屯南 1304	屯南 1531				李愛輝	本書第 965 則
屯南 1531	屯南 1304				李愛輝	本書第 965 則
屯南 2883	屯南 3042				李愛輝	本書第 969 則
屯南 3042	屯南 2883				李愛輝	本書第 969 則
屯南 3192	屯南 3233				李愛輝	本書第 946 則
屯南 3229	屯南補遺 131				李愛輝	本書第 914 則
屯南 3233	屯南 3192				李愛輝	本書第 946 則
屯南 3673	合 32114	屯南 3723			莫伯峰	本書第 887 則
屯南 3723	合 32114	屯南 3673			莫伯峰	本書第 887 則
屯南 3746	屯南 4503				李愛輝	本書第 970 則
屯南 3950	屯南補遺 237				李愛輝	本書第 920 則
屯南 4062	屯南 4297				李愛輝	本書第 922 則
屯南 4297	屯南 4062				李愛輝	本書第 922 則
屯南 4503	屯南 3746				李愛輝	本書第 970 則
屯南 735	屯南 304				李愛輝	本書第 964 則
屯南補遺 131	屯南 3229				李愛輝	本書第 914 則
屯南補遺 237	屯南 3950				李愛輝	本書第 920 則
英藏 293	英藏 530				李延彥	本書第 997 則

拼合號碼					綴合者	序列號
英藏 337	合 18504				方稚松	本書第 831 則
英藏 530	英藏 293				李延彥	本書第 997 則
英藏 1766	英藏 1775				李愛輝	本書第 968 則
英藏 1775	英藏 1766				李愛輝	本書第 968 則
英藏 1945	合 22928				劉影	本書第 839 則
英藏 1976	合 13560				劉影	本書第 882 則
英藏 2187	合 23579	合 23525	合 13561		劉影	本書第 881 則
運臺 1.0122	合 25925				劉影	本書第 837 則
運臺摹 1.1223	運臺拓 1.0578	合 24025			李延彥	本書第 994 則
運臺拓 1.0406	運臺拓 1.0537				李延彥	本書第 1005 則
運臺拓 1.0537	運臺拓 1.0406				李延彥	本書第 1005 則
運臺拓 1.0578	合 24025				李延彥	本書第 991 則
運臺拓 1.0578	合 24025	運臺摹 1.1223			李延彥	本書第 994 則
中歷藏 46	中歷藏 77				劉影	本書第 863 則
中歷藏 77	中歷藏 46				劉影	本書第 863 則
中歷藏 83	中歷藏 1244				李愛輝	本書第 976 則
中歷藏 996	合 17149 正				劉影	本書第 864 則
中歷藏 1244	中歷藏 83				李愛輝	本書第 976 則

附錄二

2004年~2014年甲骨新綴號碼表

說明：蔡哲茂先生編有《〈甲骨文合集〉綴合號碼表》等，附於《甲骨綴合集》（1999年）書末出版；後來又對《〈甲骨文合集〉綴合號碼表》等作了增補，附於《甲骨綴合續集》（2004年）書末出版。這些表使讀者對各家綴合成果一目瞭然。但是，蔡先生《〈甲骨文合集〉綴合號碼表》等收錄的綴合成果截至2004年8月止。為此，莫伯峰、王子揚、吳麗婉編寫了《2004年~2014年甲骨新綴號碼表》，繼續收錄2004年到2014年12月31日各家綴合的新成果。本表所收的綴合成果，主要見於下列八種甲骨著錄書。爲了便於查閱，這八種甲骨著錄書依據出版時間為序來排列：《合集》（1978年）、《懷特》（1979年）、《屯南》（1980年）、《英藏》（1985年）、《天理》（1987年）、《合補》（1999年）、《花東》（2003年）、《輯佚》（2008年）。爲了使表格簡潔，凡《合補》已經收錄的綴合成果，徑直標注《合補》編號；林宏明先生《醉古集》收錄的綴合成果，徑直標注"已綴入《醉古集》第x則"。

合1	合補657（合補624）				
合22	合10520				
合23	合3401				
合25	合2551	合15165	合18003		
合29	合3706				
合43	合補3166				
合53	合7024	合19193	合4673	合22482	山東226	善2.71.15倒
合62	合41455				

合 99	乙補 6752	乙 6431	乙 8445	合 8990		
合 102	存補 5.431.1	合 1520	合 15475			
合 119	合 125	合 123	乙補 2084			
合 123	合 125	合 119	乙補 2084			
合 125	合 119	合 123	乙補 2084			
合 135	乙 6505					
合 140	合 11416					
合 148	上博 21569.106					
合 154	合 13989					
合 185	合 5175					
合 186	合補 6					
合 191	4.0.0220					
合 217	輯佚 16					
合 227	合 9486	合 3307				
合 232 正	乙 7886	合 249	合 1208	合補 24 正		
合 249	乙 7886	合 232 正	合 1208	合補 24 正		
合 253	北大 31					
合 264 正	合 16078					
合 266	合 19285	合 489	旅 1019			
合 278	合 3228					
合 296	合 10048	合 7836				
合 297	合 431					
合 309	合 311					
合 311	合 309					
合 334	合 16182					
合 336	北圖 1777					
合 341	合 343					

合 343	合 341					
合 349	合 358	合 14737				
合 358	合 349	合 14737				
合 359	合 5145					
合 408	合 412					
合 409	合 14911					
合 412	合 408					
合 420	甲骨文集 3.0.1814	合 557				
合 428	合 17172					
合 432	北圖 706					
合 434	合 21791	合 439				
合 439	合 21791	合 434				
合 454 正反	已綴入《醉古集》第 32 則					
合 465	合 4025					
合 478 正反	已綴入《醉古集》第 124 則					
合 479	合補 3477					
合 492	中歷藏 454 正					
合 489	合 19285	合 266	旅 1019			
合 497	明後 568					
合 517 正反	合 1395 正反					
合 522	合 7150					
合 544	東文庫 193					
合 548	合 9539					
合 557	甲骨文集 3.0.1814	合 420				
合 558	京人 875					
合 562 正反	合 7715 正反					
合 584 反甲	合 7143 反	合 9498 反	東大 517b			

合 584 正甲	合 7143	合 9498	合補 5597	東大 B571a		
合 588 正	合 589					
合 589	合 588 正					
合 593	掇三 708					
合 597	合補 1134 正反					
合 624	乙 8803	合 21511	乙 8731	合 21578	合 22277 部分	
	乙 8838	乙 8847	合 21505	合 20887		
合 625	輯佚 118	合 6286				
合 641 正	乙補 440	乙補 1447	乙補 1557	乙 7681		
合 641 反	乙補 1448	乙 7682				
合 643 正反		已綴入《醉古集》第 23 則				
合 649	合 10538					
合 663	合 14074	東文庫 111 正倒	英藏 125 正			
合 664	合 35128	掇三 214	合 35331			
合 712	合 11792	合補 338				
合 715 正	合 9088 正	乙補 6656	乙補 6157			
合 728	合 15101	合 09906				
合 729	合 792					
合 766	合 3332					
合 774		已綴入《醉古集》第 54 則				
合 776 正		已綴入《醉古集》第 153 則				
合 777 正	合 9274 正	乙補 6493	乙 2473	乙補 91 正		
合 777 反	合 9274 反	乙補 6494	乙 2474	乙補 91 反		
合 778 正反		已綴入《醉古集》第 54 則				

合 792	合 729					
合 829	乙補 1335	乙補 1376	乙補 1538	乙補 1367	乙 1593	
	乙補 1347					
合 847	合 10104					
合 848	已綴入《醉古集》第 265 則					
合 850	上博 812 頁 .46464					
合 861	合 17150					
合 891	已綴入《醉古集》第 308 則					
合 898	乙補 4359	醉古集 145				
合 907	合 2947					
合 915 正反	已綴入《醉古集》第 373 則					
合 930	醉古集 87			乙 4496		
合 941	已綴入《醉古集》第 324 則					
合 947	R37757	合 1726				
合 973 正反	已綴入《醉古集》第 309 則					
合 993	英藏 1101					
合 1004 甲乙	合 2461	無號甲	合 16075	乙補 2093		
	乙補 6878	合 15103	乙 7982	乙補 1926		
合 1006 正反	已綴入《醉古集》第 362 則					
合 1039	上博 17645.500					
合 1040	已綴入《醉古集》第 267 則					
合 1056 正反	合 1305 正反	合 14431 正反				
合 1076 正	合 14315 反	乙補 4875				

合 1089	合 5913				
合 1111 正	英藏 730				
合 1122	已綴入《醉古集》第 229 則				
合 1123	上博 2426.798				
合 1145	史購 128				
合 1191 正反	已綴入《醉古集》第 310 則				
合 1197	合 1202				
合 1202	合 1197				
合 1203	合補 6038	合 3747			
合 1208	合 249	乙 7886	合 232 正	合補 24 正	
合 1224	合補 1846				
合 1231	已綴入《醉古集》第 37 則				
合 1248	合 13642	乙 2934	乙 3367	乙 1617	
合 1272	上博 2426.1343				
合 1276	合 8571	合 6244			
合 1277	合 39859				
合 1305 正反	合補 4980 正反				
合 1306	合 8094				
合 1309	合 1674	合 5486			
合 1325	合 11107				
合 1352	合 11667				
合 1362	北圖 762				
合 1363	合 6576				

合 1364 正	合 5381	合 1410	合 1463 乙	合 1463 甲	乙補 805
	乙 7189	乙補 6503	乙補 1154	乙補 875	乙 3604
	乙補 870	乙 1128			
合 1381	合 5565				
合 1385 反	乙補 5934				
合 1395 正反	合 517 正反				
合 1402 正	已綴入《醉古集》第 260 則				
合 1452	合 5764	合補 4277			
合 1410	合 5381	合 1364	合 1463 乙	合 1463 甲	乙補 805
	乙 3604	乙 7189	乙補 6503	乙補 1154	乙補 0875
	乙補 870	乙 1128			
合 1430	已綴入《醉古集》第 90 則				
合 1438	合 11231				
合 1452	合 5764	合補 4277			
合 1463 正甲乙	乙 7244	合 1410 正	合 5381	合 1364 正	乙補 805
	乙 3604	乙 7189	乙補 6503	乙補 1154	乙補 0875
	乙補 870	乙 1128			
合 1469	合 2292				
合 1471	合 3309	合 3308	合補 502		
合 1518	北圖 3655				
合 1520	合 102	存補 5.431.1	合 15475		
合 1539	北大 1739				
合 1558	合 13385				
合 1559	合 4288				

合 1571	英藏 608				
合 1584	R54239				
合 1590	合 19152				
合 1601	合 8108	甲編未著錄 3.0.0370			
合 1605	合 15046				
合 1621 反	合 2187 反				
合 1631	合 3518	合 17302			
合 1636	合 17557 正				
合 1670	合 15726	乙補 5398			
合 1674	合 5486				
合 1677 正	乙 5681				
合 1694 正反	已綴入《醉古集》第 32 則				
合 1706	合補 4589				
合 1717	已綴入《醉古集》第 105 則				
合 1720	已綴入《醉古集》第 380 則				
合 1726	R37757	合 947			
合 1757	已綴入《醉古集》第 380 則				
合 1777	合 10044				
合 1784	合 1829				
合 1829	合 1784				
合 1869 正反	已綴入《醉古集》第 373 則				
合 1924	合 11115				
合 1976	合 5626				
合 2003	合 10261				
合 2033	合補 03263				
合 2047	合 2559				

合 2052 正	合 15917			
合 2060	合 9829			
合 2071	乙 8640	乙補 4872	乙 4334	
合 2091	合補 865			
合 2108	合 5466			
合 2117 正	乙補 6595	合 17231		
合 2117 反	合 2168			
合 2130	已綴入《醉古集》第 43 則			
合 2168	已綴入《醉古集》第 99 則			
合 2187 反	合 1621 反			
合 2191 正	已綴入《醉古集》第 165 則			
合 2191 反	合 18242	乙補 2461		
合 2192	合 4632 正	合 13599		
合 2204	合 17992	合 17796 正	合 17309	
合 2236	已綴入《醉古集》第 360 則			
合 2246 正甲	合 18599			
合 2261	合 13695 乙	乙補 2571 倒		
合 2292	合 1469			
合 2239	合 5533			
合 2262	合 2630			
合 2341	合 14095			
合 2353 正反	已綴入《醉古集》第 371 則			
合 2358 正	已綴入《醉古集》第 371 則			

合 2359 反	合 2353 反				
合 2389 正	已綴入《醉古集》第 44 則				
合 2393	乙 5748	合 2399 正	合 13881	乙補 5245 倒	
合 2394	乙補 4199	合 2433	乙補 4708		
合 2399 正	合 13881	乙 5748	合 2393	乙補 5245 倒	
合 2399 反	乙補 4365				
合 2430 正	甲 2986				
合 2433	已綴入《醉古集》第 106 則				
合 2434	合 4292				
合 2448	合 19866				
合 2559	合 15142				
合 2461	合 1004 甲	合 1004 乙	合 16075	乙補 2093	乙補 6878
	無號甲	合 15103	乙 7982	乙補 1926	
合 2470 正	合 4381				
合 2476 正	合 15232				
合 2488 正	合 11372				
合 2490	旅 342				
合 2521 正乙	已綴入《醉古集》第 305 則				
合 2521 反甲	已綴入《醉古集》第 305 則				
合 2527	合 12652				
合 2542	合 8967				
合 2551	合 25	合 15165	合 18003		
合 2577	合補 7685				
合 2599	合 3106				

合 2630	合 2262					
合 2640	已綴入《醉古集》第 297 則					
合 2642	合 2658					
合 2649 正	合 7292					
合 2658	合 2642					
合 2667 正反	已綴入《醉古集》第 61 則					
合 2682	旅 180	史購 148				
合 2688	合 2701	合 8251 正	京津 2053			
合 2698	上博 17645.622					
合 2699	安明 221					
合 2701	合 2688	合 8251 正	京津 2053			
合 2707	合 14030					
合 2723	合補 948					
合 2729	合 6584					
合 2734	合 9534	合 40078				
合 2752	合 2733	合補 415	朱孔陽 9.6			
合 2763 正	合 3524	合 4249	合 14288	合 18684	合 18799	
合 2763 正	已綴入《醉古集》第 231 則					
合 2775	已綴入《醉古集》第 244 則					
合 2778	合 19724 正	合補 2136 正				
合 2779	R57226					
合 2823	合 2850	乙補 4805	乙 4418	乙補 4548	乙補 4802	
	刪除乙 4566	無號甲	乙 4494			
合 2827 正反	已綴入《醉古集》第 332 則					

合 2850	合 2823	乙補 4805	乙 4418	乙補 4548	乙補 4802	
	刪除乙 4566	無號甲				
合 2859	合 3301					
合 2879	合 9757					
合 2880	英藏 996					
合 2891 正左半	合 2891 正右半	合 5908	合 14135	乙補 1839	乙補 1841	
	乙補 1843	乙補 2953	乙補 5883			
合 2936	已綴入《醉古集》第 86 則					
合 2941	合 3256					
合 2947	合 907					
合 2967 正反	已綴入《醉古集》第 377 則					
合 2978 正	合 12657 正					
合 3010 正	合補 2043					
合 3018	合 17333	合 15417				
合 3037	合 7187 正					
合 3055	R37675	R57061	合 4835			
合 3079	上博 21691.62					
合 3104	合 18404					
合 3106	合 2599					
合 3123	合 9474					
合 3139	北大 1715					
合 3147	合 3155	合 11149	史購 108			
合 3155	合 3147	合 11149	史購 108			

合 3165 正	乙補 2611	合 3174	乙 2976			
合 3171 正反	已綴入《醉古集》第 143 則					
合 3174	乙補 2611	合 3165 正	乙 2976			
合 3189	明後 0137					
合 3228	合 278					
合 3240	合 4884	輯佚 353				
合 3243	合 3244	合 10331	合 15205	乙 5217	乙 2935	
	乙 2986					
合 3244	合 3243	合 10331	合 15205	乙 5217	乙 2935	
	乙 2986					
合 3251	合 6815					
合 3256	合 2941					
合 3271 正反	已綴入《醉古集》第 55 則					
合 3282	已綴入《醉古集》第 309 則					
合 3283	合 19682					
合 3287	合 6552 正					
合 3288	合 10208					
合 3296 正	合 3299					
合 3299	合 3296 正					
合 3300	合 4620 正					
合 3301	合 2859					
合 3307	合 9486	合 227				
合 3308	合 3309	合 1471	合補 502			
合 3309	合 1471	合 3308	合補 502			

合 3320	合 7027				
合 3311	歷 1116	合 9629	合 9630		
合 3321	合 6751				
合 3332	合 766 正				
合 3367	合 7759	合 5379			
合 3375	合 6840				
合 3397	合補 39	合 3782			
合 3400	已綴入《醉古集》第 55 則				
合 3401	合 23				
合 3406 正反	已綴入《醉古集》第 340 則				
合 3410	合 11051				
合 3469	東文研 390				
合 3473	東文研 B0527b				
合 3475	合補 524	合 11073	合 14361		
合 3518	合 1631	合 17302			
合 3524	合 2763 正	合 4249	合 14288	合 18684	合 18799
合 3526	合 16938				
合 3537	合補 655				
合 3539	合補 1340				
合 3572	合補 2105				
合 3578	合補 687				
合 3588	合補 1340				
合 3596 正	合 16378	合 5132	張世放 42	合 5141	
合 3606	合 10607				
合 3611 正反	已綴入《醉古集》第 100 則				

合 3647	合 39779					
合 3650 正	合補 1505					
合 3652	合 13158					
合 3662	合補 520 正	合補 5415 正				
合 3664	合 6158	合 13536 正				
合 3672	已綴入《醉古集》第 134 則					
合 3688	合 20817					
合 3697 正	合 19246					
合 3706	合 29					
合 3707	英藏 724					
合 3709	合 7530	合補 971				
合 3728	合補 5209	甲釋 143	甲 3320			
合 3747	合補 6038	合 1203				
合 3750	合 8597	合 8014	合 8600			
合 3780	合 7890					
合 3781	合 40681					
合 3782	合補 39	合 3397				
合 3800 正反	已綴入《醉古集》第 360 則					
合 3814	合 13485	合 13034	合 14295	乙 4872	乙 5012	北圖 1514
合 3826	合 5566					
合 3832	已綴入《醉古集》第 364 則					
合 3869 正反	已綴入《醉古集》第 359 則					
合 3896	東文庫 19 正					
合 3928	合 16565					

合 3963 正	存補 4.2.1					
合 3971 正	已綴入《醉古集》第 150 則					
合 3974	合 8408					
合 3992	合 3971 正	合 10863 反	合補 3275 反	合 7996	合 10863 正	
	合 13360	合 16457	合 17344	合補 988	合補 3275 正	
	乙 6076	乙 7952				
合 4010	合 40043	合 9637	歷 1241			
合 4016	合 4346					
合 4025	合 465					
合 4063	合 6051					
合 4090	合 6450					
合 4093	合 4302					
合 4100	合 5093					
合 4102	已綴入《醉古集》第 330 則					
合 4135	合補 749	合 4209				
合 4140	合 15754					
合 4144	李光前文物館 9					
合 4162	合 11839					
合 4173	合補 2793	北大 2341				
合 4179	乙補 3136					
合 4197 正甲乙	乙補 251	乙補 245				
合 4203	合 3397	合 1078	合 3782			
合 4209	合補 749	合 4135				
合 4211 正	存補 6.213.1					
合 4249	合 2763 正	合 3524	合 14288	合 18684	合 18799	
合 4249	已綴入《醉古集》第 231 則					

合 4259 反	乙補 1791			
合 4274	合補 1961			
合 4280	合 5534			
合 4285	合 9807			
合 4288 正	合 1559			
合 4292	合 2434			
合 4302	合 4093			
合 4326	合 18032	合 7015	合補 1991	
合 4330	合 4488			
合 4346	合 4016			
合 4349 正反甲乙	已綴入《醉古集》第 59 則			
合 4353	合補 4005	合 13909		
合 4370	張世放 37			
合 4381	合 2470 正			
合 4385	合 14915			
合 4387	史購 199	合 4394		
合 4394	史購 199	合 4387		
合 4415 臼	合補 1173 臼			
合 4468 正反	京人 467a			
合 4488	合 4330			
合 4565	合 4571			
合 4568	合補 6141			
合 4571	合 4565			
合 4595	合補 4981 正			
合 4604	合 4605			

合 4605 正	合 4604					
合 4605 反	南坊 3.23					
合 4607	合 40220					
合 4620 正	合 3300					
合 4632 正	合 13599	合 2192				
合 4646	冬 118					
合 4654	合 7855					
合 4660	上博 2426.421					
合 4673	合 53	合 22482	合 7024	合 19193	山東 226	善 2.71.15 倒
合 4685	合 35216					
合 4686	合 35204					
合 4757	合 5799					
合 4773 正	合 9067	乙補 6252	乙補 6104	合 18165 正	合 4773 正	
	合 17695	合 17304	所 315			
合 4773 反	合 18165	合 17695 反	合 4773 反	合 9067 反	合 19045	
	合 17304 反	乙補 6105				
合 4793	合補 1602					
合 4811	合 7687	合 7699 正				
合 4820	合 12080					
合 4835	合 3055	R37675	R57061			
合 4836	已綴入《醉古集》第 36 則					
合 4838	合 7880	乙 688				
合 4879	合 10181	合 10189				

合 4884	合 3240	輯佚 353				
合 4907 正反	已綴入《醉古集》第 340 則					
合 4915	合 14879					
合 4919	合 15528 正臼					
合 4963	合 26804					
合 4977	北大 1045					
合 4984	合 19047					
合 4994	合 6940					
合 5008	合 6898					
合 5044	合 19106	合 5045	英藏 436	合 11584		
合 5045	合 5044	合 19106	英藏 436	合 11584		
合 5056 正	上博 21691.293					
合 5071	合補 3215					
合 5080	合 17331	合 9572	合 16399	合 17464	合 9583	
合 5085	合補 1653					
合 5093	合 4100					
合 5111	旅 672					
合 5117	R37158					
合 5129	合 16378	張世放 42				
合 5132	合 16378	張世放 42	合 3596 正	合 5141		
合 5139	北圖 610					
合 5141	合 16378	合 5132	張世放 42	合 3596 正		
合 5145	合 359					

合 5160	合 7802					
合 5171	美 564					
合 5175	合 185					
合 5212	輯佚 35					
合 5240	合 8538					
合 5305 正反	已綴入《醉古集》第 166 則					
合 5320	合 16447					
合 5325	合 12830					
合 5332	合 10313	合 10951				
合 5347	合 5348					
合 5348	合 5347					
合 5379	合 7759	合 3367				
合 5380	合 13281 正甲	乙補 1114	合 13281 反甲	合 11479	合 18674	
	乙 3455	乙補 855				
合 5381	合 1364 正	合 1410 正	合 1463 正乙	合 1463 正甲	乙補 805	
	乙 3604	乙 7189	乙補 6503	乙補 1154	乙補 0875	
	乙補 870	乙 1128				
合 5384	合補 7044					
合 5396	合 9439					
合 5400	合 16112					
合 5411	合補 6191 正					
合 5412 正	已綴入《醉古集》第 331 則					
合 5418	合 33058					
合 5425	合 13603					
合 5431	合 21369					
合 5438	合 10575					

合 5451	合 17466	合 6820	洹寶 101			
合 5471	合補 3014	屯南 5753				
合 5473 正	乙補 3510	乙補 3563				
合 5474	合 19203					
合 5486	合 1674					
合 5487	北大 2828					
合 5531 正	乙 590					
合 5532 正	乙補 6642	合 5532 反				
合 5533	合 2339					
合 5534	合 4280					
合 5565	合 1381					
合 5566	合 3826					
合 5598 正	合 17394					
合 5620	合 19479 正反					
合 5626	合 1976					
合 5633	合 21915					
合 5654	已綴入《醉古集》第 302 則					
合 5666 正反	安明 S0589					
合 5674 正反	合 10896 正反	輯佚 131 正反				
合 5714	合 5720					
合 5720	合 5714					
合 5739	合 5740	上田 3.008				
合 5740	合 5739	上田 3.008				
合 5755	合 278					

合 5758	合 19486				
合 5764	合 1452	合補 4277			
合 5776 正	已綴入《醉古集》第 58 則				
合 5779	甲 2514	甲 2534	合補 9484		
合 5785	英藏 564 正	英藏 569			
合 5799	合 4757				
合 5826	合 17636 正				
合 5828	合 39938				
合 5835	美 S545				
合 5908	合 2891 正左半	2891 正右半	合 14135	乙補 1839	乙補 1841
	乙補 5883	乙補 1843	乙補 2953		
合 5934	合 17067				
合 5977	合 9974				
合 6005	合 14998				
合 6017 正反	合 16124 正反				
合 6044	合 17902				
合 6051	合 4063				
合 6059	合 7152 正	續存上 975			
合 6061	合 7098				
合 6062	合補 6438				
合 6073	合 18596				

合 6082	合 7326 正				
合 6084	合 8690				
合 6088	合 39589				
合 6093 正反	京人 878ab	京人 898			
合 6107	東文庫 170	合 9973			
合 6119	存補 5.146.3				
合 6129	合 17317				
合 6143 正反	英藏 1352 正反				
合 6148	合補 1976				
合 6149	合 1224				
合 6157	合 7318	史購 40			
合 6158	合 3664	合 13536 正			
合 6163 正反	合補 1360 正反	山東 1177			
合 6166	合 7405 正				
合 6170 正	合 8974				
合 6172	合 7299				
合 6173	合補 562				
合 6181 正	虛 1549				
合 6185	合補 2873				
合 6195	合 6268	存補 5.140.2			
合 6203	合補 4565				
合 6217	合 17276 正	合補 759 正			

合 6221	合 8562			
合 6238	合 6262			
合 6242	合 6267			
合 6244	合 8571	合 1276		
合 6249	合補 4507			
合 6258	合 6282			
合 6262	合 6238			
合 6266	合 16281			
合 6267	合 6242			
合 6268	合 6195	存補 5.140.2		
合 6270 正	京 1139			
合 6279	合 11891 正	合 11918		
合 6282	合 6258			
合 6286	輯佚 118	合 625		
合 6298	蘇德*218			
合 6308	合 6371			
合 6310	合 6370	合補 1860		
合 6331	合 15770			
合 6345	合 8026			
合 6366	合 12803			
合 6369	英藏 570			
合 6370	合補 1860	合 6310		
合 6371	合 6308			
合 6390	東文研 287			
合 6393	合 6396	合 13684		
合 6396	合 6393	合 13684		

合 6404 正	東文庫 284					
合 6405 正反	懷特 357 正反					
合 6408	合 7314					
合 6437	合 7385 正					
合 6450	合 4090					
合 6471 正	乙補 1729					
合 6481	合 7502					
合 6491	合補 5529					
合 6495	合 11525					
合 6501	合 6914	合補 5356				
合 6502	合 16278					
合 6517	合 7532					
合 6525	合 7861	合 5129				
合 6527	合 6529	合 7537				
合 6529	合 6527	合 7537				
合 6530 正	已綴入《醉古集》第 343 則					
合 6537	合 19667					
合 6552 正	合 3287					
合 6553	英藏 669					
合 6554	英藏 667	合 7549				
合 6576	合 1363					
合 6584	合 2729					
合 6591	合 9535					
合 6601	合 7029					
合 6603	合 10060					
合 6619	R53594					

合 6643	合 18071			
合 6644	英藏 657			
合 6649 正乙	乙補 641	合 13713	乙 6599	
合 6652	合 13695 正甲	乙補 4386	乙補 4844	
合 6665 正	合 16900 正			
合 6674	合補 2773	存補 5.140.1		
合 6690	合補 4615			
合 6703	英藏 623			
合 6706	旅 554	旅 996		
合 6715	合 6716			
合 6716	合 6715			
合 6751	合 3321			
合 6793	合 27744			
合 6815	合 3251			
合 6820	合 17466	合 5451	洹寶 101	
合 6823 正反	合 12998 正反			
合 6840	合 3375			
合 6866	合 7661			
合 6892 正	合 6893			
合 6893	合 6892 正			
合 6898	合 5008			
合 6912	合 3588			
合 6914	合 6501	合補 5356		
合 6940	合 4994			
合 7015	合 18032			

合 7022	合 20312					
合 7024	合 53	合 19193	合 4673	合 22482	山東 0226	善 2.71.15 倒
合 7027	合 3320					
合 7029	合 6601					
合 7030	合 7049					
合 7049	合 7030					
合 7065 甲乙	人 S0176a					
合 7078	合補 1680					
合 7098	合 6061					
合 7136 正反	合 7164 正反					
合 7143 正	合 584 正甲	合 9498 正	合補 5597	東大 B 571a		
合 7143 反	合 584 反甲	合 9498 反	東大 571b			
合 7150	合 522					
合 7151 正	懷特 439					
合 7152 正	合 6059	續存上 975				
合 7156 正	合 9841					
合 7159 正反	合 17697 正反	合補 4838				
合 7164 正	合 7136 正					
合 7164 反	合 7136 反					
合 7187 正	合 3037					
合 7189	合 17827 正					
合 7192	乙補 4327	乙補 4329				
合 7202 正	合 16936 正					
合 7219	合補 1773					

合 7230	合補 833		
合 7265	合 7266		
合 7266	合 7265		
合 7292	合 2649 正		
合 7299	合 6172		
合 7313	合 7350		
合 7314	合 6408		
合 7318	合 6157	史購 40	
合 7320 右半	北大 1576	善齋 7.60.1	
合 7325	英藏 477		
合 7326 正	合 6082		
合 7327	合 7333 正		
合 7332	合 7511		
合 7333 正	合 7327		
合 7350	合 7313		
合 7363 反	合 11482 反		
合 7370	東文研 327		
合 7379 正	1.0.0056（史語所 R27056 號）		
合 7385 正	合 6437		
合 7386	合補 5670		
合 7390	東文庫 206		
合 7392	首師大歷史博物館藏品 119		
合 7396	合 7404		
合 7400	合 7425		
合 7404	合 7396		
合 7405 正	合 6166		

合 7407 正	已綴入《醉古集》第 337 則				
合 7410	上博 2426.783				
合 7420	合補 1344				
合 7425	合 7400				
合 7441 正	乙 4424				
合 7497	合補 1881				
合 7502	合 6481				
合 7504	合 3010 正	合 7540			
合 7511	合 7332				
合 7529	合補 982 正	合補 1430			
合 7530	合補 971	合 3709			
合 7532	合 6517				
合 7537	合 6529	合 6527			
合 7543	合 6553	英藏 669			
合 7549	合 6554				
合 7563	合 15479				
合 7571 正	合 7890				
合 7577	合補 2120				
合 7584 正反部分（乙 3202）	R37748	合 9053 正反	合 18695	乙補 3808	乙補 3811
合 7593	英藏 686				
合 7661	合 6866				
合 7671	合補 1993				
合 7687	合 7699 正	合 4811			

合 7690	存補 4.1.1				
合 7692	合 8622	善齋 7.26.1			
合 7699 正	合 7687	合 4811			
合 7699 反	上博 49003.247 反				
合 7715 正	合 562 正				
合 7718 正	合補 596 正	合補 596 反	合 7718 反		
合 7757 正反	合補 576 正反				
合 7759	合 3367	合 5379			
合 7775	合 7782				
合 7780 正	合補 3338	合補 543			
合 7782	合 7775				
合 7785	旅 139	合 14894			
合 7789	合 7793				
合 7793	合 7789				
合 7795	合補 2216				
合 7802	合 5160				
合 7836	合 10048	合 296			
合 7852 正	乙 8629				
合 7854 正	英藏 1106				
合 7855	合 12878 反				
合 7859 正	合 14097				
合 7861	合 6525	合 5129			
合 7862	合補 769				

合 7880	合 4838	乙 688				
合 7890	合 7571 正					
合 7897	合 16021	合 14591				
合 7906	已綴入《醉古集》第 85 則					
合 7907	已綴入《醉古集》第 85 則					
合 7920	合 9725					
合 7941 正	合 14766					
合 7942	乙補 5965	乙 7110				
合 7961	合 32781					
合 7963	合 10436					
合 7964 正反	合補 2159 正反					
合 7967	合 11170 正					
合 7996	已綴入《醉古集》第 150 則					
合 8014	合 8597	合 8600	合 3750			
合 8015	已綴入《醉古集》第 254 則，林氏又加綴乙補 109					
合 8026	合 6345					
合 8034	合 8035					
合 8035	合 8034					
合 8037	合 13165	上博 54796.8				
合 8039	合 13308	合 16353				
合 8055	乙補 164					
合 8065	合補 109					
合 8070	合 13355					
合 8094	合 1306					
合 8108	合 1601	甲編未著錄 3.0.0370				

合 8120	合 16743	合 16744				
合 8129 正	合 16178	乙 7820	乙補 6919	乙補 5389	乙 8430	
	乙補 2811					
合 8129 反	乙 8431	乙補 5390	乙 8389	乙補 6486	乙 8457	
	乙補 2811 的反面	乙補 2391				
合 8251 正	合 2688	合 2701	京津 2053			
合 8309	合 17508					
合 8331	合 12688					
合 8333	合 14420					
合 8359	合 36417					
合 8401	合 18937					
合 8408	合 03974					
合 8409	輯佚 18					
合 8411		已綴入《醉古集》第 357 則				
合 8443		已綴入《醉古集》第 330 則				
合 8472 正 甲丙	乙補 5510					
合 8501 正	合 18925	英藏 552				
合 8512	合補 3925 正					
合 8538	合 5240					
合 8539	USB698					
合 8546	合 16017	合 13951				
合 8554	合補 1921	合補 2140	合 12812			
合 8562	合 6221					
合 8571	合 1276	合 6244				
合 8574	京人 207					

合 8594 正反	已綴入《醉古集》第 257 則					
合 8597	合 8014	合 8600	合 3750			
合 8600	合 8597	合 8014	合 3750			
合 8622	合 7692	善齋 7.26.1				
合 8650	旅 1065					
合 8654	合 15954 正					
合 8672	殷墟甲骨拾遺（續五）4					
合 8690	合 6084					
合 8704	合 16487	存補 5.378.2				
合 8711	合 10084					
合 8745	英藏 681					
合 8779	乙補 1238					
合 8780	已綴入《醉古集》第 334 則					
合 8802	合 8934					
合 8824	乙補 4246					
合 8825	合 17988					
合 8855	合 19486					
合 8917 正反	已綴入《醉古集》第 50 則					
合 8919	鐵雲 85.1					
合 8934	合 8802					
合 8957	合 3761 正					
合 8967	合 2542					
合 8968 正反	合 14647 正反	合補 1346 正反				

合 8974	合 6070 正				
合 8988	合 20184				
合 8990 正	乙 8445	乙 6431	乙補 6752	合 99	
合 8996 正	英藏 38				
合 9009 正反	已綴入《醉古集》第 196 則				
合 9053 正反	R37748	合 7584 正反部分（乙 3202）	合 18695	乙補 3808	乙補 3811
合 9059	合 12897				
合 9067	合 4773 正	合 18165 的正面	乙補 6252	乙補 6104	合 17304
	合 19695 正				
合 9069	合 9071				
合 9071	合 9069				
合 9088 正	合 715 正	乙補 6656	乙補 6157		
合 9144	合補 3016				
合 9187	已綴入《醉古集》第 105 則				
合 9198 正反	合補 6096 正反				
合 9230	已綴入《醉古集》第 369 則				
合 9257 正反	已綴入《醉古集》第 345 則				
合 9274 正	合 777 正	乙 2473	乙補 91 正		
合 9274 反	乙補 6493	合 777 反			
合 9305	合 5531 正	乙 590			
合 9322 正反	已綴入《醉古集》第 372 則				

合 9409	合 28859	合 29064				
合 9439	合 5396					
合 9443	已綴入《醉古集》第 332 則					
合 9446	旅 625 正反	北大 1452				
合 9473	合 9475					
合 9474	合 3123					
合 9475	合 9473					
合 9486	合 3307	合 227				
合 9497	合 21288					
合 9498 正	合補 5597	東大 B571a	合 7143 正			
合 9498 反	合 584 反甲	東大 B571b	合 7143 反			
合 9502 甲乙	R37203	乙補 6071				
合 9504 正	已綴入《醉古集》第 197 則					
合 9505	已綴入《醉古集》第 372 則					
合 9506	合 9848					
合 9519	英藏 814					
合 9529	合補 602	合 40117				
合 9534	合 2734	合 40078				
合 9535	合 6591					
合 9539	合 548					
合 9554	合 19426	合 09555	乙 3362	乙補 2870		
合 9555	合 9554	合 19426	乙 3362	乙補 2870		
合 9557 反	合 11897					

合9560	甲骨文集 3.0.1817	甲骨文集 3.0.1823				
合9572	合5080	合17331	合16399	合17464	合9583	
合9583	合5080	合17331	合9572	合17464	合16399	
合9584	合18837					
合9594	合9605					
合9605	合9594					
合9607正	4.0.0256					
合9616	合12880					
合9629	歷1116	合3311	合9630			
合9630	合9629	歷1116	合3311			
合9637	合40043	合4010	歷1241			
合9693	英藏804					
合9709	上博2426.474	合13316正				
合9713	合10089					
合9718	合9831					
合9722	合補5308					
合9725	合7920					
合9750	已綴入《醉古集》第348則					
合9757	合2879					
合9759	合24435					
合9793	山東171					
合9802	已綴入《醉古集》第348則					
合9807	合4285					
合9814	合補1787					
合9829	合2060					

合 9831	合 9718					
合 9841	合 7156 正					
合 9848	合 9506					
合 9849	已綴入《醉古集》第 376 則					
合 9862	合 9971					
合 9900	合 12988					
合 9906	合 15101	合 728				
合 9934 正	已綴入《醉古集》第 344 則					
合 9936	乙補 3502 倒	乙補 3568 倒	乙 3830 正	乙補 3517	乙 3824	
	乙補 3533	乙補 3539				
合 9941	英藏 824	合 10042				
合 9955	已綴入《醉古集》第 344 則					
合 9967	合 10143					
合 9971	合 9862					
合 9972	中歷藏 263					
合 9973	合 6107	東文庫 170				
合 9974	合 5977					
合 9997	合 10052					
合 10026 正反	已綴入《醉古集》第 48 則					
合 10029	合補 5658					
合 10034	已綴入《醉古集》第 48 則					
合 10040	已綴入《醉古集》第 360 則					
合 10042	英藏 824	合 9941				
合 10044	合 1777					
合 10046	通 444					
合 10048	合 296	合 7836				

合 10052	合 9997				
合 10055	合 14469 正				
合 10060	合 6603				
合 10068	合補 1989				
合 10084	合 8711				
合 10089	合 9713				
合 10099	合 14141				
合 10104	合 847				
合 10143	合 9967				
合 10146	合 10147				
合 10147	合 10146				
合 10181	合 10189	合 4879			
合 10189	合 10181	合 4879			
合 10196	合 18338				
合 10198 正	乙 507	乙 306	乙 318	乙 5104	乙 4138
合 10208	合 3288				
合 10212	合 10861				
合 10261	合 2003 正				
合 10292	合 12309				
合 10313	合 5332	合 10951			
合 10331	合 3244	合 3243	合 15205	乙 5217	乙 2935
	乙 2986				
合 10350	合 10364				
合 10360	合 19345	合補 5817			
合 10362	合 10749				

合 10364	合 10350				
合 10397	北圖 611				
合 10436	合 7963				
合 10493	合 10660				
合 10506	合 18765	合 13564	安明 S0357		
合 10519	合 10548				
合 10520	合 22				
合 10538	合 649				
合 10548	合 10519				
合 10562	合 10968				
合 10575	合 5438				
合 10584	合補 6113				
合 10607	合 3606				
合 10608 正	合 10609				
合 10609	合 10608 正				
合 10620 正	合 10970 正右半				
合 10660	合 10493				
合 10702 正	合 10895				
合 10716	上博 720 頁.302				
合 10724	英藏 1920				
合 10729	合補 2651				
合 10749	合 10362				
合 10796	安明 525				
合 10856	善 7.40 A. 5				
合 10861	合 10212				

合 10863 正	已綴入《醉古集》第 150 則				
合 10863 反	合補 3275 反	合 3971 反			
合 10895	合 10702 正				
合 10896 正反	合 5674 正反	輯佚 131 正反			
合 10899	乙補 4796				
合 10902	乙 3909				
合 10931	史購 129				
合 10940	合 14336				
合 10947	合 33368	1.0.0519			
合 10948 部分	已綴入《醉古集》第 377 則				
合 10951	合 5332	合 10313			
合 10968	合 10562				
合 10970 正右半	合 10620 正				
合 10970 左半	輯佚 3	明後 0341			
合 11051	合 3410				
合 11073	合補 524	合 3475	合 14361		
合 11105	合 37174				
合 11107	合 1325				
合 11115	合 1924				
合 11149	合 3155	合 3147	史購 108		
合 11170 正	合 7967				
合 11203	安明 97				
合 11230	碎骨 1	碎骨 2	碎骨 3		
合 11231	合 1438				

合 11297	無號甲	乙補 4375 倒	乙補 4373	合 898	乙補 4359	
合 11303	合 22511	乙 9049	乙補 7437			
合 11348	合 22567					
合 11355	合 18681					
合 11372	合 2488 正					
合 11373	合 37706					
合 11403	合補 829 正	安明 624				
合 11416	合 140 正					
合 11448	合 17031					
合 11451	上博 21569.100					
合 11479	已綴入《醉古集》第 367 則					
合 11482 正	合補 462					
合 11482 反	合 7363 反					
合 11484	乙 3349	乙 3879				
合 11482 正	合補 462					
合 11525	合 6495					
合 11546	甲骨文集 3.0.1819					
合 11553	已綴入《醉古集》第 93 則					
合 11569	合 11657	續 5.22.11				
合 11573	北圖 2382					
合 11584	英藏 436	合 5045	合 5044	合 19106		
合 11596	乙補 2136					
合 11657	合 11569	續 5.22.11				
合 11667	合 1352					

合 11671	合 11672				
合 11672	合 11671				
合 11674 正	已綴入《醉古集》第 68 則				
合 11682	合補 4359				
合 11702	合 17710				
合 11705	檜垣 6				
合 11706	合 17305				
合 11722 正	合 17468				
合 11725	合補 4180				
合 11728 正反	合 13159 正反				
合 11746	已綴入《醉古集》第 328 則				
合 11762 正反	已綴入《醉古集》第 364 則				
合 11785	合 34159				
合 11792	合補 338	合 712			
合 11804	合補 3751	上博 496.537			
合 11807	合 12321	合 12019			
合 11814	合 12907				
合 11827	合 12350				
合 11832	合 20771	乙 0084			
合 11835 正反	已綴入《醉古集》第 258 則				
合 11839	合 4162				
合 11845	合 20957				
合 11867	合 12752				
合 11882 正反	已綴入《醉古集》第 359 則				
合 11891 正	合 6279	合 11918			

合 11897	合 9557 反				
合 11912	合 13384				
合 11918	合 11891 正	合 6279			
合 11919	合補 5530				
合 11937	合 12107				
合 11944	合 40282				
合 11971 正反	醉古集 338	合 14577 正	乙 4646	合 16189	合 14580
合 11991	善齋 2.10B.2				
合 12019	合 12321	合 11807			
合 12049	合補 3694				
合 12052 正反	合 17412 正反				
合 12057	已綴入《醉古集》第 161 則				
合 12066 正	合補 1074				
合 12080	合補 2284				
合 12107	合 11937				
合 12109	合 16620				
合 12115	史購 99				
合 12160	乙 7503	乙 7354			
合 12164	合 17349	合 19655	合補 856		
合 12225	合 12283 反				
合 12241 正	合補 723				
合 12248	合 12640				
合 12260	山東 1420				
合 12283 反	合 12225				
合 12309	合 10292				
合 12312 正 甲乙反	已綴入《醉古集》第 381 則				

合 12315 正反		已綴入《醉古集》第 315 則				
合 12317	合 1124					
合 12318 正反		已綴入《醉古集》第 249 則				
合 12324 正		已綴入《醉古集》第 226 則				
合 12321	合 12019	合 11807				
合 12333 正	英藏 1740					
合 12348	乙補 1621	乙補 1850				
合 12350	合 11827					
合 12358	合 12971					
合 12367	乙 5195	乙 5136				
合 12376		已綴入《醉古集》第 368 則				
合 12393	合 12413					
合 12400	合 12442					
合 12409		已綴入《醉古集》第 292 則				
合 12413	合 12393					
合 12432	合 19251					
合 12442	合 12400					
合 12446 部分		已綴入《醉古集》第 284 則				
合 12447		已綴入《醉古集》第 63 則				
合 12451	合補 3293					
合 12466 正反		已綴入《醉古集》第 361 則				
合 12476	合 13447					
合 12515	合 14508 正					
合 12573	合補 4481	合 23679				

合 12640	合 12248				
合 12652	合 2527				
合 12657 正	合 2978 正				
合 12688	合 8331				
合 12739	合 27064				
合 12752	合 11867				
合 12762	合補 3792				
合 12777	善齋卷 5				
合 12803	合 6366				
合 12812	合補 2140				
合 12814 正	合 13601				
合 12814 反	合補 1515				
合 12817	乙 4649	乙 5172			
合 12830	合 5325				
合 12841 正		已綴入《醉古集》第 123 則			
合 12851	無號甲	乙補 4640			
合 12863		已綴入《醉古集》第 332 則			
合 12878 正	合 14167				
合 12878 反	合 7855				
合 12880	合 9616				
合 12887	合補 4609				
合 12897	合 9059				
合 12907	合 11814				
合 12954 正反	合 15620				
合 12971	合 12358				

合 12976	醉古集 338	合 14577 正	乙 4646	合 16189	合 14580	
合 12977	已綴入《醉古集》第 382 則					
合 12988	合 9900					
合 13026	已綴入《醉古集》第 382 則					
合 13034	合 13485	合 14295	合 3814	乙 4872	乙 5012	北圖 1514
合 13074 甲乙	合 13449					
合 13079	合 15236					
合 13108	合 17927					
合 13110	合 13140	合 13126				
合 13126	合 13110	合 13140				
合 13140	合 13110	合 13126				
合 13158	合 3652					
合 13159 正反	合 11728 正反					
合 13165	合 8037	上博 54796.8				
合 13167 正反	已綴入《醉古集》第 362 則					
合 13169	合 21008 正					
合 13179 甲乙	合 22299	合 22473	京人 3144	合 34576		
合 13200 正反	已綴入《醉古集》第 156 則					
合 13213	合 13312					

合 13216	英藏 1079					
合 13221	天理 255					
合 13225	合 39588					
合 13281 甲正反	已綴入《醉古集》第 367 則					
合 13292	東文研 576					
合 13308	合 8039	合 16353				
合 13312	合 13213					
合 13316 正	合 9709	上博 2426.474				
合 13317	瑞斯 24					
合 13324 正反	已綴入《醉古集》第 156 則					
合 13333 正	合 16998 正					
合 13347	已綴入《醉古集》第 340 則					
合 13355	合 8070					
合 13360	已綴入《醉古集》第 150 則					
合 13377	合 18792	合補 2294	合 18795			
合 13384	合 11912					
合 13385	合 1558					
合 13403	已綴入《醉古集》第 259 則					
合 13420	北大 2441					
合 13442 反	合 17274					
合 13447	合 12476					
合 13449	合 13074 甲	合 13074 乙				

合 13485	合 13034	合 14295	合 3814]	乙 4872	乙 5012	北圖 1514
合 13492	國博 50					
合 13498	合補 580					
合 13500	瑞典 28					
合 13515	史購 46 正					
合 13517	乙 6087					
合 13519	合 13927					
合 13536 正	合 6158	合 3664				
合 13540	英藏 1399					
合 13543	合 13544					
合 13544	合 13543					
合 13560	英藏 1976					
合 13561	合 23525	合 23579	英藏 2187			
合 13564	合 18765	安明 S0357	合 10506			
合 13587	合 18006					
合 13599	合 4632 正	合 2192				
合 13601	合 12814					
合 13603	合 5425					
合 13625 正反	已綴入《醉古集》第 268 則					
合 13627	乙 1831					
合 13642	合 1248 正	合補 02653	乙 3367	乙 1617	乙 2934	
合 13648 正反	已綴入《醉古集》第 306 則					
合 13667	已綴入《醉古集》第 380 則					
合 13668 正	已綴入《醉古集》第 380 則					

合 13669	已綴入《醉古集》第 255 則					
合 13673	已綴入《醉古集》第 377 則					
合 13684	合 6393	合 6396				
合 13692	合 15664					
合 13693	合 13694					
合 13694	合 13693					
合 13695 正甲	合 6652	乙補 4386	乙補 4844			
合 13695 乙	乙補 2571 倒	合 2261				
合 13702	已綴入《醉古集》第 305 則					
合 13713	乙 6599	合 6649 乙	乙補 641			
合 13721	已綴入《醉古集》第 105 則					
合 13750 正反	已綴入《醉古集》第 248 則					
合 13782	已綴入《醉古集》第 317 則					
合 13803	合 13804					
合 13804	合 13803					
合 13805	已綴入《醉古集》第 370 則					
合 13858	已綴入《醉古集》第 380 則					
合 13868	合補 5066					
合 13876	合 13877					
合 13877	合 13876					
合 13881	已綴入《醉古集》第 250 則					
合 13886	善齋 2.52.11					
合 13909	合補 4005	合 4353				
合 13927	合 13519					
合 13951	合 8546	合 16017				

合 13958	已綴入《醉古集》第 372 則					
合 13970	合 14054					
合 13989	合 154					
合 13992	已綴入《醉古集》第 44 則					
合 13996	合 14092	史購 063 正				
合 13999	合 19597					
合 14006 正	旅 1184 正反	善齋 7.20A.3				
合 14009 正	合補 867	史購 116				
合 14019 正反	醉古集 87		乙 4496			
合 14030	合 2707					
合 14032	乙 7110	乙補 5787	R37074	乙補 5965	乙 7111	
合 14033 正	合 14506	合 14507	合 19707	乙 4188	乙補 3926	
	乙補 3924	乙 3887	乙 3893			
合 14035 正	已綴入《醉古集》第 157 則					
合 14042 正	合補 1008	合補 385 正	北大 1717			
合 14054	合 13970					
合 14060 正	乙補 3989	乙補 3972	乙補 3967 倒	乙補 3970	乙補 3951	
	乙補 3956 倒	乙 4214	乙補 3977			
合 14074	合 663	東文庫 111 正倒	英藏 125 正			
合 14092	合 13996	史購 063 正				
合 14095	合 2341					
合 14097	合 7859 正					
合 14115	合 14116					

合 14116	合 14115				
合 14131	已綴入《醉古集》第 328 則				
合 14135	合 2891 正左半	合 2891 正右半	合 5908	乙補 1839	
	乙補 1841	乙補 2953	乙補 5883	乙補 1843	
合 14141	合 10099				
合 14146	已綴入《醉古集》第 252 則				
合 14156	合補 1312	乙 8002	乙補 1620		
合 14167	合 12878 正				
合 14168 正反	已綴入《醉古集》第 100 則				
合 14177	掇三 331				
合 14182	已綴入《醉古集》第 101 則				
合 14184	已綴入《醉古集》第 100 則				
合 14198 正	已綴入《醉古集》第 299 則				
合 14213	合 14217				
合 14217	合 14213				
合 14222 甲正反	已綴入《醉古集》第 305 則				
合 14229 反	乙補 6800	乙 8231	合 17220	乙補 6814	
合 14229 正	已綴入《醉古集》第 147 則				
合 14235 部分	已綴入《醉古集》第 100 則				
合 14246	已綴入《醉古集》第 134 則				

合 14257	合 14258	北大 1154	北大 1748			
合 14258	合 14257	北大 1154	北大 1748			
合 14262	合補 2051					
合 14288	合 2763 正	合 3524	合 4249	合 18684	合 18799	
合 14293 正	已綴入《醉古集》第 347 則					
合 14295	合 13034	合 13485	合 3814	乙 4872	乙 5012	北圖 1514
合 14315	合 1076	乙補 4875				
合 14328	合 15981	乙補 6103	乙補 1859	乙 3565	乙補 3094	
合 14335	合 1997					
合 14336	合 10940					
合 14338	合 15125					
合 14361	合補 524	合 3475	合 11073			
合 14365	合 19363					
合 14372	合 14373					
合 14373	合 14372					
合 14420	合 8333					
合 14469 正	合 10055					
合 14474 正	合補 1705					
合 14506	合 14033 正	合 14507	合 19707	乙補 3926	乙 4188	
	乙補 3924	乙 3887	乙 3893			
合 14507	合 14506	合 14033 正	合 19707	乙補 3926	乙 4188	
	乙補 3924	乙 3887	乙 3893			

合 14508 正	合 12515					
合 14524	合 14527 正	合 15582				
合 14527 部分	已綴入《醉古集》第 102 則					
合 14529	合 15206 倒					
合 14556	甲 2045	合 15455				
合 14567	京 617					
合 14577	乙 4646	合 14600				
合 14579	醉古集 338	合 14577 正	乙 4646	合 16189	合 14580	
合 14591	合 16021	合 7897				
合 14592	合 15269					
合 14599	醉古集 338	合 14577 正	乙 4646	合 16189	合 14580	
合 14600	合 14577	乙 4646				
合 14621	已綴入《醉古集》第 154 則					
合 14643	合 15269	合 15275				
合 14647 正反	合 8968 正反	合補 1346 正反				
合 14722 正反	已綴入《醉古集》第 324 則					
合 14731	明後 1888					
合 14737	合 349	合 358				
合 14766	合 7941 正					
合 14879	合 4915					
合 14894	旅 139	合 7785				
合 14909	合 22287	合 22218	R37093	R37035		

合 14911	合 409				
合 14915	合 4385				
合 14920	合 33035				
合 14976 正	合補 2163 正				
合 14976 反	合補 2163 反				
合 14987 正反	已綴入《醉古集》第 143 則				
合 14998	合 6005				
合 15020 正反	合 15047 正反				
合 15026 正反	合 7167 正反				
合 15046	合 1605				
合 15047 正反	合 15020 正反				
合 15065	已綴入《醉古集》第 337 則				
合 15101	合 728	合 9906			
合 15103	乙 7982	乙補 1926	合 16075	乙補 2093	合 2461
	乙補 6878	合 1004 甲、乙	無號甲		
合 15108	合 22045				
合 15125	合 14338				
合 15127 正反	醉古集 87			乙 4496	
合 15142	合 2559				
合 15165	合 2551	合 25	合 18003		
合 15185	合補 573				
合 15193	合補 714				
合 15205	合 10331	合 3244	合 3243	乙 5217	乙 2935
	乙 2986				

合 15206 倒	合 14529			
合 15208	合 25965			
合 15211	已綴入《醉古集》第 297 則			
合 15232	合 2476 正			
合 15236	合 13079			
合 15237 正反	已綴入《醉古集》第 360 則			
合 15253	合 19290			
合 15269	合 14592			
合 15275	合 14643	合 15269		
合 15417	合 17333	合 3018		
合 15455	甲 2045	合 14556		
合 15462	合 19037			
合 15475	合 1520	合 102	存補 5.431.1	
合 15476	合 16217			
合 15479	合 7563			
合 15483 正	合 15484			
合 15484	合 15483 正			
合 15525	合 15984	國博 073		
合 15526	合 19031	輯佚 23		
合 15528 正	合 4919	合 39987		
合 15530	合 15576	合 15552		
合 15552	合 15530	合 15576		
合 15576	合 15530	合 15552		
合 15580	合補 2496 正			
合 15586	合補 109			
合 15620	合 12954 正反			

合 15650	合 21039	合 21785			
合 15653	乙 8988				
合 15664	合 13692				
合 15701	合 19166				
合 15726	合 1670	乙補 5398			
合 15754	合 4140				
合 15760	合 24941				
合 15770	合 6331				
合 15777 正	合補 2447 正				
合 15777 反	合補 2447 反				
合 15842	掇三 779				
合 15854 正反	已綴入《醉古集》第 50 則				
合 15917	合 2052 正				
合 15948	合 15949				
合 15949	合 15948				
合 15954 正	合 8654				
合 15954 反	人 S0066b				
合 15981	合 14328	乙補 6103	乙補 1859	乙 3565	乙補 3094
合 15984	合 15525	國博 073			
合 15995	合補 1311				
合 16017	合 8546	合 13951			
合 16021	合 7897	合 14591			
合 16029	京人 S0603				

合 16037	英藏 1149					
合 16050	東文研 645					
合 16075	合 1004 乙	合 261	合 1004 甲	合 2461	乙補 6878	
	無號甲	乙補 2093	合 15103	乙 7982	乙補 1926	
合 16078	合 264 正					
合 16112	合 5400					
合 16116	合 43	合補 3166	合 25974			
合 16124 正反	合 6017 正反					
合 16133 正反	已綴入《醉古集》第 373 則					
合 16178	合 8129 正	乙 7820	乙補 6919	乙補 5389	乙 8430	
	乙補 2811	乙補 2391	乙 8457			
合 16182	合 334					
合 16184	合 4595					
合 16217	合 15476					
合 16278	合 6502					
合 16281	合 6266					
合 16297	合 39895	合 40264				
合 16302 正反	已綴入《醉古集》第 323 則					
合 16331 正反	已綴入《醉古集》第 360 則					
合 16353	合 13308	合 8039				
合 16373	合 21454					
合 16376 正	北大 2166					

合 16378	合 5132	張世放 42	合 3596 正	合 5141		
合 16399	合 5080		合 17331	合 9572	合 17464	合 9583
合 16432	合 19359					
合 16437	已綴入《醉古集》第 101 則					
合 16442	已綴入《醉古集》第 372 則					
合 16447	合 5320					
合 16449	合 17387					
合 16457	已綴入《醉古集》第 150 則					
合 16463 甲乙	乙 5533		乙補 1786	乙補 2070	乙補 2197	乙補 6207
合 16487	合 8704		存補 5.378.2			
合 16497	乙 3135		乙 3137	乙補 2751	乙補 2752	
合 16504	合補 5878					
合 16565	合 3928					
合 16572	合補 3067					
合 16583	懷特 214					
合 16613	合 16616					
合 16616	合 16613					
合 16620	合 12109					
合 16685	合 11545		合 9449 正			
合 16686	合 16828					
合 16687	合 19744					
合 16700	合補 936					
合 16743	合 16744		合 8120			

合 16744	合 16743	合 8120				
合 16775	合 16840					
合 16801	合 33135					
合 16828	合 16686					
合 16840	合 16775					
合 16874	蘇德．附錄二					
合 16887	合補 5851					
合 16900 正	合 6665 正					
合 16901	合補 4845					
合 16910	合 7156	合 9841				
合 16913 正	合 17076					
合 16936 正	合 7202 正					
合 16936 反	東大 B0392a					
合 16938	合 3526					
合 16952	輯佚 274					
合 16963	合 22244	合 22269	合 22243	合 22259 左	合 16982	
	合 18483	乙 8767	乙 8945	乙 8839		
合 16982	合 22244	合 22269	合 22243	合 22259 左	合 16963	
	合 18483	乙 8767	乙 8945	乙 8839		
合 16998 正	合 13333 正					
合 17002	已綴入《醉古集》第 86 則					
合 17006	已綴入《醉古集》第 166 則					
合 17014	京人 637					
合 17028 正	合補 3446					
合 17031	合 11448					

合 17033	冬 142				
合 17041	乙補 365	乙補 367			
合 17056	史購 041 正				
合 17061	善齋 2.61.5				
合 17066	合 26628	合 26630	合 26680	合 26649	
合 17067	合 5934				
合 17076	合 16913 正				
合 17083 甲乙	已綴入《醉古集》第 35 則				
合 17084	合 17105	乙 6186	乙 6591	乙補 0275	乙 6181
	乙補 5512	乙補 5716	乙補 5737		
合 17096 正	合 17139				
合 17097	合 23599				
合 17105	合 17084	乙 6186	乙 6591	乙補 0275	乙 6181
	乙補 5512	乙補 5716	乙補 5737		
合 17115	合 17169				
合 17132	珠 1425				
合 17134	合 17355				
合 17139	合 17096 正				
合 17149 正	合補 6439				
合 17150	合 861				
合 17168	合 17171	合 17170			
合 17169	合 17115				
合 17170	合 17168	合 17171			
合 17171	合 17168	合 17170			

合 17172	合 428				
合 17220	已綴入《醉古集》第 147 則				
合 17226	已綴入《醉古集》第 166 則				
合 17231	已綴入《醉古集》第 99 則				
合 17255 正反	已綴入《醉古集》第 143 則				
合 17265 正反	已綴入《醉古集》第 365 則				
合 17274	合 13442 反				
合 17276 正	合 6217	合補 759 正			
合 17276 反	合補 759 反				
合 17282	合 16124 反	合 6017 反			
合 17293	已綴入《醉古集》第 364 則				
合 17302	合 1631	合 3518			
合 17304	已綴入《醉古集》第 315 則				
合 17305 正反	合 11706 正反				
合 17309	合 17796 正	合 17992	合 2204		
合 17311 正反	已綴入《醉古集》第 381 則				
合 17317	合 6129				
合 17331	合 5080	合 9572	合 16399	合 17464	合 9583
合 17333	合 3018	合 15417			
合 17341	已綴入《醉古集》第 100 則				
合 17344	已綴入《醉古集》第 150 則				
合 17349	合 12164	合 19655	合補 856		
合 17355	合 17134				
合 17360 正	合 3773				
合 17386	存補 6.198.2				

合 17387	合 16449				
合 17394	合 5598 正				
合 17412 正反	合 12052 正反				
合 17432	已綴入《醉古集》第 85 則				
合 17464	合 5080	合 17331	合 9572	合 16399	合 9583
合 17466	合 6820	合 5451	洹寶 101		
合 17508	合 8309				
合 17557 正	合 1636				
合 17608	善齋 7.18b.9				
合 17636 正	合 5826				
合 17681	明後 1814				
合 17695 反	乙補 6105	合 9067 的反面	合 18165 反	乙補 6252	合 4773 反
	合 17304 的反面				
合 17695 正	乙補 6104	合 17304	合 4773 正	合 9067	合 18165 的正面
	乙補 6252				
合 17697 正反	合 7159 正反	合補 4838			
合 17705	乙補 3925				
合 17710	合 11702				
合 17729 正反	合補 5287 正反				
合 17732	已綴入《醉古集》第 143 則				
合 17796 正	合 17992	合 2204	合 17309		
合 17800	已綴入《醉古集》第 370 則				
合 17827 正	合 7189				
合 17902	合 6044				

合 17922	已綴入《醉古集》第 86 則				
合 17927	合 13108				
合 17984	合 15664				
合 17987	合 26774				
合 17988	合 8825				
合 17992	合 2204	合 17796 正	合 17309		
合 17999	綴集 262				
合 18003	合 25	合 2551	合 15165		
合 18006	合 13587				
合 18032	合 7015	合 4326	合補 1991		
合 18071	合 6643				
合 18144	已綴入《醉古集》第 336 則				
合 18150	合補 1306				
合 18165 正	乙補 6104	合 17304	合 4773 正	合 9067	合 17695 正
	乙補 6252				
合 18165 反	合 17695 反	乙補 6105	合 9067 反	乙補 6252	合 4773 反
	合 17304 反				
合 18174	合 18614				
合 18217	合 23611	合 23432			
合 18242	已綴入《醉古集》第 165 則				
合 18254	已綴入《醉古集》第 195 則				
合 18321	已綴入《醉古集》第 59 則				
合 18338	合 10196				
合 18404	合 3104				

合 18439	合 22078		合 22106	合 22111	乙 1851	
合 18442	已綴入《醉古集》第 371 則					
合 18483	合 22244		合 22269	合 22243	合 22259 左	合 16982
	合 16963		乙 8767	乙 8945	乙 8839	
合 18504	英藏 337					
合 18510	合 22003		合 21988			
合 18511	合 20639					
合 18587	合補 72					
合 18596	合 6073					
合 18599	合 2246 正甲					
合 18612	上博 2426．1399					
合 18614	合 18174					
合 18647	合 8988					
合 18661	北大 2455					
合 18663 正反	安明 793 正反					
合 18674	已綴入《醉古集》第 367 則					
合 18681	合 11355					
合 18684	合 2763 正		合 3524	合 4249	合 14288	合 18799
合 18695	合 7584 正反部分（乙 3202）		R37748	合 9053 正反	乙補 3808	乙補 3811
合 18724	乙補 4142		乙補 4212	乙補 4221		
合 18730 正反	已綴入《醉古集》第 259 則					
合 18749	合 18750					
合 18750	合 18749					

合 18765	合 13564	安明 S0357	合 10506			
合 18777	合 24508					
合 18792	合補 2294	合 18795	合 13377			
合 18795	合 18792	合補 2294	合 13377			
合 18797 正	合 18996	史購 43 正				
合 18797 反	史購 43 反					
合 18801	合 24739					
合 18821	合補 2736					
合 18837	合 9584					
合 18900 正反	已綴入《醉古集》第 315 則					
合 18917	合補 2022					
合 18919	合補 5854					
合 18925	英藏 552	合 8501 正				
合 18935	已綴入《醉古集》第 360 則					
合 18937	合 8401					
合 18943	合 18947					
合 18947	合 18943					
合 18948 正反	英藏 1890 正反					
合 18956	已綴入《醉古集》第 230 則					
合 18996	史購 43 正	合 18797 正				
合 19031	合 15526	輯佚 23				

合 19037	合 15462					
合 19047	合 4984					
合 19106	合 5044	合 5045	英藏 436	合 11584		
合 19136	乙 1785					
合 19139		已綴入《醉古集》第 57 則				
合 19152 正	合 1590					
合 19166	合 15701					
合 19191	合 7024	合 19193	合 4673	合 22482	山東 0226	善 2.71.15 倒
合 19193	合 7024	合 22482	合 4673	合 53（合 19191）	山東 226	
合 19203	合 5474					
合 19229		已綴入《醉古集》第 131 則				
合 19236	歷 20					
合 19246	合 3697 正					
合 19251	合 12432					
合 19283	合補 5744					
合 19285	合 266	合 489	旅 1019			
合 19287	乙 8890					
合 19290	合 15253					
合 19312		已綴入《醉古集》第 196 則				
合 19345	合 10360	合補 5817				
合 19359	合 16432					
合 19363	合 14365					
合 19370	明後 0374					
合 19372	乙 5331	乙 5294	乙補 4888			
合 19426	合 9554	合 9555	乙 3362	乙補 2870		

合 19479 正反	合 5620				
合 19486	合 5758				
合 19511	上博 17645.359				
合 19529 正反	已綴入《醉古集》第 55 則				
合 19597	合 13999				
合 19634	上博 49003.89				
合 19638	已綴入《醉古集》第 328 則				
合 19655	合 17349	合 12164	合補 856		
合 19662	存補 6.103.3				
合 19667	合 6537				
合 19682	合 3283				
合 19690	明續 B1740				
合 19697	存上 1841				
合 19707	合 14507	合 14506	合 14033 正	乙補 3924	乙 4188
	乙 3887	乙 3893	乙補 3926		
合 19724 反	合補 2136 反				
合 19724 正	合 2778	合補 2136 正			
合 19744	合 16687				
合 19755	合 20923				
合 19759	合 20401				
合 19772	乙 214	合 20924	合 20903		
合 19785	合 19911	合 22527	合 21382		

合 19786	合 20767	合 20988				
合 19789	合 20064					
合 19796	合 21251					
合 19801	合 20899	合 20961	合 20609			
合 19804	合 21227					
合 19810	合 20659					
合 19811	合 22335					
合 19863		已綴入《醉古集》第 261 則				
合 19866	合 2448					
合 19867	合 20318					
合 19893	綴彙 764					
合 19895	合 22221	合補 6915（合補 3984）	乙 8774	乙補 7394		
合 19911	合 22527	合 21382	合 19785			
合 19941		已綴入《醉古集》第 353 則				
合 19942	合 20814					
合 19965	合 21071					
合 19966	合補 6588 甲乙					
合 19981	合 20055					
合 19982	合 21457					
合 19996	合 22266	合 39668	合 21560	2.2.0051		
合 20012	合 20664	合補 6736				
合 20014	3.2.0942					
合 20050	合 22401	R37085	R37088	R37681	合 21303	
合 20055	合 19981					
合 20064	合 19789					

合 20072	合 20859					
合 20112	外 215					
合 20114	合 21350	合 21350	合 21350	合 21350	合 21348	
	合 21350		京 2969	合 21356		
合 20120	合 20744					
合 20124	合 21151					
合 20125	合 21540					
合 20139	合 19908					
合 20140	合 21343					
合 20160	合 21357					
合 20163	乙補 5		合 20475	乙補 84	廣東省文物商店 2	
合 20184	合 8988					
合 20191	合 21229					
合 20195	掇三 761					
合 20199	合 20412					
合 20222	乙補 3					
合 20242	合 20601					
合 20265	合 20594	合 20779				
合 20269	乙補 18 倒	乙補 19 倒				
合 20274	合 20655	掇三 763				
合 20303	合 20387	R44117				
合 20312	合 7022					
合 20318	合 19867					

合 20324	甲 2291	甲 2311			
合 20338	合 21844				
合 20352	合 22209	乙 8964	乙補 7418		
合 20359	乙 9077				
合 20366	合 22207	合 22208	合 22210	乙 8957	乙 8724 倒
合 20376	3.2.0949				
合 20379 部分		已綴入《醉古集》第 170 則			
合 20385	合 32839				
合 20387	合 20303	R44117			
合 20401	合 19759				
合 20408	合 20420				
合 20412	合 20199				
合 20412 部分	合 20421	乙 8508	合 20773		
合 20420	合 20408				
合 20421	合 20412 部分	乙 8508	合 20773		
合 20436	合 20438	乙 358			
合 20437	合 20952	合 20918			
合 20438	乙 358	合 20436			
合 20440	3.2.0205	3.2.0165			
合 20444	合 20660				
合 20455	合 20545	合 21995	乙補 9	乙補 66	
合 20475	乙補 5	合 20163	乙補 84	廣東省文物商店 2	
合 20476		已綴入《醉古集》第 261 則			
合 20506	合 20507				
合 20507	合 20506				

合20529	合補6932甲乙	京人2992					
合20537	乙補8	合20771	合20908				
合20545	合21995	合20455	乙補9	乙補66			
合20574	合20823						
合20579	合20529	京人2992	合21176				
合20591	乙8954						
合20594	合20779	合20265					
合20601	合20242						
合20609	合19801	合20899	合20961				
合20621	合21426						
合20639	合18511						
合20650	合20652						
合20652	合20650						
合20653	合補6654						
合20655	合20274	掇三763					
合20659	合19810						
合20660	合20444						
合20662	乙補7408	乙8930	乙9010正反	乙9015			
合20664	合20012	合補6736					
合20684	乙328						
合20691	乙8975	乙8972					
合20699	合20980						

合 20704	合 21218			
合 20708	合 21323			
合 20710	已綴入《醉古集》第 263 則			
合 20720	合 20995			
合 20725	合 20811			
合 20727	合 21927	乙 81		
合 20744	合 20120			
合 20767	合 19786	合 20988		
合 20771	合 20908	合 20537	乙補 8	
合 20773	合 20412 部分	合 20421	乙 8508	
合 20776	合 22373	甲 2285	合 33366	
合 20776	已綴入《醉古集》第 240 則			
合 20779	合 20594	合 20265		
合 20811	合 20725			
合 20814	合 19942			
合 20817	合 3688			
合 20821	合 20991	乙 24		
合 20823	合 20574			
合 20824	乙補 21			
合 20834	合補 6659			
合 20835	合 21387	乙 477		
合 20841	合 20914			
合 20842	已綴入《醉古集》第 353 則			
合 20857	合 21413	乙補 7383	乙補 7406	
合 20859	合 20072			
合 20864	已綴入《醉古集》第 284 則			

合20866	合21000	合20900				
合20871	合22372					
合20872	乙8933					
合20873	合20876					
合20876	合20873					
合20887	乙8803	合21511	乙8731	合21578	合624	
	乙8838	乙8847	合22277 部分	合21505		
合20899	合20961	合19801	合20609			
合20900	合21000	合20866				
合20903	合19772	乙214	合20924			
合20914	合20841					
合20916	乙5553					
合20918	合20952	合20437				
合20920 部分	乙補7084 倒	合20946	乙122			
合20923	合19755					
合20924	乙214	合19772	合20903			
合20925	乙補7083 倒					
合20946	乙補7084 倒	合20920 部份	乙122			
合20947	乙1826	合21979	乙622			
合20952	合20437	合20918				
合20957	合11845					
合20961	合20899	合19801	合20609			
合20962	已綴入《醉古集》第353則					
合20967	乙補64					
合20980	合20699					
合20986	合21025	合補6862				

合 20988	合 19786	合 20767				
合 20989	合 20992					
合 20991	合 20821	乙 24				
合 20992	合 20989					
合 20995	合 20720					
合 20997	乙 88					
合 21000	合 20866	合 20900				
合 21008 正	合 13169					
合 21012	已綴入《醉古集》第 262 則					
合 21018	乙補 69					
合 21021 部分	合 21321	合 21316				
合 21025	合補 6862	合 20986				
合 21037	已綴入《醉古集》第 261 則					
合 21039	合 21785	合 15650				
合 21040	合 22309	合 22197	R37066	R37403	R37412	合 21057
合 21053	已綴入《醉古集》第 266 則					
合 21055	合 21153					
合 21057	合 21040	合 22390	合 22197	R37066	R37403	R37412
合 21059	合 21133					
合 21071	合 19965					
合 21073	乙補 5573					
合 21099	合 27072					
合 21109	合 22489					
合 21123	京津 2993					
合 21133	合 21059					
合 21151	合 20124					
合 21153	合 21055					

合 21176	合 20579	合 20529	京人 2992			
合 21187	1．0．0520					
合 21207 主體	合 20341	合 22025				
合 21207 部分	合 22460					
合 21218	合 20704					
合 21227	合 19804					
合 21229	合 20191					
合 21251	合 19796					
合 21265	合 22007	合 21946				
合 21288	合 9497					
合 21303	合 22401	R37085	R37088	R37681	合 20050	
合 21309	合 11832	乙 0084				
合 21316	合 21021 部分	合 21321				
合 21318	合補 6810					
合 21321	合 21316	合 21021 部分				
合 21323	合 20708					
合 21328	合 21340					
合 21340	合 21328					
合 21341 部分	合 21354 部分	乙 211				
合 21343	合 20140					
合 21348	合 21350	合 21350	合 21350	合 21350	合 21350	
	合 20114	京 2969	合 21356			
合 21350	合 21350	合 21350	合 21348	合 21350	合 21350	
	合 20114	京 2969	合 21356			

合 21354 部分	乙 211	合 21341 部分			
合 21356	合 21350	合 21350	合 21350	合 21350	合 21348
	合 21350	京 2969	合 20114		
合 21357	合 20160				
合 21369	合 5431				
合 21375	懷特 434				
合 21382	合 19911	合 22527	合 19785		
合 21387	合 20835	乙 477			
合 21389	安明 788				
合 21394	掇三 533				
合 21413	合 20857	乙補 7383	乙補 7406		
合 21426	合 20621				
合 21454	合 16373				
合 21456	合 22132	合 22222 部分			
合 21457	合 19982				
合 21480	乙 8746				
合 21505	乙 8803	合 21511	乙 8731	合 21578	合 624
	乙 8838	乙 8847	合 22277 部分	合 20887	
合 21511	乙 8731	合 21578	乙 8803	合 624	合 22277 部分
	乙 8838	乙 8847	合 21505	合 20887	
合 21540	合 20125				
合 21552	R41146	R53555	合 22277 部分	合 22251	
合 21560	合 19996	合 22266	合 39668	2.2.0051	
合 21564	已綴入《醉古集》第 374 則				

合 21572	合 21706	合 21654	合 21626 左中				
合 21578	乙 8731	合 21511	乙 8803	合 624	合 22277 部分		
	乙 8847	合 21505	合 20887				
合 21584	合 32740						
合 21586	乙 5235						
合 21597	乙補 901	乙 8581	合 21600				
合 21600	乙 8581	乙補 901	合 21597				
合 21622	已綴入《醉古集》第 353 則						
合 21626 右	已綴入《醉古集》第 374 則						
合 21626 左中	合 21654	合 21706	合 21572				
合 21653	合 21804	乙 5725	乙 5203	乙 5731	乙補 4838		
合 21654	合 21626 左中	合 21706	合 21572				
合 21662	合 19941	合 20842	合 20962				
合 21693	合 21773	合 21774					
合 21702	合 21833						
合 21706	合 21654	合 21626 左中	合 21572				
合 21718	合 21836						
合 21728	合 21823						
合 21773	合 21693	合 21774					
合 21774	合 21693	合 21773					
合 21781	英藏 1913	合 21811					

合 21782	英藏 1913	合 21811			
合 21785	合 21039	合 15650			
合 21787	乙補 1229	乙 7717			
合 21788	合補 6823				
合 21791	合 439	合 434			
合 21799	上博 2426.700				
合 21804	合 21653	乙 5725	乙 5203	乙 5731	乙補 4838
合 21809	合 21822	乙補 1352			
合 21810	乙 1843	乙 620			
合 21811	英藏 1913	合 21782			
合 21822	合 21809	乙補 1352			
合 21823	合 21728				
合 21833	合 21702				
合 21836	合 21718				
合 21839 左	合 21878	合 21952	乙補 684		
合 21844	合 20338				
合 21853	京津 2993				
合 21856		已綴入《醉古集》第 374 則			
合 21863		已綴入《醉古集》第 262 則			
合 21864	合 21947				
合 21866	乙 1304				
合 21868	存補 2.89.1				

合 21875	合 21938 上	合 21973	合 21977	乙 1658	乙 1791 倒	
	乙 1517	乙 1832 倒				
	乙 1791 倒					
合 21877	合補 6912	乙 1840				
合 21878	合 21839 左	合 21952	乙補 684			
合 21879	合 22228	合 22229				
合 21887	乙補 1380	乙 635	合補 6941	合 22459		
合 21893	合 21894					
合 21894	合 21893					
合 21896	合 21898	英藏 1911				
合 21898	合 21896	英藏 1911				
合 21907	合 22471					
合 21910	乙 9046	乙補 7439				
合 21915	合 5633					
合 21921	乙 1179	合 21932	乙補 591	合 21974	合 21939	
合 21921 下	乙補 511	乙補 595				
合 21923	乙補 1047					
合 21926 下	乙補 1362					
合 21927	乙 81	合 20727				
合 21928	合 22041	乙補 1034				
合 21931	乙 717	乙補 0576	乙補 1350			

合 21932	乙 1179	合 21921	乙補 591	合 21974	合 21939	
合 21934	合 21972					
合 21937	乙 1012					
合 21938 上	合 21875	合 21973	合 21977	乙 1658	乙 1791 倒	
	乙 1517	乙 1832 倒				
	乙 1791 倒					
合 21938 下	合 21942					
合 21939	乙 1179	合 21932	合 21921	合 21974	乙補 591	
合 21940	已綴入《醉古集》第 318 則					
合 21941	合 21996					
合 21942	合 21938 下					
合 21944	合 22189	國博 12	國博 15			
合 21946	合 22007	合 21265				
合 21947	合 21864					
合 21951	乙 613	乙 609				
合 21952	合 21839 左	合 21878	乙補 684			
合 21953	乙 7803					
合 21964 上下	已綴入《醉古集》第 241 則					
合 21972	合 21934					
合 21973	合 21938 上	合 21875	合 21977	乙 1658	乙 1791 倒	
	乙 1517	乙 1832 倒				
合 21974	乙 1179	合 21932	合 21921	乙補 591	合 21939	
合 21977	合 21938 上	合 21875	合 21973	乙 1658	乙 1791 倒	
	乙 1517	乙 1832 倒				
合 21978	乙 1649					

合 21979	乙 622	合 20947	乙 1826		
合 21988	合 22003	合 18510			
合 21990	合 21994				
合 21994	合 21990				
合 21995	合 20545	合 20455	乙補 9	乙補 66	
合 21996	合 21941				
合 22000	乙 1762				
合 22003	合 21988	合 18510			
合 22007	合 21946	合 21265			
合 22016	乙補 1230				
合 22021	乙補 1357				
合 22025 部分	合 20341	合 21207 主體			
合 22026	乙補 1257	乙 7932			
合 22041	合 21928	乙補 1034			
合 22042	乙 1817				
合 22043	合 22095				
合 22045	合 15108				
合 22055	已綴入《醉古集》第 224 則				
合 22061	合 22431				
合 22063 部分	已綴入《醉古集》第 104 則				
合 22066	乙 2112				
合 22070 甲乙	乙補 217	乙補 0890			
合 22078	合 22106	合 22111	合 18439	乙 1851	
合 22079 甲乙	合 22101	合 22129			
合 22086	合 22087 正	合補 6884			

合22087 正	合22086	合補6884			
合22088	已綴入《醉古集》第104則				
合22091 甲乙	合22212	合22309	乙補3399	乙補3400	乙補6106
	合22124	合22410	合補5638	合22418	乙8557
合22093	乙4944				
合22094	合22441				
合22095	合22043				
合22101	合22079 甲乙	合22129			
合22104	合22128	合22126	合22125	合22121	
合22106	合22078	合22111	合18439	乙1851	
合22111	合22078	合22106	合18439	乙1851	
合22113	已綴入《醉古集》第104則				
合22121	合22125	合22104	合22128	合22126	
合22124	乙補3399	合22309	合22212	合22091 甲乙	乙補6106
	乙補3400	合22410	合補5638	合22418	乙8557
合22125	合22104	合22128	合22126	合22121	
合22126	合22128	合22104	合22125	合22121	
合22127	合22495				
合22128	合22126	合22104	合22125	合22121	
合22129	合22079 甲乙	合22101			
合22130	合32179	乙補7371	乙補7369 倒		
合22132	合21456	合22222 部分			
合22133	合22144	合補6898	乙8845	乙補7364	乙補7338 倒
	乙8989	乙補7367	乙8798	乙8787	

合22135	合22263					
合22144	合22133	合補6898	乙8845	乙補7364	乙補7338倒	
	乙8989	乙補7367	乙8798	乙8787		
合22172	合22351					
合22186	已綴入《醉古集》第104則					
合22187	合22206甲	R37014正				
合22189	合21944	國博12	國博15			
合22197	R37066	R37403	R37412	合21057	合21040	合22390
合22206甲	合22187	R37014正				
合22207	合20366	合22208	合22210	乙8957	乙8724倒	
合22208	合22207	合20366	合22210	乙8957	乙8724倒	
合22209	合20352	乙8964	乙補7418			
合22210	合22208	合22207	合20366	乙8957	乙8724倒	
合22212	合22091甲乙	合22309	乙補3399	乙補3400	乙補6106	
	合22124	合22410	合補5638	合22418	乙8557	
合22216	合22278	乙8732	乙補7390			
合22217	乙補7374	乙補7347	合22220	合22277右	乙8831	
合22218	合14909	合22287	R37093	R37035		
合22220	乙補7347	乙補7374	合22217	合22277右	乙8831	乙8775
合22221	合補3984	乙補7394	合19895	乙8774		

合 22222 部分	合 21456	合 22132			
合 22223	合 22264				
合 22228	合 21879	合 22229			
合 22229	合 22228	合 21879			
合 22234	合 22279	乙 8866	乙補 7400 倒		
合 22240	乙 8943	合 22291			
合 22242	合 22391				
合 22243	合 22259 左	合 22269	合 22244	合 16982	合 16963
	合 18483	乙 8767	乙 8945	乙 8839	
合 22244	合 22269	合 22243	合 22259 左	合 16982	合 16963
	合 18483	乙 8767	乙 8945	乙 8839	
合 22245	合 22247 主體	合 22254	合 22510	合 31941	乙補 7363 倒
	乙補 7378	乙補 7405	乙 8757	乙 8739	乙補 7377 倒
	乙 8868	乙補 7354	R37122	R37062	R37514
合 22247 主體	合 22245	合 22254	合 22510	合 31941	乙補 7363 倒
	乙補 7378	乙補 7405	乙 8757	乙 8739	乙補 7377 倒
	乙 8868	乙補 7354	R37122	R37062	R37514
合 22251	合 21552	R41146	R53555	合 22277 部分	
合 22254	合 22245	合 22247	合 22510	合 31941	乙補 7363 倒
	乙補 7378	乙補 7405	乙 8757	乙 8739	乙補 7377 倒
	乙 8868	乙補 7354	R37122	R37062	R37514
合 22255	乙補 7341				

合22256	乙補7427	R37159	合22261			
合22257	乙補7373					
合22259左	合22243	合22269	合22244	合16982	合16963	
	合18483	乙8767	乙8945	乙8839		
合22260	合22360	乙8799	乙補7365倒			
合22261	合22256	乙補7427	R37159			
合22263	合22135					
合22264	合22223					
合22265	乙補7387	乙8743	乙8833			
合22266	合19996	合39668	合21560	2.2.0051		
合22269	合22243	合22259左	合22244	合16982	合16963	
	合18483	乙8767	乙8945	乙8839		
合22274	無號碎甲	無號碎甲b	無號碎甲c	無號碎甲d	無號碎甲e	
合22277部分	合22251	合21552	R41146	R53555		
合22277右	乙補7347	乙補7374	合22217	合22220	乙8831	乙8775
合22277左	乙8803	合21511	乙8731	合21578	合00624	
	乙8838	乙8847	合21505	合20887		
合22278	合22216	乙8732	乙補7390			
合22279	合22234	乙8866	乙補7400倒			
合22282	綴續479					
合22283	乙補7342					
合22284	乙補7393	乙補7382				
合22287	合14909	合22218	R37093	R37035		
合22291	乙8943	合22240				

合 22294	R37034	R37036				
合 22296	合 22428					
合 22299	合 22473		京人 3144	合 13179 乙	合 13179 甲	合 34576
合 22309	合 22212	合 22091 甲乙	乙補 3399	乙補 3400	乙補 6106	
	合 22124	合 22410	合補 5638	合 22418	乙 8557	
合 22322	乙補 7417					
合 22335	合 19811					
合 22338	乙 8967					
合 22351	合 22172					
合 22360	合 22260	乙 8799	乙補 7365 倒			
合 22365	乙補 7461					
合 22367	合 40797					
合 22372	合 20871					
合 22373	甲 2285	合 20776	合 33366	合 35262		
合 22390	合 22197	R37066	R37403	R37412	合 21057	R21040
合 22391	合 22242					
合 22392	乙補 7384					
合 22393	乙補 7346	乙補 7361	乙補 7355 倒	乙補 7420	乙補 7351	
合 22397		已綴入《醉古集》第 170 則				
合 22401	R37085	R37088	R37681	合 20050	合 21303	
合 22410	乙補 3399	合 22309	合 22212	合 22091 甲乙	乙補 6106	
	乙補 3400	合 22124	合補 5638	合 22418	乙 8557	
合 22418	乙補 3399	合 22309	合 22212	合 22091 甲乙	乙補 6106	
	乙補 3400	合 22124	合 22410	合補 5638	乙 8557	

合 22428	合 22296				
合 22431	合 22061				
合 22441	合 22094				
合 22452	合 31810	山東 1860			
合 22459	合 21887	合補 6941	乙 635	乙補 1380	
合 22460	合 21207 部分				
合 22471	合 21907				
合 22473	合 22299	京人 3144	合 13179 乙	合 13179 甲	合 34576
合 22482	合 53	合 7024	合 19193	合 4673	山東 0226	善 2.71.15 倒
合 22484	甲 2283	合補 10436			
合 22489	合 21109				
合 22492	乙 8771				
合 22494	乙 9014	乙 9025			
合 22495	合 22127				
合 22510	合 22254	合 22245	合 22247	合 31941	乙補 7363 倒
	乙補 7378	乙補 7405	乙 8757	乙 8739	乙補 7377 倒
	乙 8868	乙補 7354	R37122	R37062	R37514
合 22511	合 11303	乙 9049	乙補 7437		
合 22527	合 19911	合 21382	合 19785		
合 22542	合補 7362				

合 22543	合 23570				
合 22552	合 41209				
合 22567	合 11348				
合 22579	虛 292				
合 22583	合 23605				
合 22636	合 24406				
合 22638	合補 8025				
合 22664	合補 8615				
合 22667	合 22668				
合 22668	合 22667				
合 22669	合 26485				
合 22710	合 25993				
合 22724	運臺 1.1072				
合 22732	合 22785	合補 7738			
合 22734	合補 7117				
合 22737	合 22769				
合 22750	合 23568				
合 22751	拾遺.續六 19				
合 22759	安明 1302				
合 22762	合 41197	合 23741			
合 22769	合 22737				
合 22785	合補 7738				
合 22791	合 25059				
合 22802	合補 3153				

合 22806	合 26037						
合 22817	合補 6976						
合 22825	北圖 2037						
合 22828	合 22846						
合 22839 上半	合 25384						
合 22846	合 22828						
合 22848	合補 6998						
合 22850	合 22871						
合 22868	合 25112	安明 1291					
合 22870	合 23204						
合 22871	合 22850						
合 22900	合 25326						
合 22928	英藏 1945						
合 22963	上博 17647.684						
合 22972	合 25784	合 25848					
合 23017	愛 31						
合 23018	合 24552						
合 23031	合 25341	合補 7811	合 25642				
合 23034	輯佚 474						
合 23054	合 22848						
合 23074	合 41193						
合 23118	合 25321						
合 23147	合補 7860						

合 23152	合補 7768				
合 23153	合補 7005				
合 23157	合 23193				
合 23164	合補 8589				
合 23170	合 25195				
合 23181	合 25835				
合 23191	合 23223				
合 23193	合補 7003				
合 23202	合 25261				
合 23204	合 22870				
合 23215	殷墟甲骨拾遺（續五）5				
合 23223	合 23191				
合 23251	合 25818				
合 23277	英藏 1974				
合 23301	合 24457				
合 23314 下	合 23318				
合 23318	合 23314 下				
合 23329	合 23497				
合 23335	合補 7049				
合 23380	合 25313	合補 8504			
合 23409	輯佚 459				
合 23432	合 18217	合 23611			
合 23445	安明 1307				
合 23461	合 25063				
合 23494	合 25967				

合 23497	合 23329					
合 23504	合 25771					
合 23511	合 26371					
合 23525	合 23579	英藏 2187	合 13561			
合 23550	合 25310					
合 23568	合 22750					
合 23570	合 22543					
合 23579	合 23525	英藏 2187	合 13561			
合 23586	合補 7094	存補 7.3.1				
合 23594	合 25943					
合 23599	合 17097					
合 23605	合 22583					
合 23611	合 18217	合 23432				
合 23624	輯佚 70					
合 23640	美藏 185					
合 23679	合 12573	合補 4481				
合 23721	合 27237					
合 23741	合 41197	合 22762				
合 23749	合 26119					
合 23751	合 26337					
合 23753	合 25676					
合 23766	合 25442	合補 7602				
合 23827	運臺拓 1.0406					

合 23835	甲 1661					
合 23840	合補 8511					
合 23845	外 414	東文研 B1234				
合 23846	合 24256					
合 23848	合補 8455	合補 8543				
合 23867	旅 1380	旅 1381	旅 1400			
合 23873	北大 1211					
合 23881	合 25143					
合 23892	合補 8412					
合 23894	合 23897					
合 23897	合 24493					
合 23908	合 23909					
合 23909	合 23908					
合 23922	上博 17645.8					
合 23928	合 23933					
合 23933	合 23928					
合 23948	合 24261	合補 8366				
合 23952	六束 144					
合 23970	歷 1504 倒					
合 23976	合補 8408					
合 23981	已綴入《醉古集》第 216 則					
合 24001	合 24002					
合 24002	合 24001					
合 24009	上博 17645.15					

合 24025	運臺拓 1.0578	運臺摹 1.1223				
合 24047	運臺拓 1.00514					
合 24057	懷特 1295					
合 24060	懷特 1193					
合 24065	合 24070					
合 24070	合 24065					
合 24100	合 24102	合 26264				
合 24102	合 24100	合 26264				
合 24199	合 24753					
合 24200	旅 1527					
合 24229	安明 1528	北圖 2010				
合 24256	合 23846					
合 24259	合補 7601					
合 24261	合 23948	合補 8366				
合 24264	合 24100	合 24102				
合 24266	合補 7554					
合 24293	合補 7240					
合 24303	合補 8319					
合 24309	合補 8093					
合 24325	合補 7570					
合 24363	庫 1277					
合 24364	合 24367	善齋 7.12b.3				
合 24367	合 24364	善齋 7.12b.3				

合 24406	合 22636				
合 24417	合 27877				
合 24421	合 28176				
合 24435	合 9759				
合 24457	合 23301				
合 24462	上博 46452				
合 24492	合 26239	合 26234	合 26230	合 26241	
合 24493	合 23897				
合 24508	合 18777				
合 24535	合 25192				
合 24552	合 23018				
合 24660	合 26192				
合 24739	合 18801				
合 24753	合 24199				
合 24762	合 26156				
合 24778	合 24802				
合 24791	合 24803				
合 24802	合 24778				
合 24803	合 24791				
合 24873	合補 8025				
合 24878	合補 4481	合 12573			
合 24941	合 15760				
合 24991	合 26075	合 26731			

合 24996	合 26087					
合 25035	合補 7040					
合 25049	合 25184					
合 25059	合 22791					
合 25061	安明 1239					
合 25063	合 23461					
合 25112	合 22868	安明 1291				
合 25123	上博 536 頁.696					
合 25143	合 23881					
合 25184	合 25049					
合 25192	合 24535					
合 25195	合 23170					
合 25218	京人 1484					
合 25240	合 25926					
合 25243	合 25894					
合 25248	英藏 2149					
合 25261	合 23202					
合 25273	合 25676					
合 25290	合 25348	合補 7555				
合 25310	合 23550					
合 25313	合 23380	合補 8504				
合 25321	合 23118					
合 25326	合 22900					
合 25335	合 25336					
合 25336	合 25335					

合 25341	合補 7811	合 25642	合 23031			
合 25346	合 25912					
合 25348	合 25290	合補 7555				
合 25354	合補 7487	輯佚 322				
合 25369	英藏 2264					
合 25378	英藏 2243					
合 25384	合 22839 上半					
合 25395	合補 7898					
合 25402	海巴 2.43					
合 25430	合 25803					
合 25442	合 23766	合補 7602				
合 25466	合補 7922					
合 25504	合補 7683					
合 25510	合 41163					
合 25516	合 25588					
合 25579	上博 2426.874					
合 25588	合 25516					
合 25599	合補 7884					
合 25629	掇三 779					
合 25642	合補 7811	合 25341	合 23031			
合 25643	合補 7231					
合 25676	合 23753					

合 25696	英藏 1954						
合 25771	合 23504						
合 25784	合 22972	合 25848					
合 25799	山東 825						
合 25803	合 25430						
合 25818	合 23251						
合 25819	合補 7543						
合 25835	合 23181						
合 25848	合 25784	合 22972					
合 25894	合 25243						
合 25912	合 25346						
合 25920	安明 1215						
合 25925	運臺 1.0122						
合 25926	合 25240						
合 25943	合 23594						
合 25965	合 15208						
合 25967	合 23494						
合 25974	合 3	合補 3166	合 16116				
合 25993	合 22710						
合 26037	合 22806						
合 26075	合 24991	合 26731					
合 26087	合 24996						
合 26119	合 23749						
合 26147	合補 7617						
合 26156	合 24762						
合 26192	合 24660						
合 26217	合 26227 甲						

合 26223	合 26236			
合 26227 甲	合 26217			
合 26230	合 26234	合 26239		
合 26234	合 26230	合 26239		
合 26236	合 26223			
合 26239	合 26230	合 26234		
合 26241	合 26239	合 26230	合 26234	合 24492
合 26252	合 26254			
合 26254	合 26252			
合 26258	天理 397			
合 26262	合 26263			
合 26263	合 26262			
合 26312	合 26314	合 41266		
合 26314	合 26312	合 41266		
合 26321	北大 1172			
合 26336	天理 400			
合 26337	合 23751			
合 26371	合 23511			
合 26373	合補 8014	合補 8132		
合 26381	合 26454			
合 26398	錄 924			
合 26453	美 90	愛 013		
合 26454	合 26381			
合 26460	合補 8098			
合 26484	合 26491	英藏 2383		
合 26485	合 22669			

合 26491	合 26484	英藏 2383				
合 26493	上博 54790.12					
合 26529	合 26723					
合 26539	虛 367					
合 26550	合 26604					
合 26580	英藏 2234	英藏 2235				
合 26585	合 26607	合 26596				
合 26587	合 26654					
合 26588	合補 8245					
合 26596	合 26585	合 26607				
合 26604	合 26550					
合 26607	合 26585	合 26596				
合 26628	合 26630	合 17066	合 26680	合 26649		
合 26630	合 26628	合 17066	合 26680	合 26649		
合 26648	合補 8246	合 26652				
合 26649	合 26628	合 26630	合 17066	合 26680		
合 26652	合 26648	合補 8246				
合 26653	旅 1619					
合 26654	合 26587					
合 26661	合 26708					
合 26680	合 26628	合 26630	合 17066	合 26649		
合 26706	合補 10117					
合 26708	合 26661					
合 26723	合 26529					
合 26731	合 26075	合 24991				

合 26748	合 26755			
合 26755	合 26748			
合 26774	合 17987			
合 26804	合 4963	北圖 786		
合 26888	已綴入《醉古集》第 269 則			
合 26899	合 27875			
合 26950	英藏 2259	英藏 2261		
合 26956	合 27093			
合 26974	合 27171			
合 26977	已綴入《醉古集》第 354 則			
合 26980	合 27281			
合 26987	存補 5.25.2			
合 26990	合 31169			
合 27010	合 28156			
合 27016	已綴入《醉古集》第 223 則			
合 27020	已綴入《醉古集》第 223 則			
合 27032	合 27739			
合 27033	合 34669			
合 27042 正反	合 41328	合補 10209	甲 2556	
合 27064	合 12739			
合 27072	合 21099			
合 27075	甲 2707			
合 27077	合 30764			
合 27093	合 26956			
合 27104	合 30955			
合 27123	合 27130			

合 27129	合 31227				
合 27130	合 27123				
合 27147	合 29500				
合 27150	合 30532				
合 27171	合 26974				
合 27172	合 32454	合 32593			
合 27207		已綴入《醉古集》第 270 則			
合 27209		已綴入《醉古集》第 270 則			
合 27220	合 27671				
合 27231	合 28573				
合 27237	合 23721				
合 27269	合 27515				
合 27271	合補 9699				
合 27281	合 26980				
合 27301		已綴入《醉古集》第 271 則			
合 27302	合 27649				
合 27311	合 33746 正	3.2.0606	3.2.0607	甲 2463	
合 27323	合補 10291				
合 27339	合 27623				
合 27341	北圖 1175				
合 27342	合補 9359				
合 27359	甲編未著錄 2.2.0357				
合 27361	合補 9730				
合 27390	合補 8745				
合 27397	屯南 4453				
合 27427	合 31168				
合 27428	合補 9712				

合 27432	合 27473				
合 27433	合 30787	合 27496			
合 27437	英藏 2264				
合 27450	合 30496				
合 27456 正反	合補 10222 正反				
合 27473	合 27432				
合 27484	合 27617				
合 27496	合 30787	合 27433			
合 27515	合 27269				
合 27531			已綴入《醉古集》第 275 則		
合 27554	合 29415	合 30560	攘 2240		
合 27591	合 30708				
合 27617	合 27484				
合 27623	合 27339				
合 27635	上博 21691.232				
合 27649	合 27302				
合 27653	山東 1308 倒				
合 27667	合 29529				
合 27668	合 27597				
合 27671	合 27220				
合 27702	合 30800				
合 27712	合 27883				
合 27713	合 31580				
合 27720	合 29423	合 29418			
合 27736	合 27740	合 27742			
合 27739	合 27032				
合 27740	合 27736	合 27742			

合 27742	合 27740	合 27736			
合 27744	合 6793				
合 27745	美 490				
合 27772	合 33528	合 33514			
合 27785	合 29110				
合 27792	合 27805	合 28750			
合 27805	合 27792	合 28750			
合 27809	合 29117				
合 27819	合補 10397				
合 27820	合 28786				
合 27832	北大 2039				
合 27856	合 27867	合補 9539	合 27866	合 29718	
合 27857	合 27869				
合 27861	合 27867	合 27856	合 27866	合 29718	
	合 27862	合 27863	合 27864		
合 27862	合 27863	合 27864	合 27861	合 27867	
	合 27856	合 27866	合 29718		
合 27863	合 27864	合 27861	合 27867	合 27856	
	合 27866	合 29718	合 27862		
合 27864	合 27861	合 27867	合 27856	合 27866	
	合 29718	合 27862	合 27863		
合 27866	合補 9539	合 27867	合 27856	合 29718	
合 27867	合補 9539	合 27856	合 27866	合 29718	
合 27869	合 27857				
合 27875	合 26899				
合 27877	合 24417				

合 27883	合 27712			
合 27888	合 31964			
合 27907	合 29024			
合 27997		已綴入《醉古集》第 272 則		
合 28027		已綴入《醉古集》第 273 則		
合 28060		已綴入《醉古集》第 269 則		
合 28066		已綴入《醉古集》第 273 則		
合 28099 正	合 32185			
合 28114	合補 4439			
合 28131	合 28825			
合 28156	合 27010			
合 28176	合 28185			
合 28185	合 28176			
合 28188	合 31003			
合 28218	合 29427	合 30689		
合 28249		已綴入《醉古集》第 276 則		
合 28315	屯南 4585			
合 28331	合 28823			
合 28341	合 28706			
合 28349	合 28795			
合 28379	合補 9210			
合 28401	合補 9261			
合 28433	合補 9143			
合 28434	合補 9115			
合 28438	北大 0095			
合 28460	合補 9334			
合 28513		已綴入《醉古集》第 277 則		
合 28515	安明 1952	合 30144		

合 28539	合 28973	合 28547	合 30146		
合 28543	英藏 2342				
合 28546	已綴入《醉古集》第 278 則				
合 28547	合 28973	合 28539	合 30146		
合 28562	合 28712				
合 28573	合 27231				
合 28610	合 29072				
合 28623	合 29175				
合 28625	合 30137	合 29907			
合 28632	已綴入《醉古集》第 277 則				
合 28641	合補 09128				
合 28655	合 30990				
合 28656	合 28714				
合 28688	合補 9142				
合 28706	合 28341				
合 28712	合 28562				
合 28714	合 28656				
合 28740	合補 9087				
合 28749	合 31059				
合 28750	合 27805	合 27792			
合 28754	合 28922				
合 28761	已綴入《醉古集》第 279 則				
合 28786	合 27820				
合 28794	甲骨文集 2.2.0313				
合 28795	合 28349				
合 28803	合補 9254				
合 28823	合 28331				

合 28825	合 28131				
合 28859	合補 9409				
合 28865		已綴入《醉古集》第 280 則			
合 28894	英藏 2321				
合 28908	合 31687				
合 28919	合 30142	安明 1899			
合 28922	合 28754				
合 28926	合 28944				
合 28933	英藏 2315				
合 28936	合 29158				
合 28938	合補 9852				
合 28943	合 29140				
合 28944	合 28926				
合 28953	合 29048				
合 28956	合補 8997				
合 28963	英藏 2314				
合 28969	合 29065				
合 28973	合 28547	合 28539	合 30146		
合 28981	合 29178				
合 28996	合 41383				
合 29021	英藏 2314				
合 29024	合 27907				
合 29036	合 29123				
合 29040	合 41363				
合 29048	合 28953				
合 29064	合 28859	合補 9409			
合 29065	合 28969				

合 29072	合 28610					
合 29086	合 29155					
合 29099		已綴入《醉古集》第 281 則				
合 29110	合 27785					
合 29123	合 29036					
合 29132	冬 338					
合 29140	合 28943					
合 29144		已綴入《醉古集》第 279 則				
合 29148	合 30074					
合 29155	合 29086					
合 29158	合 28936					
合 29165	合補 9541					
合 29169	合補 9173	日天 560				
合 29171		已綴入《醉古集》第 281 則				
合 29175	合 28623					
合 29177	合 27809					
合 29178	合 28981					
合 29201	合 29862					
合 29223	合 31252	日天 B563				
合 29258	合補 9818					
合 29280	合 30158					
合 29289	合 29370					
合 29296	合 29302					
合 29298	合 29373					
合 29302	合 29296					
合 29314	甲骨文集 2.2.0464					
合 29316	合補 9042					

合 29370	合 29289				
合 29373	合 29298				
合 29376		已綴入《醉古集》第 241 則			
合 29382	合 29856				
合 29415	合 27554	合 30560	攈 2240		
合 29418	合 29423	合 27720			
合 29423	合 27720	合 29418			
合 29427	合 28218	合 30689			
合 29449	合 29524				
合 29500	合 27147				
合 29520	掇三 824				
合 29524	合 29449				
合 29529	合 27667				
合 29532	合 30434				
合 29542	合 28460				
合 29561		已綴入《醉古集》第 280 則			
合 29603	合 30494				
合 29605	合 31214				
合 29632	掇三 127				
合 29633	掇三 127				
合 29665	合 31135				
合 29688	合 29689	京人 2228			
合 29689	合 29688	京人 2228			
合 29699	合 30821				
合 29718	合 27862	合 27863	合 27864	合 27861	
	合 27867	合 27856	合 27866		
合 29719	合 31626	合 31530			

合 29721	合補 10058	合 31477	合 31474	合補 10059	合補 10057	
	合 31467					
合 29722	合 31541 正					
合 29724	合 31351					
合 29726	甲編未著錄 3.2.0593					
合 29737	合 30922					
合 29738	合 31764					
合 29795	安明 2259 倒					
合 29813 正	甲 2662	甲 2883				
合 29815 正	合 32289					
合 29856	合 29382					
合 29857	上博 17647.695	村中南 14				
合 29862	合 29201					
合 29865	合 30081					
合 29990	合 30174	合 30130				
合 29904	合 31776	合 29943				
合 29907	合 30137	合 28625				
合 29924	日天 116					
合 29943	合 31776	合 29904				
合 29950	合 24802					
合 29984	合補 9429					
合 29995	已綴入《醉古集》第 270 則					
合 29998	存補 6.18.3					
合 29999	合 31149					
合 30000	合 30026					
合 30015	已綴入《醉古集》第 253 則					
合 30054	合 30318					
合 30058	已綴入《醉古集》第 253 則					

合 30074	合 29148				
合 30080	合 30125				
合 30081	合 29865				
合 30083	合補 9335				
合 30106	合 30107	合 30108	合 30110	合 30109	
合 30107	合 30106	合 30108	合 30110	合 30109	
合 30108	合 30107	合 30106	合 30110	合 30109	
合 30109	合 30110	合 30108	合 30107	合 30106	
合 30110	合 30108	合 30107	合 30106	合 30109	
合 30112	已綴入《醉古集》第 277 則				
合 30125	合 30080				
合 30130	合 30174	合 29990			
合 30137	合 28625	合 29907			
合 30142	合 28919	安明 1899			
合 30144	合 28515	安明 1952			
合 30146	合 28547	合 28973	合 28539		
合 30148	已綴入《醉古集》第 278 則				
合 30158	合 29280				
合 30174	合 29990	合 30130			
合 30177	甲骨文集 2.2.0369				
合 30239	屯南 815				
合 30300	安明 2252				
合 30318	合 30054				
合 30320	已綴入《醉古集》第 282 則				
合 30351	合 30734				
合 30401	合補 10356				
合 30402	已綴入《醉古集》第 244 則				

合 30405		已綴入《醉古集》第 282 則		
合 30429		已綴入《醉古集》第 244 則		
合 30430		已綴入《醉古集》第 285 則		
合 30434	合 29532			
合 30440	合 30967	瑞 108		
合 30445	天理 569			
合 30452	京人 1854			
合 30466		已綴入《醉古集》第 283 則		
合 30479		已綴入《醉古集》第 275 則		
合 30493	合 30747			
合 30494	合 29603			
合 30496	合 27450			
合 30532	合 27150			
合 30560	合 29415	合 27554	攈 2240	
合 30586	甲 1155			
合 30596	甲骨文集 3.2.0278			
合 30609		已綴入《醉古集》第 241 則		
合 30634	合 31846			
合 30658	合 31012			
合 30685	英藏 2288			
合 30689	合 29427	合 28218		
合 30706	合 41573			
合 30708	合 27591			
合 30734	合 30351			
合 30747	合 30493			
合 30764	合 27077			
合 30780		已綴入《醉古集》第 276 則		
合 30787	合 27433	合 27496		

合30800	合27702					
合30806	合30807	合30951				
合30807	合30806	合30951				
合30810	合補10212					
合30821	合29699					
合30878	北大451					
合30882	2.2.0107	2.2.0253				
合30894	上博21691.14					
合30896	屯南4181					
合30922	合29737					
合30951	合30807	合30806				
合30955	合27104					
合30967	合30440	瑞108				
合30974		已綴入《醉古集》第239則				
合30990	合28655					
合31003	合28188					
合31100	合31106					
合31004	天理490	合32435				
合31012	合30658					
合31035	合補9465	合補9211				
合31058		已綴入《醉古集》第285則				
合31059	合28749					
合31066	輯佚565					
合31079	合補9709					
合31083	合31844					
合31106	合31100					
合31101		已綴入《醉古集》第354則				
合31111	合補9382					

合 31126	合 32122					
合 31128	北大 455					
合 31135	合 29665					
合 31144	合補 9445					
合 31149	合 29999					
合 31168	合 27427					
合 31169	合 26990					
合 31214	合 29065					
合 31227	合 27129					
合 31252	合 29223	日天 B563				
合 31287	合補 9710					
合 31330	合 31356	合補 10124	合 31363			
合 31333	虛 2359					
合 31334	明後 2307					
合 31351	合 29724					
合 31356	合 31330	合補 10124	合 31363			
合 31363	合 31330	合 31356	合補 10124			
合 31365	合 31330	合補 10124	合 31363			

合 31369		已綴入《醉古集》第 301 則			
合 31380	合 31392	合補 9828			
合 31384		已綴入《醉古集》第 300 則			
合 31387	甲骨文集 3.2.0463	甲骨文集 3.2.0505			
合 31392	合補 9828	合 31380			
合 31393		已綴入《醉古集》第 300 則			
合 31403	合補 8844	合 31416	合補 10007		
合 31416	合補 10007	合補 8844	合 31403		
合 31434	契 453				
合 31467	合 29721	合補 10058	合 31477	合 31474	合補 10059
	合補 10057				
合 31474	合 31477	合補 10058	合 29721	合補 10059	合補 10057
	合 31467				
合 31477	合 31474	合補 10058	合 29721	合補 10059	合補 10057
	合 31467				
合 31518	合補 10090				
合 31526	合補 8640				
合 31530	合 31626	合 29719			
合 31541 正	合 29722				
合 31565	合補 9885				
合 31580	合 27713				
合 31603	甲 1309				

合 31618	合補 8816				
合 31626	合 29719	合 31530			
合 31676	殷虛"骨簡"及其有關問題圖 11				
合 31687	合 28908				
合 31720	已綴入《醉古集》第 239 則				
合 31764	合 29738				
合 31776	合 29943	合 29904			
合 31810	合 22452	山東 1860			
合 31846	合 30634				
合 31921	甲編未著錄 2.2.0215				
合 31941	合 22510	合 22254	合 22245	合 22247	乙補 7377 倒
	乙補 7363 倒	乙補 7378	乙補 7405	乙 8757	乙 8739
	乙 8868	乙補 7354	R37122	R37062	R37514
合 31966	合 32953				
合 32008	合補 6909	合 34560	合 32747		
合 32012	合補 10298				
合 32020	合 34638				
合 32026	已綴入《醉古集》第 214 則				
合 32029	合 32743				
合 32044	上博新獲 14	合 32686			
合 32057	合 33526				
合 32066	已綴入《醉古集》第 286 則				
合 32067	合 32105				
合 32075	合 35142				

合32082	合34236			
合32105	合32067			
合32108	合33584	合35160		
合32114	屯南3673	屯南3723		
合32115	合32511			
合32122	合31126			
合32130	合34667	英藏2416		
合32136		已綴入《醉古集》第287則		
合32150		已綴入《醉古集》第286則		
合32163	掇三214	合35128	合35331	
合32167	合32431			
合32168	北圖2891			
合32179	乙補7371	乙補7369倒	合22130	
合32185	合28099正			
合32191	合33716			
合32193	合34409			
合32194	合32217			
合32211	合33224			
合32212	合33224	合33334		
合32214	安明2772			
合32215		已綴入《醉古集》第288則		
合32217	合32194			
合32218	合32407			
合32229	合34309			
合32233	合補10462			
合32234	合32250			

合32250	合32234			
合32257	已綴入《醉古集》第290則			
合32261	合34320			
合32276	合33018			
合32289	合29815 正			
合32297	已綴入《醉古集》第291則			
合32301	攟續92			
合32326	合32469			
合32334	合34555			
合32335	合32619			
合32360	上博46465			
合32361	合33723			
合32363	合34466			
合32380	合32478	合35188		
合32385	甲2283	合22484		
合32389	合32440	合32847	合32482	
合32407	合32218			
合32413	已綴入《醉古集》第292則			
合32418	合34444			
合32425	合34595			
合32431	合32167			
合32433	合31824			
合32435	天理490	合31004		
合32436	屯4276	屯4287		
合32440	合32389	合32847	合32482	
合32453 部分	已綴入《醉古集》第271則			

合 32454	合 27172	合 32593			
合 32461 反右半	合 34660	合 34665			
合 32463	已綴入《醉古集》第 292 則				
合 32468	輯佚 629 正				
合 32469	合 32326				
合 32478	合 35188	合 32380			
合 32482	合 32847	合 32389	合 32440		
合 32501 左右	已綴入《醉古集》第 247 則				
合 32505	合 32889				
合 32511	合 32115				
合 32544	合 32643				
合 32548	合補 10903				
合 32558	合 32790				
合 32586 正	已綴入《醉古集》第 236 則				
合 32593	合 27172	合 32454			
合 32619	合 32335				
合 32621	上博 80 頁 . 326				
合 32643	合 32544				
合 32681	合 34369				
合 32686	上博新獲 14	合 32044			
合 32695 部分	合 34423				
合 32695 右	寧滬 1. 684				
合 32711	合補 10553				
合 32713	已綴入《醉古集》第 283 則				
合 32716	已綴入《醉古集》第 272 則				
合 32724	合 33049				

合 32740	合 21584			
合 32743	合 32029			
合 32747	合 34560	合補 6909	合 32008	
合 32757	殷拾 10.2			
合 32760	已綴入《醉古集》第 243 則			
合 32762 甲正乙正	合 33291 部分	合 34680		
合 32768	已綴入《醉古集》第 246 則			
合 32769	合 35319			
合 32771	安明 1131			
合 32781	合 7961			
合 32782	懷特 1640			
合 32790	合 32558			
合 32815	合 33017	合 33014		
合 32825	合 41664			
合 32831	屯南 2273			
合 32833	已綴入《醉古集》第 296 則			
合 32839	合 20385			
合 32846	合補 10493			
合 32847	合 32389	合 32440	合 32482	
合 32848	屯南 4465	屯南 2558		
合 32860	已綴入《醉古集》第 289 則			
合 32866	合 33060			
合 32871	已綴入《醉古集》第 220 則			
合 32889	合 32505			
合 32890	合 33044			

合 32898	北圖 510					
合 32923	合 34083					
合 32931	合 34524					
合 32933	合補 10529					
合 32953	合 31966					
合 32971	合補 10786					
合 32973	合 33107					
合 33000	合 35223					
合 33001	合補 10864					
合 33004	合 31977					
合 33007	合 34442					
合 33008	合補 9309					
合 33014	合 32815	合 33017				
合 33017	合 32815	合 33014				
合 33018	合 32276					
合 33021	屯南 4103	合 33120				
合 33035	合 14920					
合 33043	蘇德*350					
合 33044	合 32890					
合 33047		已綴入《醉古集》第 233 則				
合 33049	合 32724					
合 33050	合 33095					
合 33058	合 5418					
合 33060	合 32866					
合 33064	屯 2915					
合 33066	合 33281	合 34395				
合 33076	屯南 4215	屯南 4188	上博 2426.41			

合 33095	合 33050						
合 33098	村中南 245						
合 33107 部分	合 32973						
合 33120	合 33021	屯南 4103					
合 33124	合補 225						
合 33135	合 16801						
合 33145	懷特 1615						
合 33151	後下 35.3						
合 33152	合 35148						
合 33161	合 33789						
合 33165	合補 10218						
合 33193	已綴入《醉古集》第 214 則						
合 33218	已綴入《醉古集》第 289 則						
合 33219	合 34123						
合 33223	已綴入《醉古集》第 237 則						
合 33224	合 33334	合 32212					
合 33246	殷拾 12.5	合 33267					
合 33267	殷拾 12.5	合 33246					
合 33275	合補 10634						
合 33279	合 33307						
合 33280	屯南 943	屯南 1335					
合 33281	合 33066	合 34395					
合 33283	已綴入《醉古集》第 295 則						
合 33289	村中南 229						
合 33291 部分	合 32762 乙正	合 32762 甲正	合 34680				

合 33305	已綴入《醉古集》第 329 則					
合 33307	合 33279					
合 33313	已綴入《醉古集》第 329 則					
合 33321	已綴入《醉古集》第 296 則					
合 33322	已綴入《醉古集》第 295 則					
合 33327	屯南 4100					
合 33330	合 34147					
合 33334	合 32212	合 33224				
合 33352 正反	已綴入《醉古集》第 246 則					
合 33355	合 33917					
合 33366	合 22373	甲 2285	合 20776			
合 33368	合 10947	1.0.0519				
合 33371	合 33372					
合 33372	合 33371					
合 33383	合補 10674	合 33628				
合 33385	合補 10660					
合 33434	已綴入《醉古集》第 379 則					
合 33451	京人 2502					
合 33454	合 33470					
合 33462	合補 10578					
合 33469 上半	合 33474	合 33501				
合 33474	合 33469 上半	合 33501				
合 33475	輯佚 608					
合 33485	旅 1532	合補 9810				
合 33501	合 33469 上半	合 33474				

合 33502	合補 9101					
合 33514	合 33524					
合 33520	合 37812	合 37800				
合 33524	合 33514					
合 33526	合 32057					
合 33528	合 33514	合 27772				
合 33538	合 33545					
合 33545	合 33538					
合 33558	合補 9173	日天 560				
合 33569	屯南 2758	屯南 2727				
合 33576	已綴入《醉古集》第 245 則					
合 33583	已綴入《醉古集》第 224 則					
合 33584	合 32108	合 35160				
合 33615	英藏 2398	英藏 2458				
合 33626	合 33681					
合 33628	合補 10674	合 33383				
合 33635	合 34641					
合 33656	合 33808					
合 33662	合 33674					
合 33674	合 33662					
合 33681	合 33626					
合 33691	合補 9605					
合 33694	合 34324					
合 33695	合 34365					

合 33705	安明 2665			
合 33707	英藏 2464			
合 33716	合 32191			
合 33723	合 32361			
合 33742	合補 10405			
合 33746 正	3.2.0606	3.2.0607	甲 2463	合 27311
合 33770	合 34630			
合 33784	山東 1520	合 33826		
合 33789	合 33161			
合 33796	已綴入《醉古集》第 379 則			
合 33808	合 33656			
合 33826	合 33784	山東 1520		
合 33837	合 34515			
合 33841	天理 601			
合 33844	已綴入《醉古集》第 245 則			
合 33884	甲骨文集 2.2.0015			
合 33896	甲編未著錄 2.2.0034			
合 33903	合補 10620			
合 33917	合 33355			
合 33927	合 34349	合 33576		
合 33954	已綴入《醉古集》第 245 則			
合 33978	合 34031			
合 33983	已綴入《醉古集》第 246 則			
合 33985	合 34701			
合 34020	合 34021			
合 34021	合 34020			
合 34028	合 34032			

合 34031	合 33978				
合 34032	合 34028				
合 34052	英藏 2404	上博 24 26.647			
合 34054	合補 9509				
合 34063	已綴入《醉古集》第 233 則				
合 34083	合 32923				
合 34090	合補 10474				
合 34104	已綴入《醉古集》第 242 則				
合 34113	合 32188	英藏 1771	合 32189		
合 34116	合 34253				
合 34123	合 33219				
合 34124	已綴入《醉古集》第 288 則				
合 34131	粹 1184				
合 34147	合 33330				
合 34159	合 11785				
合 34164	合 34473				
合 34167	合 34715				
合 34195	合 34534				
合 34219	已綴入《醉古集》第 296 則				
合 34233	屯南 1076	屯南 1074			
合 34236	合 32082				
合 34237	合 35326				
合 34253	合 34116				
合 34280	已綴入《醉古集》第 291 則				
合 34302	已綴入《醉古集》第 287 則				
合 34303	已綴入《醉古集》第 290 則				

合 34309	合 32229				
合 34314		已綴入《醉古集》第 236 則			
合 34320	合 32261				
合 34324	合 33694				
合 34325		已綴入《醉古集》第 224 則			
合 34326	掇三 132				
合 34328	合 34459				
合 34344		已綴入《醉古集》第 379 則			
合 34349		已綴入《醉古集》第 245 則			
合 34361		已綴入《醉古集》第 235 則			
合 34365	合 33695				
合 34369	合 32681				
合 34380	合 35093				
合 34395	合 33281	合 33066			
合 34409	合 32193				
合 34421	安明 1793				
合 34423	合 32695 部分				
合 34442	合 33007				
合 34444	合 32418				
合 34454	合 34456				
合 34456	合 34454				
合 34459	合 34328				
合 34466	合 32363				
合 34467		已綴入《醉古集》第 296 則			
合 34473	合 34164				
合 34490	屯南 4120				
合 34494	合補 10558				
合 34509		已綴入《醉古集》第 222 則			

合 34515	合 33837				
合 34524	合 32931				
合 34530	合 34544	京人 2223			
合 34534	合 34195				
合 34544	合 34530	京人 2223			
合 34546	合 34632				
合 34555	合 32334				
合 34560	合 32747	合補 6909	合 32008		
合 34565	掇三 129				
合 34572	屯南 1295				
合 34576	合 13179 甲	合 22299	合 22473	京人 3144	合 13179 乙
合 34582	合補 7021 甲乙				
合 34595	合 32425				
合 34615		已綴入《醉古集》第 242 則			
合 34630	合 33770				
合 34632	合 34546				
合 34637	合補 10511				
合 34638	合 32020				
合 34639	合補 10572				
合 34641	合 33635				
合 34660	合 34665	合 32461 反右半			
合 34665	合 34660	合 32461 反右半			
合 34667	合 32130	英藏 2416			
合 34669	合 27033				

合34680	合33291 部分	合32762乙正	合32762甲正		
合34687	英藏2439				
合34688	合補10606				
合34701	合33985				
合34715	合34167				
合34721	續補5.340.2				
合34738	合35037				
合34741	合35098				
合34756	綴續385 組				
合34758	合35013				
合34784	合35026	黑川7			
合34795	合35055				
合34805	合35000	瓠廬420			
合34810	天理600	合34936			
合34816	合31361				
合34853	中歷藏1488				
合34855	善齋5.39b.2				
合34882	合35010	合35039			
合34912	善齋6.44b.7				
合34923	國博150				
合34926	合補6933				
合34936	合34810	天理600			
合34964	合35027				
合34984	合35100				
合35000	合34805	瓠廬420			
合35010	合34882	合35039			
合35013	合34758				
合35026	合34784	黑川7			

合 35027	合 34964			
合 35037	合 34738			
合 35039	合 34882	合 35010		
合 35055	合 34795			
合 35081	上博 48704	合補 6704	殷餘 143	
合 35093	合 34380			
合 35098	合 34741			
合 35100	合 34984			
合 35106	合補 10771	合補 10762		
合 35119	京人 2482			
合 35128	合 35331	掇三 214	合 664（合 32163）	
合 35142	合 32075			
合 35146	已綴入《醉古集》第 220 則			
合 35148	合 33152			
合 35160	合 33584	合 32108		
合 35170	北圖 493			
合 35188	合 32478	合 32380		
合 35190	已綴入《醉古集》第 243 則			
合 35197	已綴入《醉古集》第 246 則			
合 35200	已綴入《醉古集》第 247 則			
合 35204	合 4686			
合 35212	已綴入《醉古集》第 243 則			
合 35216	合 4685			
合 35219	歷博 62			
合 35223	合 33000			

合35261甲中"乙"片的反面	合補10535反				
合35262	已綴入《醉古集》第240則				
合35263	已綴入《醉古集》第238則				
合35274	已綴入《醉古集》第238則				
合35277	甲2283	合22484			
合35291	已綴入《醉古集》第237則				
合35309	甲骨文集2.2.0513				
合35319	合32769				
合35326	已綴入《醉古集》第293則				
合35331	掇三214	合35128	合664（合32163）		
合35363	已綴入《醉古集》第298則				
合35364	合35363				
合35374	掇三140	掇二419	合37137	安明2909	輯佚824
合35384	合38617	北大505			
合35386	合36031				
合35406	史購172				
合35408	輯佚765	輯佚764	合38827		
合35412	合38260				
合35415	合補11920				
合35418	合36928	合補11039			

合 35429	英藏 2594					
合 35432	合補 11093					
合 35437	合 35920					
合 35493	合 35586					
合 35508	合 35531	北大 615				
合 35531	合 35508	北大 615				
合 35541	合 36894	上博 24 26.1373				
合 35556	合 38264					
合 35577	合 35582					
合 35582	合 35577					
合 35586	合 35493					
合 35596	合補 11695					
合 35652	合補 11897					
合 35655	合 35704					
合 35661	合 35705	合 39178				
合 35663	合補 11472					
合 35684	安明 3032					
合 35686	合 35708					
合 35704	合 35655					
合 35705	合 35661	合 39178				
合 35709	合 35716					
合 35716	合 35709					
合 35745	英藏 2508	合補 12872				
合 35759	合 37961					
合 35765	善齋 2.20A.8					
合 35780	合 38271					
合 37813	合 35852					

合 35815	合 37163	合 37211				
合 35833	合補 11884					
合 35839	合補 10977	合 38749				
合 35852	合 35813					
合 35857	合 35954					
合 35891	存補 6.132.5					
合 35897	京人 2924					
合 35920	合 35437					
合 35922	北大 702					
合 35929	安明 2955					
合 35931	合 35950	合 37173	掇二 419			
合 35940	合 38725					
合 35950	合 35931	合 37173	掇二 419			
合 35953	合補 10993					
合 35954	合 35857					
合 35965	存補 7.3.2	合 36177				
合 35973	合 36021					
合 35977	合 37015					
合 35984	合 41739					
合 35989	合 36004					
合 35990	安明 2907					
合 36004	合 35989					
合 36021	合 35973					
合 36022	合補 11047					
合 36031	合 35386					
合 36039	合補 11086					
合 36053	輯佚 711					
合 36078	合 38235	合 37308				

合 36059	合 36330				
合 36127	合補 13157	合補 13134			
合 36150	旅 1924				
合 36174	合 36178	合 37142			
合 36177	存補 7.3.2	合 35965			
合 36178	合 37142	合 36174			
合 36196 乙	合補 10955				
合 36203	合 37522	合 37405	合 37711	北大 2881	
合 36231	合 36309				
合 36246	懷特 1715				
合 36248	合 36301				
合 36258	合補 10989				
合 36301	合 36248				
合 36309	合 36231				
合 36324	合 36334	合補 11433			
合 36325	合 37356				
合 36328	合 37301				
合 36330	合 36059				
合 36334	合補 11433	合 36324			
合 36360	合 36514				
合 36372	合 36381				
合 36381	合 36372				
合 36395	合補 11107				
合 36401	明後 2774				
合 36406	合 36678				

合 36414	合 36721			
合 36415	合 37780	合 36546	合 36622	
合 36417	合 8359			
合 36429	中歷藏 1769			
合 36430	合 40895	輯佚 684		
合 36432	輯佚 700			
合 36436	合 36447	合補 2208		
合 36437	輯佚 734			
合 36447	合補 2208	合 36436		
合 36450	合補 12434			
合 36454	合補 12534			
合 36455	國博 258			
合 36457	合 36818	合 36474	合補 12282	合 36460
合 36460	合 36818	合 36457	合 36474	合補 12282
合 36474	合 36457	合 36818	合補 12282	合 36460
合 36488	合 36803			
合 36490	合 36494	合補 12877	英藏 2525	
合 36494	合 36490	合補 12877	英藏 2525	
合 36501	合 36752	合 37410	合 36772	
合 36514	合 36360			
合 36517	合 36927			
合 36518	存補 5.146.1			
合 36531	合 37458			
合 36549	合 36553	合 36550		
合 36546	合 36415	合 37780	合 36622	

合 36550	合 36553	合 36549				
合 36553	合 36550	合 36549				
合 36555	合補 11115					
合 36564	京人 2870					
合 36567	合補 11115					
合 36579	合 37637					
合 36591	合 36697	合 36600	北大 2919			
合 36600	合 36697	合 36591	北大 2919			
合 36601	合 36718	合補 11328				
合 36609	英藏 2622					
合 36620	合 37926					
合 36622	合 36546	合 37780	合 36415			
合 36629	合 37827					
合 36630	合 36938					
合 36632	合 36759					
合 36635	合 36759					
合 36638	合 39367					
合 36639	合 35950	合 35931	掇二 419			
合 36648	合 37463					
合 36652	合補 11120					
合 36654	合 36724					
合 36673	合 36834					

合 36675	合 36694				
合 36678	合 36406				
合 36685	旅 1958				
合 36693	合 36701				
合 36694	合 36675				
合 36697	合 36591	合 36600	北大 2919		
合 36701	合 36693				
合 36718	合 36601	合補 11328			
合 36721	合 36414				
合 36722	合 36414				
合 36724	合 36654				
合 36739	合補 11652				
合 36748	合 36840				
合 36752	合 37410	合 36772	合 36501		
合 36754	合 36755				
合 36755	合 36754				
合 36757	輯佚附 67	合 36782			
合 36759	合 36632				
合 36764	合 36639	合補 13064	合 37508		
合 36767	合 37718	續存上 2384			
合 36768	合 36837	合 36842			
合 36772	合 37410	合 36752	合 36501		
合 36774	合 36895	合 36757	合 36779		
合 36775	合 36778				

合 36778	合 36775					
合 36779	合 36774	合 36895	合 36757			
合 36782	輯佚附 67	合 36757				
合 36787	合 39259	合 39097				
合 36791	合 37568					
合 36793	英藏 2660	英藏 2661				
合 36799	上博 2426.1048					
合 36803	合 36488					
合 36818	合 36457	合 36474	合補 12282	合 36460		
合 36820	合 36917					
合 36826	合 41729					
合 36828	合補 13062					
合 36830	合 36555	合補 11115	前 2.9.6			
合 36834	合 36673					
合 36837	合 36842	合 36768				
合 36839	合 36487					
合 36840	合 36748					
合 36842	合 36837	合 36768				
合 36848	合 36867					
合 36850	合 36930					
合 36852	合 36863					
合 36857	合 37862	合補 13089				
合 36858	合 36877	合 36865	合 36881	合 36852	合 36863	北大 1286
合 36859	合 36864	合補 12252				

合 36862	存補 6.149.4					
合 36863	合 36852					
合 36864	合 36859	合補 12252				
合 36865	合 36877	合 36858	合 36852	合 36863	合 36881	北大 1286
合 36867	合 36848					
合 36877	合 36865	合 36858	合 36852	合 36863	合 36881	北大 1286
合 36881	合 36865	合 36858	合 36852	合 36863	合 36877	北大 1286
合 36885	合 37885					
合 36894	合 35541	上博 24 26.1373				
合 36895	合補 12732	合 36757				
合 36896	合補 11283					
合 36917	合 36820					
合 36921	合補 13144					
合 36927	合 36517					
合 36928	合補 11039	合 35418				
合 36930	合 36850					
合 36933	合 36549					
合 36938	合 36630					
合 36941	輯佚 681	合 36960				
合 36952	合 36754	合 36755				
合 36957	合補 11142	英藏 2526 正	合 37475			
合 36960	合 36941	輯佚 481				
合 36973	合 36989					
合 36987	合 39441					
合 36989	合 36973					
合 37013	歷 1712					
合 37015	合 35977					

合 37027	京人 2738				
合 37055	合補 11381				
合 37056	合 37082	續存上 2342			
合 37071	北大 2861				
合 37072	京人 2726				
合 37074	合 37146				
合 37080	東文研 0803				
合 37082	合 37056	續存上 2342			
合 37085	合 38465				
合 37086	合 37178				
合 37115	合 37132				
合 37126	合 37082	續存上 2342			
合 37132	東文庫 409				
合 37137	掇二 419		合 35950	合 35931	
合 37142	合補 13425				
合 37146	合 37074				
合 37163	合 37211		合 35815		
合 37172	合 37328		合 37312	史購 294	合補 11442	愛 193
合 37174	合 11105				
合 37178	合 37086				
合 37183	合補 11402				
合 37195	外 159		外 154		
合 37211	合 37163		合 35815		
合 37297	合 37302				
合 37301	合 36328				
合 37302	合 37297				

合 37308	合 36078	合 38235				
合 37310	北大 725					
合 37312	合 37172	合 37328	史購 294	合補 11442	愛 193	
合 37320	北大 696					
合 37328	合 37172	合 37312	史購 294	合補 11442	愛 193	
合 37356	合 36325					
合 37367	合 37683					
合 37372	合 37374					
合 37373	合 37513					
合 37374	合 37372					
合 37375	合 37517					
合 37378	合 37725					
合 37386	合 37420					
合 37394	合 38726					
合 37399	合 37373	英藏 2542				
合 37405	合 37522	合 36203	合 37711	北大 2881		
合 37406	京人 2875					
合 37409	合 37565	合 37433	合 37625			
合 37410	合 36772	合 36752	合 36501			
合 37416	合 37499	巴黎藏甲骨 25				
合 37420	合 37386					
合 37427	上博 43970	合 37436				
合 37428	合 37784					
合 37431	合補 11332					
合 37433	合 37565	合 37409	合 37625			
合 37436	上博 43970	合 37427				

合 37448	合補 11323					
合 37458	合 36531					
合 37459	合 37833					
合 37463	合 36648					
合 37474	合 37767	輯佚 729				
合 37475	英藏 2526 正	合補 11142	合 36957			
合 37487	合 36839					
合 37496	合 37776					
合 37499	巴黎藏甲骨 25	合 37416				
合 37500	合 37724					
合 37502	英藏 2539					
合 37508	合 36639	合 36764	合補 13064			
合 37517	合 37375					
合 37522	合 37405	合 36203	合 37711	北大 2881		
合 37541	輯佚 1002					
合 37543	合補 11298					
合 37545	合補 13167					
合 37549	合補 11307					
合 37553	合補 11366					
合 37555	合 37562					
合 37562	合 37555					
合 37565	合 37409	合 37433	合 37625			
合 37568	合 36791					
合 37574	合補 11274					
合 37576	合 37713					
合 37582	合 37717					

合 37599	合 37747				
合 37600	存補 3.27.1				
合 37601	明後 2758				
合 37603	合 37814				
合 37614	合 37674				
合 37625	合 37409	合 37565	合 37433		
合 37637	合 36579				
合 37653	英藏 2547				
合 37654	合 37659				
合 37659	合 37654				
合 37661	合 37496	合 37776	史購 279		
合 37663	合 37749				
合 37668	合 37708	合 37763	合 37709		
合 37669	合 37727	合 38156			
合 37674	合 37614				
合 37683	合 37367				
合 37706	合補 11373	續 3.30.1			
合 37708	合 37668	合 37763	合 37709		
合 37709	合 37668	合 37708	合 37763		
合 37711	合 37405	合 37522	合 36203	北大 2881	
合 37713	合 37576				
合 37717	合 37582				
合 37718	合 36767	續存上 2384			
合 37724	合 37500				
合 37725	合 37378				
合 37727	合 37669	合 38156			
合 37747	合 37599				

合 37749	合 37663					
合 37759	合 37782					
合 37762	合 37769					
合 37763	合 37708	合 37668	合 37709			
合 37764	合補 11377					
合 37767	合 37474	輯佚 729				
合 37769	合 37762					
合 37770	合 37474	輯佚 729				
合 37775	合補 13080					
合 37776	合 37496					
合 37779	合 39427					
合 37780	合 36415	合 36546	合 36622			
合 37782	合 37759					
合 37784	合 37428					
合 37786	珠 441					
合 37789	合 37798					
合 37790	合補 11303					
合 37798	合 37789					
合 37800	合 37812	合 33520				
合 37812	合 37800	合 33520				
合 37814	合 37603					
合 37821	京人 2869					
合 37827	合 36629					
合 37828	輯佚 1004					
合 37833	合 37459					
合 37835	合 35432					
合 37851	合 37864	明後 2773				

合 37862	合 36857	合補 13089				
合 37864	明後 2773	合 37851				
合 37867	合 38965					
合 37875	合 37922	合 37929	合補 12871			
合 37883	京津 5510					
合 37885	合 36885					
合 37894	懷特 1896					
合 37900	合補 11225					
合 37903	合補 12609					
合 37917	合 39331	合補 13088				
合 37921	合 36850					
合 37922	合 37875	合 37929	合補 12871			
合 37926	合 36620					
合 37928	合補 12715					
合 37929	合 37875	合 37922	合補 12871			
合 37932	合補 12848					
合 37933	合 39278					
合 37944	上博 64962					
合 37949	英藏 2644					
合 37950	合補 12355	合補 12699	合補 13034			
合 37958	合補 12356					
合 37961	合 35759					
合 37968	合 39127					
合 37979	合 39199					
合 37989	合補 11500					

合 37997	合補 11517	英藏 2586	合補 11610	合 38011		
合 38004	合 38035	合補 11592	合補 11601			
合 38005	合 38023					
合 38011	合補 11610	英藏 2586	合補 11517	合 37997		
合 38023	合 38005					
合 38026	人 B2963	合補 11576				
合 38035	合 38004	合補 11592	合補 11601			
合 38046	北大 1870 正					
合 38055	合補 11524					
合 38061	掇三 142					
合 38062	前 3.11.6	蘇德＊412				
合 38081	合補 11485					
合 38084	合補 12097					
合 38085	合補 13136					
合 38087	北圖 3087					
合 38089	合補 12083	合補 11611 倒				
合 38090	合補 12098					
合 38093	英藏 2579 倒					
合 38108	旅 2203					
合 38156	合 37669	合 37727				
合 38180	合補 11645					
合 38198	珠 442					
合 38228	合 39395					

合 38235	合 36078	合 37308			
合 38246	輯佚 943				
合 38248	合補 11064				
合 38255	北圖 1171				
合 38258	東文研 788				
合 38260	合 35412				
合 38264	合 35556				
合 38271	合 35780				
合 38293	輯佚 864				
合 38302	合補 10952	合補 12606			
合 38315	上博 2426.1236				
合 38464	北大 606				
合 38465	合 37085				
合 38467	合補 11185				
合 38550	合 38557				
合 38557	合 38550				
合 38617	北大 505				
合 38652	合補 11809				
合 38724	合 36826				
合 38725	合 35940				
合 38726	合 37394				
合 38749	合 35839	合補 10977			
合 38756	合補 11019				
合 38774	合補 12517				
合 38783	合補 12413				
合 38786	合補 12267	合補 12416	合 38835		

合 38787	合補 12347						
合 38789	合補 12266	英藏 2617	合補 12333				
合 38790	合 38809						
合 38791	合 38813						
合 38796	合補 12452						
合 38807	合 38832						
合 38808	合 38934						
合 38809	合 38790						
合 38813	合 38791						
合 38826	合補 12405						
合 38827	輯佚 764	輯佚 765	合 35408				
合 38829	合 38831						
合 38831	合 38829						
合 38832	合 38807						
合 38835	合補 12267	合補 12416	合 38786				
合 38850	合補 12989						
合 38867	合補 12369						
合 38878	合 38880						
合 38880	合 38878						
合 38892	北大 653						
合 38925	合補 12528						
合 38933	合補 12358						
合 38934	合 38808						
合 38948	上博 2426.1435						
合 38953	合 39112	合 38959					
合 38959	合補 12926	合 39112					

合 38962	合 39157				
合 38965	合 37867				
合 38975	合 39237				
合 38977	明後 2754				
合 38978	合 39154				
合 38987	合 39187				
合 38989	簠雜 8				
合 39002	合 39221				
合 39005	善齋 5.29B.2				
合 39055	合 39056				
合 39056	合 39055				
合 39062	合 39179				
合 39072	合補 12791	明後 2740			
合 39078	合 39211				
合 39096	合 39260				
合 39097	合 36787	合 39259			
合 39099	合 39321	合 39291			
合 39101	合 39147				
合 39101	合補 12630	合補 12587			
合 39104	合 39133				
合 39111	合 39223				
合 39112	合補 12926	合 38959			
合 39125	合 39250				
合 39127	合 37968				
合 39128	京人 2919				
合 39133	合 39104				
合 39147	合 39101				

合 39152	京津 5605				
合 39154	合 38978				
合 39157	合 38962				
合 39158	合補 12549				
合 39163	日天 618				
合 39178	合 35661	合 35705			
合 39179	合 39062				
合 39187	合 38987				
合 39198	旅 2123	合補 12890			
合 39199	合 37979				
合 39204	合 39305				
合 39211	合 39078				
合 39214	上博 2426.680				
合 39215	英藏 2537				
合 39216	合 39270				
合 39218	東大 928				
合 39220	珠 1250	鄴齋 14.2			
合 39221	合 39002				
合 39222	合 39265				
合 39223	合 39111				
合 39227	合 39293				
合 39237	合 38975				
合 39242	虛 536				
合 39250	合 39125				
合 39251	存補 6.399.2				
合 39257	合 39201				

合 39259	合 36787	合 39097				
合 39260	合 39096					
合 39265	合 39222					
合 39270	合 39216					
合 39271	合補 12882					
合 39278	合 37933					
合 39283	明後 2742					
合 39291	合 39099	合 39321				
合 39293	合 39227					
合 39294	合 39227					
合 39305	合 39204					
合 39307	北大 1321					
合 39321	合 39099	合 39291				
合 39330	合補 12813					
合 39331	合 37917	合補 13088				
合 39337	合 39395					
合 39341	合 39404	北大 1393				
合 39351	合 39376					
合 39353	合 39380					
合 39354	合 39381	合 39372				
合 39363	合 39384	合補 12572	懷特 1895			
合 39365	合 39394	輯佚 692				
合 39367	合 36638					
合 39371	合 39373	續存上 2646				
合 39372	合 39354	合 39381				

合 39373	合 39371	續存上 2646				
合 39375	合 39407					
合 39376	合 39351					
合 39380	合 39353					
合 39381	合 39354	合 39372				
合 39383	旅 2132					
合 39384	合 39363	合補 12572	懷特 1895			
合 39394	輯佚 692	合 39365				
合 39395	合 39337					
合 39395	合 38228					
合 39396	英藏 2629					
合 39400	合 39401					
合 39401	合 39400					
合 39404	合 39341	北大 1393				
合 39407	合 39375					
合 39427	合 37779					
合 39441	合 36987					
合 39500	合 8996 正					
合 39515	合補 798					
合 39557	旅 1140					
合 39588	合 13225					
合 39589	合 6088					
合 39626	合 22928					
合 39668	合 22266	合 19996	合 21560	2.2.0051		
合 39683	合 39712					
合 39699	合 6552 正					

合 39712	合 39683			
合 39723	英藏 1187			
合 39727	合 7862			
合 39779	合 3647			
合 39817	合 7775			
合 39836	英藏 293			
合 39854	京人 777	合補 933		
合 39859	合 1277			
合 39863	合補 1997			
合 39895	合 16297	合 40264		
合 39906 正	合 6703			
合 39912	英藏 304 正反			
合 39938	合 5828			
合 40015	日彙 212			
合 40043	合 4010	合 9637	歷 1241	
合 40078	合 2734	合 9534		
合 40096	合 10089			
合 40110	英藏 2377			
合 40117	合 9529	合補 602		
合 40178	合補 2749			
合 40185	合 1924			
合 40220	合 4607			
合 40229	合補 3412			
合 40236	英藏 1001			
合 40264	合 39895	合 16297		
合 40282	合 11944			
合 40429	合 2880			
合 40538	日彙 527			

合 40602	合補 5720					
合 40608	旅 735	合補 1480				
合 40612	佚 101					
合 40681	合 3781					
合 40736	合 15842					
合 40797	合 22367					
合 40891	合 21782	合 21811				
合 40895	合 36430	輯佚 684				
合 40929	合補 8025					
合 41000	合 23277					
合 41010	合 25310					
合 41118	合 22846					
合 41145	合 25696					
合 41153	合 22900					
合 41163	合 25510					
合 41193	合 23074					
合 41197	合 23741	合 22762				
合 41209	合 22552					
合 41266	合 26314	合 26312				
合 41287	愛 31					
合 41312	英藏 2261	合 26950				
合 41317	合 27437					
合 41320	英藏 2259	合 26950				
合 41328	合 27042 正反	合補 10209	甲 2556			

合 41362	合補 13405			
合 41363	合 29040			
合 41367	日彙 343			
合 41383	合 28996			
合 41443	合補 8773			
合 41455	合 62			
合 41467	英藏 2398	合 33615		
合 41513	合補 8893			
合 41541	庫 61			
合 41563	合 28894			
合 41573	合 30706			
合 41664	合 32825			
合 41729	合 36826			
合 41739	合 35984			
合 41748	合 41751			
合 41751	合 41748			
合 41763	合補 11275			
合 41769	合 37463			
合 41816	合 37800	合 33520		
合 41818	安陽散見殷墟甲骨			
合 41836	京津 5384			
合 41839	合補 12733	北圖 1606		
合 41863	合補 11645			
懷特 214	合 16583			
懷特 357 正反	合 6405 正反			
懷特 434	合 21375			
懷特 439	合 7151 正			

懷特 899	合 3475					
懷特 913	合 6674					
懷特 959	瑞典遠東古物博物館 K.14965					
懷特 1003	北大 1663					
懷特 1167	懷特 1170					
懷特 1169	懷特 1189					
懷特 1170	懷特 1167					
懷特 1172	懷特 1173	懷特 1192	懷特 1287			
懷特 1173	懷特 1172	懷特 1192	懷特 1287			
懷特 1189	懷特 1169					
懷特 1192	懷特 1172	懷特 1173	懷特 1287			
懷特 1193	合 24060					
懷特 1275	明後 2099					
懷特 1287	懷特 1172	懷特 1173	懷特 1192			
懷特 1295	合 24057					
懷特 1428	懷特 1442					
懷特 1442	懷特 1428					
懷特 1581	京人 2289					
懷特 1615	合 33145					
懷特 1640	合 32782					
懷特 1648	合補 10704					
懷特 1715	合 36246					
懷特 1822	合補 12229					
懷特 1856	合補 11369					
懷特 1878	合補 12501					

懷特1891	合39384	合39363	懷特1895			
懷特1895	合39363	合39384	懷特1891（合補12572）			
懷特1896	合37894					
懷特1897	英藏2631					
屯南6	屯南12	H1：18				
屯南12	屯南6	H1：18				
屯南118	屯南120					
屯南120	屯南118					
屯南147	屯南354					
屯南163	屯南3699					
屯南188	屯南220					
屯南220	屯南188					
屯南269	屯南330					
屯南304	屯南705					
屯南330	屯南269					
屯南354	屯南147					
屯南362	屯南3665					
屯南417	已綴入《醉古集》第213則					
屯南445	已綴入《醉古集》第213則					
屯南486	屯南2782					
屯南526	屯南531					
屯南530	屯南3180					
屯南531	屯南0526					
屯南680	已綴入《醉古集》第313則					
屯南705	屯南304					
屯南779	屯南2581					

屯南 815	合 30239				
屯南 817	屯南 3003				
屯南 880	屯南 989	屯南 1010			
屯南 897	屯南 2851				
屯南 938	屯南 2004				
屯南 943	合 33280	屯南 1335			
屯南 947	屯南 2853				
屯南 958	屯南 1185				
屯南 989	屯南 880	屯南 1010			
屯南 1006	屯南 1398				
屯南 1010	屯南 989	屯南 880			
屯南 1027	已綴入《醉古集》第 313 則				
屯南 1074	屯南 1076	合 34233			
屯南 1076	屯南 1074	合 34233			
屯南 1101	屯南 2026				
屯南 1117	屯南 2043				
屯南 1185	屯南 958				
屯南 1212	屯南 1802				
屯南 1232	屯南 2846				
屯南 1269	屯南 3895				
屯南 1288	屯南 1434				
屯南 1295	合 34572				
屯南 1304	屯南 1531				
屯南 1335	合 33280	屯南 943			
屯南 1398	屯南 1006				
屯南 1434	屯南 1288				
屯南 1562	已綴入《醉古集》第 313 則				

屯南 1531	屯南 1304				
屯南 1802	屯南 1212				
屯南 1825		已綴入《醉古集》第 314 則			
屯南 1829		已綴入《醉古集》第 314 則			
屯南 1880	屯南 1101	屯南 2026			
屯南 2004	屯南 938				
屯南 2017		已綴入《醉古集》第 313 則			
屯南 2026	屯南 1880	屯南 1101			
屯南 2043	屯南 1117				
屯南 2064	屯南 2986				
屯南 2169	屯南 3895				
屯南 2181	屯南 4301				
屯南 2249	屯南 2680	合補 3380			
屯南 2273	合 32831				
屯南 2278	屯南 4358				
屯南 2437	屯南 2472				
屯南 2446	屯南 3204				
屯南 2472	屯南 2437				
屯南 2558	合 32848	屯南 4465			
屯南 2581	屯南 779				
屯南 2634	屯南 2638				
屯南 2638	屯南 2634				
屯南 2647	屯南 2775				
屯南 2680	合補 3380	屯南 2249			
屯南 2727	合 33569	屯南 2758			

屯南 2735	屯南 2753					
屯南 2753	屯南 2735					
屯南 2758	屯南 2727	合 33569				
屯南 2760	屯南 4180					
屯南 2775	屯南 2647					
屯南 2782	屯南 486					
屯南 2846	屯南 1232					
屯南 2851	屯南 897					
屯南 2853	屯南 947					
屯南 2883	屯南 3042					
屯南 2915	合 33064					
屯南 2939	屯南 3251					
屯南 2954	屯南 3502					
屯南 2986	屯南 2004					
屯南 2992	屯南 4169					
屯南 3003	屯南 817					
屯南 3035		已綴入《醉古集》第 303 則				
屯南 3042	屯南 2883					
屯南 3060	屯南 3277					
屯南 3180	屯南 530					
屯南 3192	屯南 3233					
屯南 3198	屯南 3533					
屯南 3204	屯南 2446					
屯南 3229	屯南補遺 131					
屯南 3233	屯南 3192					
屯南 3244	屯南 3484					
屯南 3251	屯南 2939					
屯南 3277	屯南 3060					

屯南 3484	屯南 3244				
屯南 3502	屯南 2954				
屯南 3575	屯南補遺 255 倒				
屯南 3654	屯南 3662				
屯南 3662	屯南 3654				
屯南 3665	屯南 362				
屯南 3673	合 32114	屯南 3723			
屯南 3699	屯南 163				
屯南 3723	屯南 3673	合 32114			
屯南 3746	屯南 4503				
屯南 3862	屯南 3867				
屯南 3867	屯南 3862				
屯南 3895	屯南 1269				
屯南 3920	屯南 3962				
屯南 3950	屯南補遺 237				
屯南 3962	屯南 3920				
屯南 4050	屯南補遺 244				
屯南 4062	屯南 4297				
屯南 4100	合 33327				
屯南 4103	合 33021	合 33120			
屯南 4108	屯南 4217				
屯南 4120	合 34490				
屯南 4169	屯南 2992				
屯南 4180	屯南 2760				
屯南 4181	合 30896				
屯南 4188	屯南 4215	合 33076			
屯南 4200	合補 8982				
屯南 4215	屯南 4188	合 33076			

屯南 4217	屯南 4108			
屯南 4241		已綴入《醉古集》第 218 則		
屯南 4246		已綴入《醉古集》第 218 則		
屯南 4276	屯南 4287	合 32436		
屯南 4287	屯南 4276	合 32436		
屯南 4297	屯南 4062			
屯南 4301	屯南 2181			
屯南 4351	屯南 4371			
屯南 4358	屯南 2278			
屯南 4364	屯南補遺 256			
屯南 4371	屯南 4351			
屯南 4439	屯南 4483			
屯南 4453	合 27397			
屯南 4465	合 32848	屯南 2558		
屯南 4483	屯南 4439			
屯南 4503	屯南 3746			
屯南 4585	合 28315			
屯南補遺 131	屯南 3229			
屯南補遺 237	屯南 3950			
英藏 15	旅 1140			
英藏 38	合 8996 正			
英藏 39	合 13225			
英藏 82	合 17354			
英藏 125 正	合 663	東文庫 111 正倒	合 14074	
英藏 160	天理 81			
英藏 188	合 7278			

英藏 197	合補 1581				
英藏 207 反	合補 13185				
英藏 232	英藏 246				
英藏 246	英藏 232				
英藏 293	英藏 530				
英藏 304 正反	英藏 1133 正反				
英藏 333	英藏 354 正				
英藏 337	合 18504				
英藏 354 正	英藏 333				
英藏 383	合 26491	合 26484			
英藏 436	合 5044	合 5045	合 19106	合 11584	
英藏 457	合補 1420				
英藏 476	合補 6512				
英藏 477	合 7325				
英藏 492	英藏 207 反				
英藏 530	英藏 293				
英藏 543	京人 777	合補 933			
英藏 552	合 18925	合 8501 正			
英藏 553	旅 548				
英藏 562	京人 892				
英藏 564	英藏 569	合 5785			
英藏 569	英藏 564	合 5785			
英藏 570	合 6369				
英藏 609	合補 798				
英藏 623	合 6703				
英藏 660	合 6088				

英藏 667	合 6554	合 7549			
英藏 669	合 6553				
英藏 681	合 8745				
英藏 730	合 1111 正				
英藏 792	合補 4524				
英藏 793	英藏 1160				
英藏 804	合 9693				
英藏 813	合 9529	合補 602			
英藏 814	合 9519				
英藏 824	合 10042	合 9941			
英藏 848	合補 3403				
英藏 970	合補 3412				
英藏 996	合 2880				
英藏 1001	合 40236				
英藏 1106	合 7854 正				
英藏 1133 正反	英藏 304 正反				
英藏 1149	合 16037				
英藏 1160	英藏 793				
英藏 1187	合 39723				
英藏 1188	英藏 1189				
英藏 1189	英藏 1188				
英藏 1352 正反	合 6143 正反				
英藏 1399	合 13540				
英藏 1740	合 12333 正				
英藏 1766	英藏 1775				
英藏 1771	合 32188	合 34113	合 32189		

英藏 1775	英藏 1766					
英藏 1840	北大 1878					
英藏 1890 正反	合 18948 正反					
英藏 1911	合 21898	合 21896				
英藏 1913	合 21782	合 21811				
英藏 1920	合 10724					
英藏 1945	合 22928					
英藏 1954	合 25696					
英藏 1974	合 23277					
英藏 1976	合 13560					
英藏 2007	美 161					
英藏 2022	合補 8493					
英藏 2076	英藏補 26					
英藏 2149	合 25248					
英藏 2160	愛 57					
英藏 2161	合 22552					
英藏 2187	合 23579		合 23525	合 13561		
英藏 2214	合補 7997					
英藏 2234	合 26580	英藏 2235				
英藏 2235	英藏 2234	合 26580				
英藏 2243	合 25378					
英藏 2259	英藏 2261	合 26950				
英藏 2261	英藏 2259	合 26950				

英藏 2264	合 27437					
英藏 2287	英藏 2377					
英藏 2288	合 30685					
英藏 2314	合 28963					
英藏 2315	合 28933					
英藏 2321	合 28894					
英藏 2342	合 28543					
英藏 2353	英藏補 41					
英藏 2361	合 30706					
英藏 2377	英藏 2287					
英藏 2383	合 26484	合 26491				
英藏 2398	合 33615					
英藏 2398	合 33615	英藏 2458				
英藏 2401	南輔 78					
英藏 2404	合 34052	上博 24 26.647				
英藏 2430	庫 61					
英藏 2439	合 34687					
英藏 2458	合 33615	英藏 2398				
英藏 2464	合 33707					
英藏 2473	合補 10414					
英藏 2488	合補 10819					
英藏 2507	京人 2902					
英藏 2508	合 35745	合補 12872				
英藏 2514	合 35984					

英藏 2517	英藏 2520				
英藏 2520	英藏 2517				
英藏 2526 正	合補 11142	合 36957	合 37475		
英藏 2528	合 41751				
英藏 2537	合 39215				
英藏 2539	合 37502				
英藏 2542	合 37373	合 37399			
英藏 2555	安陽散見殷墟甲骨				
英藏 2556	合補 11275				
英藏 2568	合補 11666				
英藏 2578 正	合補 11631	蘇德*415	史購 296	愛 1	
英藏 2579 倒	合 38093				
英藏 2588	英藏 2593				
英藏 2593	英藏 2588				
英藏 2594	合 35429				
英藏 2617	合 38789	合補 12266	合補 12333		
英藏 2622	合 36609				
英藏 2629	合 39396				
英藏 2631	合補 12597				
英藏 2652	合補 13004				
英藏 2660	英藏 2661	合 36793			
英藏 2661	英藏 2660	合 36793			
英藏 2663	虛 370				
英藏補 26	英藏 2076				
英藏補 38	英藏補 42				
英藏補 41	英藏 2353				

英藏補 42	英藏補 38				
英藏補 44	英藏補 53				
英藏補 53	英藏補 44				
天理 81	英藏 160				
天理 126	合 11804				
天理 152	合 6148				
天理 154	合補 1060	上博 2426.683			
天理 243	合補 1857 正				
天理 255	合 13221				
天理 293	蘇 45				
天理 397	合 26258				
天理 400	合 26336				
天理 456	天理 569	合 30445			
天理 490	合 32435	合 31004			
天理 569	合 30445				
天理 600	合 34810	合 34936			
天理 601	合 33841				
合補 6	合 186	上博 20889.46			
合補 8	合 1471	合 3308	合補 502		
合補 24 正	合 249	乙 7886	合 232 正	合 1208	
合補 39	合 3782	合 3397			
合補 43 正	合 17139				
合補 58 乙	上博 812 頁 .46464				
合補 72	合 18587				
合補 109	合 8065				
合補 217	已綴入《醉古集》第 380 則				
合補 222	歷 965				

合補 238 正反	合補 1751 正反				
合補 283	合補 2664				
合補 385 正	合補 1008	合 14042 正	北大 1717		
合補 404	乙 8792	乙補 7385	乙補 7344		
合補 415	合 2752	合 2733	朱孔陽 9.6		
合補 448	合 14135	合 2891 正右半	合 5908	乙補 1839	
	乙補 1841	乙補 2953	乙補 5883	乙補 1843	
合補 462	合 11482 正				
合補 465 正	合 13158				
合補 502	合 3309	合 1471	合 3308		
合補 520 正	合補 5415 正	合 3662			
合補 524	合 3475	合 11073	合 14361		
合補 549	合補 588				
合補 562	合 6173				
合補 565	合 7782				
合補 573	合 15185				
合補 576 正反	合 7757 正反				
合補 577	善齋卷 7				
合補 579	合補 6533	東文研 1234			
合補 580	合 13498				
合補 588	合補 549				
合補 595	已綴入《醉古集》第 299 則				
合補 596 反	合 7718 反				
合補 596 正	合 7718 正				

合補 602	合 9529	合 40117			
合補 624	合 1				
合補 650	中歷藏 666				
合補 655	合 3537				
合補 657	合 1				
合補 682	已綴入《醉古集》第 37 則				
合補 687	合 3578				
合補 714	合 15193				
合補 723	合 12241 正				
合補 747	合補 908				
合補 749	合 4209	合 4135			
合補 752	合補 1305				
合補 759 反	合 6217	合 17276 反			
合補 759 正	合 17276 正	合 6217			
合補 769	合 7862				
合補 798	英藏 609				
合補 829 正	合 11403	安明 624			
合補 833	合 7230				
合補 856	合 12164	合 17349	合 19655		
合補 865	合 2091				
合補 867	合 14009 正	史購 116			
合補 894	合補 5655				
合補 905	輯佚 207				
合補 908	合補 747				
合補 919	旅 406				
合補 925	旅 705				

合補 933	合 39854	京人 777			
合補 936	合 16700				
合補 948	合 2723				
合補 971	合 7530	合 3709			
合補 982	合 7529	合補 1430			
合補 988	已綴入《醉古集》第 150 則				
合補 1008	合 14042 正	合補 385 正	北大 1717		
合補 1014	合補 1083				
合補 1060	天理 154	上博 2426.683			
合補 1074	合 12066 正				
合補 1083	合補 1014				
合補 1134 正反	合 597				
合補 1173 臼	合補 1173 正	合 4415 正	合 4415 臼		
合補 1173 正	合 4415 正	合補 1173 臼	合 4415 臼		
合補 1223	合 4066				
合補 1239 正反	北大 925 正反				
合補 1246	合補 3643				
合補 1305	合補 752				
合補 1306	合 18150				
合補 1311	合 15995				
合補 1312	合 14156	乙 8002	乙補 1620		
合補 1330	合 13178				
合補 1340	合 3539				
合補 1344	合 7420				

合補 1346 正反	合 8968 正反	合 14647 正反				
合補 1360 正反	合 6163 正反	山東 1177				
合補 1420	英藏 457					
合補 1429 正反	已綴入《醉古集》第 341 則					
合補 1430	合補 982	合 7529				
合補 1480	旅 735	合 40608				
合補 1505	合 3650 正					
合補 1515	合 12814 反					
合補 1550	已綴入《醉古集》第 166 則					
合補 1581	英藏 197					
合補 1602	合 4793					
合補 1645	合補 2380	合補 2408				
合補 1653	合 5085					
合補 1657	合補 4133					
合補 1680	合 7078					
合補 1705	合 14474 正					
合補 1738 正反	已綴入《醉古集》第 23 則					
合補 1751 正反	合補 238 正反					
合補 1773	合 7219					
合補 1787	合 9814					
合補 1801	合 6371					
合補 1846	合 1224					
合補 1851	善齋 5.28B.8					
合補 1857 正	天理 243					
合補 1860	合 6370	合 6310				

合補 1881	合 7497			
合補 1889	旅 219			
合補 1921	合 8554	合補 2140	合 12812	
合補 1938	英藏 1133 正			
合補 1956	上博 7645.261			
合補 1960	合 4811	合 7699		
合補 1961	合 4274			
合補 1976	合 6148			
合補 1978	合 2434			
合補 1989	合 10068			
合補 1991	合 18032	合 7015	合 4326	
合補 1993	合 7671			
合補 1997	合 39863			
合補 2012	東文研 228			
合補 2019	合 3010 正			
合補 2022	合 18917			
合補 2043	合 3010 正			
合補 2051	合 14262			
合補 2060	合補 2098			
合補 2064	上博 21691.184	上博 21569.158		
合補 2076	合補 4362			
合補 2082	3.0.1441			
合補 2098	合補 2060			
合補 2105	合 3572			
合補 2116 正反	東文庫 57 正反			
合補 2117	合補 4064			

合補 2120	合 7577			
合補 2136 反	合 19724 反			
合補 2136 正	合 2778	合 19724 正		
合補 2140	合 12812			
合補 2159 正反	合 7964 正反			
合補 2163 正反	合 14976 正反			
合補 2164	明後 S0875			
合補 2184	合 19617			
合補 2200	北大 1798			
合補 2208	合 36447	合 36436		
合補 2216	合 7795			
合補 2247	合補 1993			
合補 2284	合 12080			
合補 2294	合 18792	合 18795	合 13377	
合補 2380	合補 1645	合補 2408		
合補 2408	合補 1645	合補 2380		
合補 2447 反	合 15777 反			
合補 2447 正	合 15777 正			
合補 2479	合補 6072			
合補 2630 正反	合 10362			
合補 2496	合 15580			
合補 2617	合補 4314			
合補 2651	合 10729			

合補 2653	合 1248		合 13642	乙 3367	乙 1617
合補 2664	合補 283				
合補 2679	已綴入《醉古集》第 8 則				
合補 2707	合 19166				
合補 2736	合 18821				
合補 2748	合補 2749				
合補 2749	合補 2748				
合補 2773	合 6674		存補 5.140.1		
合補 2775	合 7671				
合補 2776	合補 580				
合補 2782	合補 4067				
合補 2793	合 4173				
合補 2793	合 4173		北大 2341		
合補 2819	合補 5876				
合補 2873	合 6185				
合補 2905	東文研 273				
合補 2907	合 19721				
合補 3014	已綴入《醉古集》第 251 則				
合補 3016	合 9144				
合補 3121	已綴入《醉古集》第 371 則				
合補 3067	合 16572				
合補 3078	合 13062				
合補 3153	合 22802				
合補 3166	合 43				
合補 3215	合 5071				
合補 3220	已綴入《醉古集》第 153 則				

合補 3225	山東 721			
合補 3244	上博 320 頁 . 596			
合補 3263	合 2033			
合補 3275 正反	已綴入《醉古集》第 150 則			
合補 3293	合 12451			
合補 3338	合 7780	合補 543		
合補 3380	屯南 2680	屯南 2249		
合補 3397	上博 2426. 645			
合補 3403	英藏 848			
合補 3412	英藏 970			
合補 3446	合 17028 正			
合補 3477	合 479			
合補 3547	合補 6516			
合補 3643	合補 1246			
合補 3657	已綴入《醉古集》第 284 則			
合補 3694	合 12049			
合補 3762	已綴入《醉古集》第 56 則			
合補 3792	合 12762			
合補 3833	已綴入《醉古集》第 56 則			
合補 3859	合 7027			
合補 3925 正	合 8512			
合補 3970	已綴入《醉古集》第 372 則			
合補 3984	合 22221	合 19895	乙補 7394	乙 8774
合補 4002 正反	已綴入《醉古集》第 257 則			
合補 4005	合 13909	合 4353		

合補 4064	合補 2117			
合補 4067	合補 2782			
合補 4133	合補 1657			
合補 4180	合 11725			
合補 4188	已綴入《醉古集》第 308 則			
合補 4237 正反	合補 6047 正反			
合補 4277	合 1452	合 5764		
合補 4359	合 11682			
合補 4362	合補 2076			
合補 4439	合 28114			
合補 4481	合 12573	合 23679		
合補 4497	已綴入《醉古集》第 338 則			
合補 4507	合 6249			
合補 4524	英藏 792			
合補 4536	北大 2184			
合補 4565	合 6203			
合補 4572 正反	已綴入《醉古集》第 254 則，林氏又加乙補 109			
合補 4589	合 1706			
合補 4609	合 12887			
合補 4615	合 6690			
合補 4680	合補 4747			
合補 4703	已綴入《醉古集》第 305 則			
合補 4707	旅 487			
合補 4747	合補 4680			
合補 4838	合 17697 正反	合 7159 正反		

合補 4845	合 16901				
合補 4856	3.0.0379				
合補 4903	上博 250 頁.92 正				
合補 4948	上博 138 頁.760				
合補 4960	中歷藏 1253				
合補 4979	京人 1426				
合補 4980 正反	合 1305 正反				
合補 4981 正	合 4595				
合補 5046	輯佚 274				
合補 5066	合 13868				
合補 5209	合 3728	甲釋 143	甲 3320		
合補 5287 正反	合 17729 正反				
合補 5308	合 9722				
合補 5356	合 6914	合 6501			
合補 5415 反	合補 520 反				
合補 5415 正	合補 520 正	合 3662			
合補 5501	合 552 反	合 7150 反			
合補 5529	合 6491				
合補 5530	合 11919				
合補 5558 正反	史購 64 正反				
合補 5596	合 17810				
合補 5597	東大 B571a	合 7143 正	合 584 正甲	合 9498 正	
合補 5628	歷 46				

合補 5638	乙補 3399	合 22309	合 22212	合 22091 甲乙	乙補 6106	
	乙補 3400	合 22124	合 22410	合 22418	乙 8557	
合補 5655	合補 894					
合補 5658	合 10029					
合補 5663	合補 5664					
合補 5664	合補 5663					
合補 5670	合 7386					
合補 5691	合補 5717					
合補 5710	合補 9125					
合補 5717	合補 5691					
合補 5720	合 40602					
合補 5744	合 19283					
合補 5817	合 10360	合 19345				
合補 5851	合 16887					
合補 5854	合 18919					
合補 5876	合補 2819					
合補 5878	合 16504					
合補 5912	已綴入《醉古集》第 8 則					
合補 6009 正	謝 173					
合補 6020	京人 S0537					
合補 6036 正	合補 6342					
合補 6038	合 1203	合 3747				
合補 6047 正反	合補 4237 正反					
合補 6072	合補 2479					
合補 6096 正反	合 9198 正反					
合補 6113	合 10584					

合補 6130	合 6084				
合補 6141	合 4568				
合補 6191 正	合 5411				
合補 6261	已綴入《醉古集》第 100 則				
合補 6292	已綴入《醉古集》第 102 則				
合補 6320	英藏 848				
合補 6342	合補 6036 正				
合補 6367 正	北大 2187 正	北大 1104			
合補 6438	合 6062				
合補 6439	合 17149 正				
合補 6442 正	復旦大學博物館 R1475.1				
合補 6443	合 11173				
合補 6512	英藏 476				
合補 6516	合補 3547				
合補 6533	合補 579	東文研 1105			
合補 6558 甲乙	合 19966				
合補 6616	合 19363				
合補 6654	合 20653				
合補 6659	合 20834				
合補 6663	乙補 21				
合補 6678	英藏 1913	合 21811			
合補 6681 正	甲 2586	甲 2558	3.2.0305		
合補 6704	上博 48704	合 35081	殷餘 143		

合補6710上	英藏1913	合21782			
合補6710下	英藏1913	合21811			
合補6717	合補6789				
合補6736	合20664	合20012			
合補6789	合補6717				
合補6810	合21318				
合補6819	合8711				
合補6823	合21788				
合補6850	乙757				
合補6859	乙757				
合補6861	乙補20 倒				
合補6862	合21025	合20986			
合補6884	合22087 正	合22086			
合補6895	合補11529				
合補6898	合22133	合22144	乙8845	乙補7364	乙補7338 倒
	乙8989	乙補7367	乙8798	乙8787	
合補6912	合21877	乙1840			
合補6915	合22221	合19895	乙補7394	乙8774	
合補6916	乙補7371				
合補6932甲乙	合20529	京人2992			
合補6933	合34926				

合補 6941	合 22459	乙 635	乙補 1380	合 21887		
合補 6976	合 22817					
合補 6977	合補 7754					
合補 6998	合 22848					
合補 7003	合 23193					
合補 7005	合 23153					
合補 7021 甲乙	合 34582					
合補 7040	合 25035					
合補 7044	合 5384					
合補 7049	合 23335					
合補 7094	合 23586	存補 7.3.1				
合補 7117	合 22734					
合補 7231	合 25643					
合補 7238	合補 8243					
合補 7240	合 27293					
合補 7242	合補 8366					
合補 7262	輯佚 300					
合補 7271	合補 8181					
合補 7362	合 22542					
合補 7487	合 25354					
合補 7487	合 25354	輯佚 322				
合補 7543	合 25819					
合補 7551	合補 7580					
合補 7554	合 24266					
合補 7555	合 25290	合 25348				

合補 7561	合補 7564					
合補 7564	合補 7561					
合補 7570	合 24325					
合補 7580	合補 7551					
合補 7601	合 24259					
合補 7602	合 23766	合 25442				
合補 7617	合 26147					
合補 7683	合 25504					
合補 7685	合 2577					
合補 7728	合補 7762					
合補 7738	合 22785					
合補 7754	合補 6977					
合補 7762	合補 7728					
合補 7768	合 23152					
合補 7811	合 25341	合 25642	合 23031			
合補 7860	合 23147					
合補 7884	合 25599					
合補 7898	合 25395					
合補 7922	合 25466					
合補 7997	英藏 2214					
合補 8002	合補 8255					
合補 8014	合補 8132	合 26373				
合補 8025	合 22638					
合補 8044	合補 8014	合 26373				
合補 8089	合補 8103					
合補 8093	合 24309					

合補 8098	合 26460				
合補 8103	合補 8089				
合補 8104	合補 8125				
合補 8125	合補 8104				
合補 8131	北圖 505				
合補 8132	合補 8014	合 26373			
合補 8139	合補 8161				
合補 8161	合補 8139				
合補 8181	合補 7271				
合補 8197	合 17066				
合補 8227	合 26604				
合補 8243	合補 7238				
合補 8245	合 26588				
合補 8246	合 26648	合 26652			
合補 8255	合補 8002				
合補 8310	善齋 7.11B.1				
合補 8319	合 24303				
合補 8333	合補 8341				
合補 8341	合補 8333				
合補 8342	合補 8481				
合補 8353	合補 8427				
合補 8362	合補 8382				
合補 8364	旅 1377				
合補 8366	合補 7242				
合補 8371	合 23845				
合補 8382	合補 8362				
合補 8408	合 23976				
合補 8412	合 23892				

合補 8427	合補 8353				
合補 8455	合補 8543	合 23848			
合補 8481	合補 8342				
合補 8493	英藏 2022				
合補 8504	合 23380	合 25313			
合補 8511	合 23840				
合補 8516	愛 91 正	愛 92 正			
合補 8543	合補 8455	合 23848			
合補 8545	愛 58				
合補 8583	蔣 15				
合補 8589	合 23164				
合補 8615	合 22664				
合補 8640	合 31526				
合補 8642	善齋 5.53.14				
合補 8745	合 27390				
合補 8769	已綴入《醉古集》第 2 則				
合補 8773	合 41443				
合補 8816	合 31618				
合補 8844	合 31416	合補 10007	合 31403		
合補 8866	合補 10068				
合補 8893	合 41513				
合補 8982	屯南 4200				
合補 8997	合 28956				
合補 9042	合 29316				
合補 9087	合 28740				
合補 9101	合 33502				
合補 9111	合補 9117				
合補 9115	合 28434				

合補 9117	合補 9111					
合補 9122	合補 9390					
合補 9125	合補 5710					
合補 9128	合 28641					
合補 9142	合 28688					
合補 9143	合 28433					
合補 9170	合補 9358					
合補 9173	合 33558	日天 560				
合補 9183	合補 10378					
合補 9189	合補 9227					
合補 9210	合 28379					
合補 9211	合 31035	合補 9465				
合補 9227	合補 9189					
合補 9334	合 28460					
合補 9335	合 30083					
合補 9254	合 28803					
合補 9261	合 28401					
合補 9309	合 33008					
合補 9352	2. 2. 0107					
合補 9358	合補 9170					
合補 9359	合 27342					
合補 9382	合 31111					
合補 9390	合補 9122					
合補 9409	合 28859					
合補 9429	合 29984					
合補 9539	合 27867		合 27856	合 27866	合 29718	
合補 9541	合 29165					

合補 9445	合 31144			
合補 9465	合 31035	合補 9211		
合補 9484	甲 2514	甲 2534	合 5779	
合補 9509	合 34054			
合補 9539	合 27867			
合補 9605	合 33691			
合補 9699	合 27271			
合補 9705	合 27427			
合補 9709	合 31079			
合補 9710	合 31287			
合補 9712	合 27428			
合補 9730	合 27361			
合補 9781	合 28786			
合補 9810	旅 1532	合 33485		
合補 9811	旅 1532	合 33485		
合補 9818	合 29258			
合補 9828	合 31392	合 31380		
合補 9852	合 28938			
合補 9885	合 31565			
合補 9999	合 31356	合補 10124	合 31330	
合補 10007	合 31416	合補 8844	合 31403	
合補 10020	合補 10094			
合補 10057	合 29721	合補 10058	合 31477	合 31467	合補 10059
	合 31474			
合補 10058	合 31477	合 31474	合 29721	合 31467	合補 10057	合補 10059

合補 10059	合 29721	合補 10058	合 31477	合 31467	合補 10057	合 31474
合補 10068	合補 8866					
合補 10090	合 31518					
合補 10094	合補 10020					
合補 10095	合 31392	合 31380				
合補 10107	合 31518					
合補 10117	合 26706					
合補 10124	合 31330	合 31356	合 31363			
合補 10209	合 41328	合 27042 正反	甲 2556			
合補 10212	合 30810					
合補 10218	合 33165					
合補 10222 正反	合 27456 正反					
合補 10291	合 27323					
合補 10298	合 32012					
合補 10346	合補 10385	合 30445				
合補 10356	合 30401					
合補 10362	已綴入《醉古集》第 266 則					
合補 10378	合補 9183					
合補 10385	合補 10346	合 30445				
合補 10389	甲 2514	甲 2534	合 5779			
合補 10397	合 27819					
合補 10405	合 33742					
合補 10414	英藏 2473					
合補 10436	甲 2283	合 22484				
合補 10462	合 32233					

合補 10474	合 34090			
合補 10493	合 32846			
合補 10511	合 34637			
合補 10526	合 33050			
合補 10529	合 32933			
合補 10535 反	存補 3.277.2（合 35261 甲中"乙"片的反面）			
合補 10535 正		已綴入《醉古集》第 238 則		
合補 10553	合 32711			
合補 10558	合 34494			
合補 10572	合 34639			
合補 10578	合 33462			
合補 10606	合 34688			
合補 10620		已綴入《醉古集》第 294 則		
合補 10626		已綴入《醉古集》第 247 則		
合補 10634	合 33275			
合補 10656	合補 10667			
合補 10659		已綴入《醉古集》第 247 則		
合補 10660	合 33385			
合補 10667	合補 10656			
合補 10674	合 33628	合 33383		
合補 10700	合補 10930			
合補 10704	懷特 1648			
合補 10743	掇三 853			
合補 10758	合補 10823			
合補 10762	合補 10771	合 35106		

合補 10771	合補 10762	合 35106				
合補 10786	合 32971					
合補 10819	英藏 2488					
合補 10823	合補 10758					
合補 10835	安明 2552					
合補 10856	蘇德 *329					
合補 10864	合 33001					
合補 10903	合 32548					
合補 10930	合補 10700					
合補 10952	合 38302	合補 12606				
合補 10955	合 36196 乙					
合補 10974	合補 11716					
合補 10977	合 35839	合 38749				
合補 10985	合 35716					
合補 10989	合 36258					
合補 10993	合 35953					
合補 11000	合補 11043					
合補 11019	合 38756					
合補 11032	山東 1827	山東 1826				
合補 11039	合 36928	合 35418				
合補 11043	合補 11000					
合補 11047	合 36022					
合補 11064	合 38248					
合補 11084	安明 2991					
合補 11086	合 36039					
合補 11093	合 35432					
合補 11098	英藏 2521					

合補 11107	合 36395			
合補 11115	合 36567			
合補 11120	合 36652			
合補 11136	合補 11144			
合補 11142	合 36957	英藏 2526 正	合 37475	
合補 11144	合補 11136			
合補 11185	合 38467			
合補 11225	合 37900			
合補 11239	簠雜 4			
合補 11258	存補 6.149.4			
合補 11270	合補 11361			
合補 11274	合 37574			
合補 11275	英藏 2556			
合補 11283	合 36896			
合補 11298	合 37543			
合補 11303	合 37790			
合補 11307	合 37549			
合補 11316	合補 11369			
合補 11323	合 37448			
合補 11328	合 36601	合 36718		
合補 11330	虛 1507			
合補 11332	合 37431			
合補 11335	輯佚 813			
合補 11361	合補 11270			
合補 11364	合補 13081			
合補 11366	合 37553			

合補 11369	合補 11316					
合補 11373	合 37706	續 3.30.1				
合補 11377	合 37764					
合補 11381	合 37055					
合補 11402	合 37183					
合補 11433	合 36334	合 36324				
合補 11442	合 37328	合 37172	合 37312	史購 294	愛 193	
合補 11453	合補 13118					
合補 11471	合補 12712					
合補 11472	合 35663					
合補 11477	合 37989					
合補 11480	人 B2963	合 38026				
合補 11485	合 38081					
合補 11499	合補 11566					
合補 11500	合 37989					
合補 11513	合補 11585					
合補 11517	合 37997	英藏 2586	合補 11610	合 38011		
合補 11524	合 38055					
合補 11529	合補 6895					
合補 11543 正	北大 1867	上博 2426.364				
合補 11555	合補 11557					
合補 11557	合補 11555					
合補 11561	珠 1455					
合補 11562	合補 11513					
合補 11566	合補 11499					
合補 11576	合 38026	人 B2963				

合補 11585	合補 11513				
合補 11592	合 38035	合 38004	合補 11601		
合補 11598	上博 2426.772				
合補 11601	合補 11592	合 38035	合 38004		
合補 11610	英藏 2586	合補 11517	合 37997	合 38011	
合補 11611 倒	合補 12083	合 38089			
合補 11631	英藏 2578 正	蘇德 *415			
合補 11634	合補 11960				
合補 11645	合 38180				
合補 11652	合 36739				
合補 11666	英藏 2568				
合補 11692	北大 0484				
合補 11695	合 35596				
合補 11716	合補 10974				
合補 11809	合 38652				
合補 11837	合補 11940				
合補 11846	上博 2426.1276				
合補 11860	合補 11963				
合補 11884	合 35833				
合補 11897	合 35652				
合補 11920	合 35415				
合補 11937	上博 2426.1289				
合補 11940	合補 11837				
合補 11960	合補 11634				
合補 11963	合補 11860				

合補 12031	英藏 2579 倒			
合補 12063	合補 12488			
合補 12083	合補 11611 倒	合 38089		
合補 12092	合補 12728	合補 12909	合補 13033	
合補 12097	合 38084			
合補 12098	合 38090			
合補 12188	北大 560			
合補 12229	合補 12302			
合補 12232	合補 12440			
合補 12266	英藏 2617	合補 12333		
合補 12266	合 38789	英藏 2617	合補 12333	
合補 12267	合補 12416	合 38786	合 38835	
合補 12282	合 36818	合 36457	合 36474	合 36460
合補 12298	合補 12420			
合補 12302	合補 12229			
合補 12308	合補 12392			
合補 12333	合 38789	合補 12266	英藏 2617	
合補 12336	安明 3120			
合補 12347	合 38787			
合補 12355	合 37950	合補 12699	合補 13034	
合補 12356	合 37958			
合補 12358	合 38933			
合補 12361	合補 12368	合補 12496		
合補 12366	合補 12502	合補 12410		

合補 12368	合補 12361	合補 12496				
合補 12369	合 38867					
合補 12372	合補 12515					
合補 12392	合補 12308					
合補 12405	合 38826					
合補 12410	合補 12366	合補 12502				
合補 12413	合 38783					
合補 12416	合補 12267	合 38786	合 38835			
合補 12419	輯佚 719	合補 12449	合補 12419			
合補 12420	合補 12298					
合補 12421	輯佚附 71					
合補 12425	安明 3126					
合補 12434	合 36450					
合補 12440	合補 12232					
合補 12443	北大 1288					
合補 12449	輯佚 719	合補 12419				
合補 12452	合 38796					
合補 12488	合補 12063					
合補 12496	合補 12361	合補 12368				
合補 12501	懷特 1878					
合補 12502	合補 12366	合補 12410				
合補 12515	合補 12372					
合補 12517	合 38774					
合補 12528	合 38925					
合補 12534	合 36454					

合補 12549	合 39158						
合補 12572	合 39384	合 39363	懷特 1895				
合補 12587	合補 12630	合 39101					
合補 12588	合補 12643						
合補 12597	英藏 2631						
合補 12606	合補 10952	合 38302					
合補 12609	合 37903						
合補 12610	合補 12615						
合補 12611	合 35408	合 38827					
合補 12615	合補 12610						
合補 12630	合補 12587	合 39101					
合補 12636	合補 12650						
合補 12643	合補 12588						
合補 12645	合補 12651						
合補 12650	合補 12636						
合補 12651	合補 12645						
合補 12680	甲詮 177						
合補 12691	虛 573						
合補 12699	合補 12355	合 37950	合補 13034				
合補 12703	輯佚 686	北大 1383					
合補 12707	合補 12987						
合補 12712	合補 11471						
合補 12715	合 37928						
合補 12720	上博 2426.682						
合補 12728	合補 12909	合補 13033					

合補 12732	合 36895	合 36757				
合補 12733	英藏 2624					
合補 12748	合補 12636					
合補 12769	北大 1352					
合補 12784	合 39367					
合補 12791	合 39072	明後 2740				
合補 12792	合補 12947					
合補 12813	合 39330					
合補 12838	北大 1348	北大 1351				
合補 12839	甲詮 177					
合補 12847	英藏 2622					
合補 12848	合 37932					
合補 12857	合 39201					
合補 12871	合 37875	合 37922	合 37929			
合補 12872	合 35745	英藏 2508				
合補 12877	合 36490	合 36494	英藏 2525			
合補 12882	合 39271					
合補 12884	虛 573					
合補 12890	旅 2123	合 39198				
合補 12899	珠 239					
合補 12904	合 39158					
合補 12909	合補 13033	合補 12728				
合補 12926	合 39112	合 38959				
合補 12939	合 39157					
合補 12947	合補 12792					

合補 12954	善齋 2.52A.1				
合補 12982	史購 277				
合補 12987	合補 12707				
合補 12989	合 38850				
合補 12999	合補 12792				
合補 13004	英藏 2652				
合補 13033	合補 12909	合補 12728			
合補 13034	合 37950	合補 12355	合補 12699		
合補 13045	合 41362				
合補 13062	合 36828				
合補 13064	合 36764	合 36639	合 37508		
合補 13074	續 3.30.1				
合補 13080	合 37775				
合補 13081	合補 11364				
合補 13088	合 39331	合 37917			
合補 13089	合 37862	合 36857			
合補 13108	東大 0943				
合補 13112	北圖 1923				
合補 13118	合補 11453				
合補 13134	合補 13157	合 36127			
合補 13136	合 38085				
合補 13144	合 36921				
合補 13157	合 36127	合補 13134			
合補 13167	合 37545				
合補 13185	英藏 207 反				
合補 13266	愛 15				
合補 13311	合補 7997				

合補 13425	合 37142			
花東 6	花東 532			
花東 123	輯佚 561			
花東 207	花東 210			
花東 210	花東 207			
花東 275	花東 517			
花東 302	花東 344			
花東 332	花東 534			
花東 344	花東 302			
花東 358	花東 386	花東 559		
花東 386	花東 358	花東 559		
花東 428	花東 561			
花東 513	花東 519			
花東 517	花東 275			
花東 519	花東 513			
花東 521	花東 531			
花東 531	花東 521			
花東 532	花東 6			
花東 534	花東 332			
花東 559	花東 358	花東 386		
花東 561	花東 428			
輯佚 3	合 10970 左半	明後 0341		
輯佚 16	合 217			
輯佚 18	合 8409			
輯佚 23	合 15526	合 19031		
輯佚 35	合 5212			
輯佚 70	合 23624			
輯佚 81	輯佚 268			

輯佚 118	合 625	合 6286			
輯佚 131 正反	合 10896 正反	合 5674 正反			
輯佚 207	合補 905				
輯佚 268	輯佚 81				
輯佚 274	合 16952				
輯佚 300	合 24262	合 24426			
輯佚 322	合補 7487	合 25354			
輯佚 353	合 3240	合 4884			
輯佚 459	合 23409				
輯佚 474	合 23034				
輯佚 561	花東 123				
輯佚 563	輯佚 566				
輯佚 565	合 31066				
輯佚 566	輯佚 563				
輯佚 608	合 33475				
輯佚 619	輯佚 657				
輯佚 626	輯佚 627	輯佚 630			
輯佚 627	輯佚 626	輯佚 630			
輯佚 629 正	合 32468				
輯佚 630	輯佚 627	輯佚 626			
輯佚 653	輯佚 665				
輯佚 657	輯佚 619				
輯佚 665	輯佚 653				
輯佚 668	輯佚 671				
輯佚 671	輯佚 668				
輯佚 673	輯佚 674				
輯佚 674	輯佚 673				

輯佚 681	合 36941	合 36960				
輯佚 684	合 40895	合 36430				
輯佚 686	合補 12703	北大 1383				
輯佚 686	合補 12703					
輯佚 692	合 39394					
輯佚 700	合 36432					
輯佚 701	輯佚附 93					
輯佚 711	合 36053					
輯佚 719	合補 12419	合補 12449				
輯佚 729	合 37767	合 37474				
輯佚 734	合 36437					
輯佚 754	上博 34502.3					
輯佚 764	輯佚 765	合 38827	合 35408			
輯佚 765	輯佚 764	合 38827	合 35408			
輯佚 813	合補 11335					
輯佚 815	上博 2426.546					
輯佚 824	安明 2909	掇三 140	掇二 419	合 37137	合 35374	
輯佚 864	合 38293					
輯佚 943	合 38246					
輯佚 954	郭 6					
輯佚 1002	合 37541					
輯佚 1004	合 37828					
輯佚附 67	合 36757	合 36782				
輯佚附 71	合補 12421					
輯佚附 93	輯佚 701					

附錄三

殷代卜辭分類分組表

	全稱	簡稱	相當時代
村北系列王卜辭	自組肥筆類	自肥	武丁早期至武丁中、晚期之交
	自組小字類	自小	武丁早期至武丁晚期
	㞢類	㞢類	武丁中期
	自賓間類	自賓	武丁中期
	賓組㞢類	㞢類	武丁中期
	賓組一類	賓一	武丁中期
	賓組二類（典型賓組類）	賓二（典賓）	武丁中期至祖庚之世，主要是武丁晚期
	賓組三類（賓組賓出類）	賓三	武丁晚期至祖甲之初，主要是祖庚之世
	賓出類	賓出	武丁晚期至祖甲之初
	出組一類（出組賓出類）	出一	祖庚之初至祖甲之初
	出組二類	出二	祖甲時期
	事何類	事何	祖庚、祖甲之交
	何組一類	何一	祖甲晚期至武乙之初
	何組二類	何二	廩辛至武乙
	黃類（黃組）	黃類	文丁至帝辛
村中南系列王卜辭	自歷間類	自歷	主要是武丁中期，下限為武丁晚期
	歷組一類	歷一	主要是武丁之物，下限為祖庚之初
	歷組二類	歷二	主要是祖庚之物，上限為武丁晚期
	歷草體類	歷草	主要是祖庚時期
	歷無名間類（歷無名間組）	歷無	祖甲晚世至武乙初年
	無名類（無名組）	無名	康丁（或上及廩辛之世）至武乙、文丁之交
	無名黃間類（無名黃間組）	無黃	武乙、文丁之世

	全稱	簡稱	相當時代
非王卜辭	子組（丙種卜辭）	子組	武丁早期至武丁中、晚期之交
	午組（乙種卜辭）	午組	武丁早、中期之交至武丁晚期之初
	婦女卜辭（甲種卜辭）	婦女	武丁中期
	圓體類（丙種a屬）	圓體	武丁中期
	劣體類（丙種b屬）	劣體	武丁中期
	侯南子類	侯南	廩辛之世
	屯西子類	屯西	康丁至武乙之世
	花東子類（花東子組）	花東	武丁中晚世

附錄四

本書引用甲骨著錄書簡稱表

(依刊布時間為序)

1903 年	劉鶚《鐵雲藏龜》——《鐵》
1913 年	羅振玉《殷虛書契前編》——《前》、《前編》
1914 年	羅振玉《殷虛書契菁華》——《菁》
1915 年	羅振玉《鐵雲藏龜之餘》——《餘》
1916 年	羅振玉《殷虛書契後編》——《後》
1917 年	明義士《殷虛卜辭》——《虛》、《明》
1917 年	姬佛陀《戩壽堂所藏殷虛文字》——《戩》
1921 年	林泰輔《龜甲獸骨文字》——《林》、《龜》
1925 年	葉玉森《鐵雲藏龜拾遺》——《拾》
1925 年	王襄《簠室殷契徵文》——《簠天》、《簠地》、《簠帝》、《簠人》、《簠歲》、《簠干》、《簠貞》、《簠典》、《簠征》、《簠游》、《簠雜》、《簠文》、
1931 年	關百益《殷虛文字存真》——《存真》、《真》
1933 年	容庚、瞿潤緡《殷契卜辭》——《契》、《挈》、《燕》
1933 年	郭沫若《卜辭通纂》——《通》、《通纂》
1933 年	羅振玉《殷虛書契續編》——《續》、《續編》
1933 年	商承祚《殷契佚存》——《佚》
1935 年	黃濬《鄴中片羽初集》——《鄴一》、《鄴初》、《鄴》
1935 年	方法斂、白瑞華《庫方二氏藏甲骨卜辭》——《庫》、《庫方》
1935 年	明義士《柏根氏舊藏甲骨文字》——《柏》

| 1937 年 | 郭沫若《殷契粹編》——《粹》、《萃》
| 1937 年 | 黃濬《鄴中片羽二集》——《鄴二》、《鄴2》
| 1938 年 | 方法斂《甲骨卜辭七集》——《七》
| 1939 年 | 金祖同《殷契遺珠》——《珠》
| 1939 年 | 李旦丘《鐵雲藏龜零拾》——《零》、《鐵零》
| 1939 年 | 方法斂《金璋所藏甲骨文字》——《金》、《金璋》
| 1939 年 | 唐蘭《天壤閣甲骨文存》——《天》
| 1939 年 | 曾毅公《甲骨叕存》——《叕》
| 1940 年 | 孫海波《誠齋殷虛文字》——《誠》
| 1940 年 | 梅原末治《河南安陽遺寶》——《寶》
| 1941 年 | 李旦丘《殷契摭存》——《摭》
| 1941 年 | 黃濬《鄴中片羽三集》——《鄴三》、《鄴3》
| 1945 年 | 胡厚宣《甲骨六錄》——《六中》、《六清》、《六束》、《六曾》、《六華》、《六釋》
| 1948 年 | 金祖同《龜卜》——《龜卜》
| 1948 年 | 董作賓《殷虛文字甲編》——《甲》、《甲編》
| 1948 年 | 董作賓《殷虛文字乙編》——《乙》、《乙編》
| 1950 年 | 曾毅公《甲骨綴合編》——《綴》
| 1950 年 | 李亞農《殷契摭佚續編》——《摭續》
| 1951 年 | 胡厚宣《戰後寧滬新獲甲骨集》——《寧》、《寧滬》
| 1951 年 | 郭若愚《殷契拾掇》——《掇一》、《掇1》
| 1951 年 | 胡厚宣《戰後南北所見甲骨錄》——《南輔》、《南誠》、《南上》、《南南》、《南無》、《南明》、《南師》、《南坊》
| 1953 年 | 郭若愚《殷契拾掇》二編——《掇二》、《掇2》
| 1954 年 | 胡厚宣《戰後京津新獲甲骨集》——《京》、《京津》
| 1955 年 | 郭若愚、曾毅公、李學勤《殷虛文字綴合》——《殷合》
| 1955 年 | 胡厚宣《甲骨續存》——《存》、《續存》

| 1956 年 | 董作賓《殷虛文字外編》——《外》
| 1956 年 | 饒宗頤《日本所見甲骨錄》——《饒》、《日見》
| 1957 年 | 張秉權《殷虛文字丙編》——《丙》、《丙編》
| 1959 年 | 陳邦懷《甲骨文零拾》——《甲零》
| 1959 年 | 貝塚茂樹《京都大學人文科學研究所藏甲骨文字》——《人》、《京人》
| 1959 年 | 松丸道雄《日本散見甲骨文字蒐彙》——《日彙》
| 1961 年 | 屈萬里《殷虛文字甲編考釋》附綴合圖版——《甲釋》
| 1966 年 | 伊藤道治《故小川睦之輔氏藏甲骨文字》——《小川》
| 1967 年 | 《冬飲廬藏甲骨文字》——《冬》
| 1970 年 | 李棪《北美所見甲骨選粹》——《北美》
| 1972 年 | 許進雄《明義士收藏甲骨文字》（加拿大皇家安大略博物館出版）——《明續》、《安明》
| 1972 年 | 明義士、許進雄《殷虛卜辭後編》——《明後》
| 1973 年 | 明義士《輔仁大學所藏甲骨文字》——《輔》
| 1975 年 | 嚴一萍《甲骨綴合新編》——《綴新》
| 1976 年 | 周鴻翔《美國所藏甲骨》——《USB》、《USS》、《美藏》、《美》
| 1978 年 | 郭沫若主編《甲骨文合集》——《合》、《合集》
| 1979 年 | 渡邊兼庸《東洋文庫所藏甲骨文字》——《東文庫》、《東洋文庫》
| 1979 年 | 許進雄《懷特氏等收藏甲骨文字》——《懷》、《懷特》
| 1980 年 | 中國社會科學院考古研究所《小屯南地甲骨》——《屯南》、《屯》
| 1980 年 | 松丸道雄《散見於日本各地的甲骨文字》——《散》
| 1983 年 | 松丸道雄《東京大學東洋文化研究所藏甲骨文字》——《東文研》、《東大》、《東研》
| 1984 年 | 嚴一萍《商周甲骨文總集》——《總集》
| 1985 年 | 李學勤、齊文心、艾蘭《英國所藏甲骨集》——《英》、《英藏》

1987 年	天理大學附屬天理參考館《甲骨文字》——《天理》、《日天》
1988 年	胡厚宣《蘇德美日所見甲骨集》——《蘇德美日》、《蘇德》、《蘇》
1995 年	鍾柏生《殷虛文字乙編補遺》——《補遺》、《乙補》
1996 年	胡厚宣輯（王宏、胡振宇整理）《甲骨續存補編》——《存補》
1996 年	荒木日呂子《中島玉振舊藏の甲骨片について——《中島》
1997 年	雷煥章《德瑞荷比所藏一些甲骨錄》——《德瑞》
1998 年	劉敬亭《山東省博物館珍藏甲骨墨拓集》——《山東》、《山博》
1999 年	彭邦炯、謝濟、馬季凡《甲骨文合集補編》——《補編》、《合補》
1999 年	蔡哲茂《甲骨綴合集》——《綴集》
1999 年	李學勤、齊文心、艾蘭《瑞典斯德哥爾摩遠東古物博物館藏甲骨文字》——《瑞典》
2001 年	中國歷史博物館《中國歷史博物館藏法書大觀》——《中歷博》
2003 年	中國社會科學院考古研究所《殷墟花園莊東地甲骨》——《花東》、《花》
2004 年	蔡哲茂《甲骨綴合續集》——《綴續》
2005 年	郭若愚《殷契拾掇》三編——《掇三》
2006 年	郭青萍《洹寶齋所藏甲骨》——《洹寶》、《洹》
2006 年	李宗焜《當甲骨遇上考古——導覽YH127坑》——《導覽》
2007 年	中國國家博物館編《中國國家博物館館藏文物研究叢書·甲骨卷》——《國博》
2008 年	段振美、焦智勤、党相魁、党寧《殷墟甲骨輯佚—安陽民間藏甲骨》——《輯佚》
2008 年	李鍾淑、葛英會《北京大學珍藏甲骨文字》——《北大》、《北珍》
2009 年	濮茅左《上海博物館藏甲骨文字》——《上博》
2009 年	焦智勤《殷墟甲骨拾遺（續五）》——《續五》、《拾遺》
2009 年	宋鎮豪、朱德天《雲間朱孔陽藏戩壽堂殷虛文字舊拓》——《朱孔陽》、《雲間》

| 2009 年 | 史語所《史語所藏購甲骨集》——《史購》
| 2009 年 | 宋鎮豪《張世放所藏殷墟甲骨集》——《張世放》
| 2010 年 | 黃天樹《甲骨拼合集》——《拼集》、《拼合集》
| 2011 年 | 黃天樹《甲骨拼合續集》——《拼續》
| 2011 年 | 蔡哲茂《甲骨綴合彙編》（圖版篇）——《綴彙》
| 2011 年 | 林宏明《醉古集——甲骨的綴合與研究》——《醉古集》、《醉》
| 2011 年 | 宋鎮豪、趙鵬、馬季凡《中國社會科學院歷史研究所藏甲骨集》——《中歷藏》、《歷》
| 2012 年 | 中國社會科學院考古研究所《殷墟小屯村中村南甲骨》——《村中》《村中南》
| 2013 年 | 黃天樹《甲骨拼合三集》——《拼三》
| 2013 年 | 林宏明《契合集》——《契合》
| 2013 年 | 宋鎮豪、瑪麗亞《俄羅斯國立愛米塔什博物館藏殷墟甲骨》——《俄藏》、《愛》
| 2014 年 | 宋鎮豪、郭富純《旅順博物館所藏甲骨》——《旅藏》
| 2015 年 | 宋鎮豪、焦智勤、孫亞冰《殷墟甲骨拾遺》——《殷遺》
| 2015 年 | 周忠兵《卡內基博物館所藏甲骨研究》——《卡》

以下為甲骨拓本和現藏簡稱：
曾毅公、李學勤《甲骨文攈》——《攈》、《文捃》
劉體智《善齋藏契》——《善齋》、《善》
《甲骨文集》——《甲骨文集》
中國社會科學院歷史研究所藏拓本——歷拓
中國社會科學院考古研究所原白恒——考白
中國社會科學院考古研究所原孫壯——考孫
北京圖書館所藏甲骨——北圖
北京文物管理處——北文處
南京博物館拓本——南博拓
覺玄藏契（陳中凡）——覺玄
明治大學——明大、明治
關西大學——關西

旅大文物商庙——旅文店
武漢文物商店——武漢店
吉林博物館——吉博
貴州博物館——貴博
旅順博物館——旅博
湖南博物館——湖南博